U0043739

李長貴著

行為科學

中華書局印行

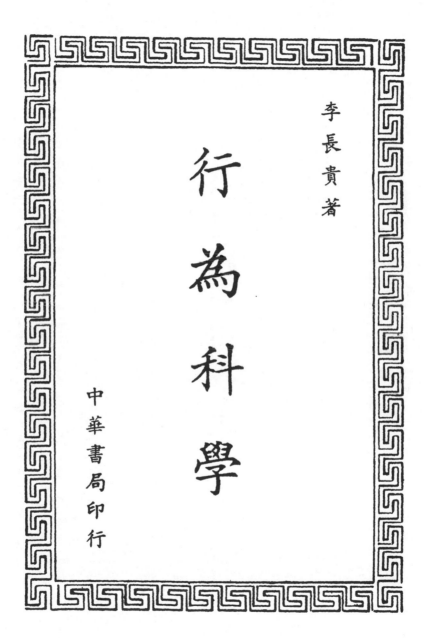

自序

行為科學為研究人類行為的科學；以科學方法對人類行為做系統的研究，找出行為的原因，激發行為的因素和行為活動的目標，從而瞭解行為的本質，藉以預測行為的發生，輔導行為的方向，並預備和改善激發行為的情境，使行為在人類活動的各方面，得以建設性的發揮和成就。

人類在歷史上的文化成就、物質成就、科技成就，均以行為為工具而完成。行為有內在因素和外在表現兩方面。內在行為卽為人的思考、思想、觀念、態度、需要、動機、情緒、認知、性格等等，為行為的原因、架構和預向，直接關聯、支配和影響外在行為，卽為生活的活動和工作所表現出來的各種各類行為。

行為科學以心理學、社會心理學、社會學、人類學等學問為核心，並以經濟學、政治學、行政學、管理學、生理學、神經學為輔助，綜合而成的科際學問。自一九五〇年以後，在科技先進的國家，對人類行為的重視，尤以在工業、商業、政治、法律、教育、醫學、公共衛生、軍隊、社會工作、行政工作、管理工作、社團工作等等，凡涉及人類行為活動的場所，迫切需要有關行為的知識，得以充實其工作內容和品質，提高行為績效。行為科學藉以協助其他學科或實際的職業活動，甚得有關學科的接受和歡迎。在歷史上，從未有一個學問，像行為科學延伸其貢獻，跨越科際，併入其他學科的架構或體系中。當行為科學協助其他學科的同時，這些學科也相應地滋養行為科學的生長和發展，使其內容更加豐富，其資料更為健全，其體系更得確立，其職業機會更加擴大。今日政府、行政、工業、商業、學校、醫院、社團等機構，雇用行為科學的學生，從事於對行為系統的工作，使行為在最適合的環境，發揮其最大的潛能，利益團體的運作和個體的福利。

本書將廣泛的行為科學的資料系統化，闡述行為的理論、行為的基礎、動機行為、情緒行為、認知行為、學習行為、社會行為、適應行為、互動行為、團體行為、溝通行為、工作行為、制度行為等十數章。本書的目的，乃作為大學課本，供學生瞭解行為的本質，並為實際上從事於經濟活動、企業管理、社團工作政治和行政工作等實務人員，更能瞭解行為特性，作為發揮人類行為的活動和成就的參考。今日行為科學的研究，範圍廣泛，內容深入，目前，國內對這一方面的著作欠乏。筆者因限於時間和能力，無法詳作介紹，疏漏之處，在所難免，冀期國內賢達先進，不吝指正。是為序。

李長貴

民國七十年一月

目　錄

第三章　動機行爲

第四章　情緒行爲

第五章　認知行爲

第六章　學習行爲

第七章　社會行爲

第八章　適應行爲

第九章　互動行爲

第十二章　工作行爲

第十三章　制度行爲

第一章　行爲科學導論

一、行爲科學的崛起

行爲科學是以系統和科學的研究方法，綜合有關於行爲的資料，使之成爲一個學問的體系。行爲科學是研究人的行爲和社會的關係，它隸屬於社會科學，是社會科學延伸出來的學問。行爲科學家與物理學家、生物學家一樣，從雜亂的資料中，整理出脈絡清晰的知識。但行爲科學所擔負的任務更加繁重困難，因爲他們所面對的是極複雜的人類行爲，因爲影響人類行爲的因素甚多，諸如政治、經濟、工業、商業、宗教、特殊的文化和社會變遷等等，使人類行爲在複雜和自然的環境中產生因應性的變化。

㈠科際學問的聯貫

行爲科學乃在二十世紀初崛起的，它的萌芽可追溯到心理學的開始，即爲十九世紀末。當時學者就開始運用實驗的、哲學的、統計的方法來研究人類的行爲。但眞正地成爲科學的方法是最近的事。人類有文字的記載以來，瞭解人的行爲並不是心理學的專利，其它的學問如哲學、神學、社會學、政治學、歷史學、文學等等，也通過主觀的經驗和理性的運作，瞭解人類的行爲。行爲科學家也充分運用上述各種知識，來啓發和補足行爲科學本身的知識狹窄領域。可是行爲科學者對人類行爲的基本態度，不在於評價行爲的品質，或評價行爲的文化道德標準，也不處理行爲的方向，而是分析行爲的本質，協助人們瞭解個體的目標，提供成功的指南，並依科學的研究指出一般行爲發展的原則和準繩。行爲科學是若干社會科學的集合體。所以它是科際綜合知識。貝雷遜和史坦納（Berelson and Steiner 1964）認爲行爲科學是社會科學爲主幹，以心理學、社會心理學、社會學、人類學爲核心，從中減去生物學方面、考古學方面、語言學方面及體質人類學方面，此外又加上社會地理、部分的精神醫學，以及與行爲有關的政治、經濟、法律、行政、管理的綜合知識。由這學問綜合的趨勢來看，凡研究與人類行爲有關的科學，均可屬爲行爲科學。行爲科學所依據的學問，心理學是研究個體行爲，如動機、情緒、需要、學習等等；社會學是探討團體行爲，如制度、關係等等。這些學科都研究與人類行爲有關的問題。這些學科在不同的立場，研究相同的問題，各用不同的方法和概念，研究出來的人類行爲，必然不能正確地敍述行爲的全貌。所以要彌補這種知識局部性的缺陷，社會科學家跨越各學問的領域，彼此合作，以科際的方式來研究人類的行爲。

目前，行爲科學已單獨地或分別地附屬在其它社會科學裏發展。嚴格地說，把行爲科學當作一門科學，仍未達到成熟的階段，這並不是否定它可以成爲一門單獨科學，而是說行爲科學正在成長之中。其發展趨勢和特性爲：⑴科際整合的學問：行爲科學發展到今天，都沒有離開過任何一門社會科學。譬如行爲科學研究團體行爲，社會學、心理學、社會心理學、人類學、政治學、管理學、經濟學等等，也都研究有關團體行爲。不過各學所研究的團體行爲的目的不盡相同，應用也有差別，而所運用行爲的基本知識相同，而根據行爲基本知識，協助各學門的健全和發展。⑵傳統的社會科學較重視各學科靜態的特性。社會學重視制度、團體等等；政治學注重於政府制度和比較；管理學注重計劃、財務、業務、人事等等。行爲科學即使社會科學的靜態研究，轉移到靜態和動態並重，並使社會科學各學科的內涵，加上動態的色彩，使各學科和實際的變遷發生密切的關係。⑶研究行爲並不由行爲科學開始。研究行爲的方法甚多，惟有行爲科學使用實驗的科學方法，進行研究工作。行爲科學對行爲的研究，是建立在早期非經驗的學說之上，這些學說都是根據記載資料或偉人傳記等等。行爲科學家將這些資料，以科學方法而設計，加以驗證。早期心理學者，弗洛以特（Freud）、愛何達（Alder）、楊格（Young）；社會學家涂爾幹、杜尼斯（Tonnies）等等之學說，許多仍未經過科學的驗證，但經行爲科學家把這些學說，放入實驗室中驗證。尤以最能代表行爲科學的社會心理學，在研究方法上，將以往許多主觀的學說，以客觀的方法加以處理，並在研究方法上，以標準化的觀察法，數理上的測驗法，精密設計的統計分析，以及使用各種儀器衡量人類的各種行爲。行爲科學因使用科學和實驗方法，使其學問基礎日益鞏固，運用的範圍日益擴展。⑷以往社會科學從哲學脫離以後，形成各別的學問，其學問方法擺脫不了哲學方法，即以主觀的思想或邏輯爲工具。行爲科學的開始，就以「實際取向」的學術態度，在社會裡、政治體系裡、工廠裡、商場裡、學校裡，以實際的研究方法，研究行爲的各種問題，使社會科學的各學科，對行爲科學家所取的「實際取向」的學問態度，發生極大的興趣。爲了這個原因，今天的政治學、行政學、企業管理學、商學、經濟學、法律學、工程學方面，將能容納行爲科學的理論和實際，並有相當數量的行爲科學家，在上述的學科中活動，增添該學科的理論基礎和實際的應用。

由此可知，行爲科學著重於實際問題的研究和應用，並重視理論和實際的溝通，以理論來分析有關人的問題和解決人的問題，再以事實來充實其理論，使得行爲科學家對行爲的研究，顯出其實用性和重要性。

㈡文化型態與行爲特質

人類與生俱來的生物文化有機體，可以從人類學的資料和歷史的記載，顯出人類從未間斷地在這地球上活動，而構成其文化特質。人類文化可以說是由人類行爲的意識和無意識的因素所構成，亦即包括有意的、明確的行爲方式，以及含蓄的、隱密的行爲方式兩種。人類行爲有生理或生物的潛能趨向，也有由文化所賦予的，像理性、習慣價值觀念、反應模式、禮儀、宗教、風格、語言等等，高度的符號行爲的特質。文化可以根深蒂固地影響人類的心理行爲，像風俗習慣、禮節、經濟、政治、宗教等等行爲。但人類的生理情況也會影響他的行爲，譬如疲勞、痛苦、食慾不振、性的刺激等等，都與行爲建立密切的關係。人類所處的環境，諸如都市、鄉村、工業地區、商業地區、民主政治的社會、獨裁體系的社會、宗教特質的社會、種族及政治文化的社會等等特殊的情況和環境，會影響人類的行爲。人類在特殊的情境和環境下，必需發展一套因應的行爲型態，使其個體的生命得以存續。因此人類的行爲，具有高度的工具特性，維護其生命的延續和發展，使行爲呈現出其高度的複雜性和變化性。就以簡單的市場消費來說，以往廠商專心生產貨實物廉的產品，排列在市場，任顧客購買使用；現代超級市場所排列的許多商品，不斷要介紹我們如何去使用它，所以人類必需在發展新的觀念和新的行爲去適應新的產品。這就是說人類行爲的延伸和變化，將留給行爲科學家莫大的機會，從事於研究的工作，爲許多有關的學科，提供實際性的服務。

我們再就都市與鄉村居民間的行爲做個比較，這兩者間有著許多行爲上的差異：⑴都市的外國移民較多，市民容易吸收外來文化的特質，而冲淡本來的文化規範。⑵都市注重政治與宗教容忍，因爲都市社會爲多元和制度社會。⑶鄉村的慶典和宗教儀式較多，參與的人也較多，所以容易保存原來的習俗和傳統。⑷都市的變遷速度較快，因爲各種衝擊較多。⑸都市的教育水準高，遇事卽以高度的理智來因應各種問題。⑹都市的心理病患較多，因爲緊張和高度成就致使個體處於不安的狀態中。⑺都市的已婚人數少，因爲代替家庭的活動較多。⑻都市居民的犯罪率高，因爲是一種非人情社會，欠少社會控制的人情力量。⑼都市的離婚率高。⑽都市居民的自殺率高。由上述的情形觀之，人爲的文化環境，相當影響人類行爲。一個社會不論以何種形態出現，人類必需發展新的行爲去因應其周圍的新環境。惟要環境變化，才能導致行爲的變化。環境的變化大半是人爲的，因爲人類生存在某種環境中，他必需以他的經驗和能力，使他能繼續在環境中生存，並且人類是異於其它動物的特質，是因爲他有高度幻想力，想像將來的情境，而依他的構想進行活動。當他在進行活動的時候，或多或少會影響現況，而產生或多或少的變化。諸如電子計算機的發展，取代了以往許多經驗，使在傳統社會中的年資的權威，損失其地位。年資和經驗的社會權威，漸次遜色。年長者在社會中的影響地位趨於暗淡。青年人在社會中，以智力扮演的角色，愈顯出其重要性。

還有自然的環境對人類行爲的影響，也是不可忽視。就地理對人類的行爲的影響來說，地理因素包括地形和氣候，此兩種因素對人類行爲有密切關係，譬如氣候對文化、建設、生活方式的影響，是顯然的事實。有些學者研究這個問題，但到目前爲止，還沒有完整的系統資料來建立完整的理論。又如，求生困難的地方，當地的居民較能發展物質文明，而較不能發展類似宗教的精神文明。適當的氣候或優美的自然環境，較容易刺激心智的活動，使人類的行爲趨向於哲學和科學的研究。

㈢社會變遷與行爲的關係

今日世界由於傳播媒介的發展和噴射時期的開始，打破了歷史上山脈和海洋的阻隔，使各國特殊文化型態和地區發生的事件，在瞬息間，傳遍世界每一角落。由於異質（heterogeneous）社會和文化因素的輸入，使原來單純或一元的社會進入複雜和多元的運作。多元的社會變遷的速度增加，遠超於同質（homogeneous）社會。異質社會會顯出觀念的紛歧、理念的不同、興趣的衝突、活動的多向等現象。異質的社會崇尚現實主義，在人際互相間有高度的容忍，又在社會實際的經驗中，求變的心理和不崇拜任何絕對眞理的心態中，能夠容忍各種新奇怪論，而使人們生活在多元的社會體系中，不斷的展開各種新奇的層面，這些都是促進社會變遷的原因，從而帶動行爲的變化。社會變遷比較容易發生於：⑴物質文化進步的地區。⑵非根本的、感情成分較少的、宗教意識較低的、科技方面較發達的、容忍多元思想的地區。⑶重形式輕實質的社會也容易發生變遷。⑷心理刺激面愈多，心理體系中的資料愈增加，則愈容易發生社會變遷。何斯達（Foster, 1962），探討傳統文化和科技衝擊時指出，都市是變遷的焦點。大多數的經濟和社會變遷，是從上層的社會開始，然後向下傳播到傳統的、下層的和鄉間的社會。當社會中發生變遷，對變遷的接受，從年齡來說，以青年們為最。從教育水準來說，隨著教育的提高，愈有接受變遷的能力。變遷的衝擊對個體來說，不僅是改變他的行為型態，當行為慢慢的改變或適應後，思想和觀念必需跟在行為後面而改變。我們在政治上和經濟上常常聽到「改變觀念」或「樹立新觀念」等之呼籲，而始終不能達到改變觀念或樹立新觀念的原因，是因為不先從行為方面的改變，來帶動觀念的改變。

意識型態的衝突：人類是能思想的動物，他的思想不受空間和時間的控制。他在思想的活動中，可以接受或創造一幅將來的政治、經濟、社會等構圖，向這幅構圖而努力，表現出其自我最高的特質，乃為自我的實現。一個開放又多元的社會，是允許個體做這種思想和實際的活動。這類思想和實際的活動，一旦開始，意識型態（ideology）的衝突便發生。意識型態的衝突比權力的衝突更不容易解決。權力的衝突可以用妥協的方式，而在不損及雙方的基本立場時，同時也可以將這衝突公諸於世後，雙方都不願意被人責罵為不明理的人，而在少許的讓步，解決權力的衝突。分割或分配權力，也能使權力的衝突消逝於無形。但是意識型態的衝突卻不容易解決。因為意識型態很容易被神化，而變為精神價值，雖遇風雨，也以不屈不撓的精神，來抵制外來的壓力。正如聖經所說「為義受逼迫的人有福了。」這種內在的行為，個體堅持其執守的意識型態、堅持自己的原則，並以個體的感情和主觀的力量，來爭取其意識型態的實現。當意識型態化爲具體的行動後，這種行爲本身和動機、目標合於一體，會發生行爲無比的力量，且願爲這目標流血犧牲。因此，從意識型態所帶來的強烈行爲，是今日國際社會的嚴重問題。在同一個地區或制度裡，意識型態的衝突，表現在行爲的，也是會造成嚴重的社會問題。

制度行爲與社會制度：人類創造制度，生存於制度之中，其行爲不斷的受到制度所約制。人類行爲與社會制度有密切的關係。制度有明顯地或隱暗地指出行爲的規範，藉此保持人與人之間的良好關係，亦卽個體行爲的表現，與其周圍人建立良好的刺激和反應的和諧模式。關於社會制度的定義，社會學者有著不同的見解。部分的學者認爲社會制度是一個複雜的規範型態（The complex normative pattern ）；另一部分的人把制度視爲有組織的人群所使用的規範。前一派的看法認爲，工作和傳播等才是一種社會制度；後一派的觀點，則以家庭和教會等才是。這兩種不同看法，前者似乎在主張「制度化」；而後者才是主張「制度」。不論其看法如何，制度是人類行爲的一項準則。由於人類行爲中，需要生育和養育、工作和生活，因此，必需有家庭和其它制度團體的存在。又人類行爲不僅與實際的生活情況有關，他的內在行爲，亦卽思想或感情的活動，超過現實的境界，尋求永遠的根源，或有機體生存的結束以後的存在情況。因此，人類的思想便與超自然建立關係，因而有宗教制度的產生。宗教制度會產生宗教行爲，宗教行爲很容易由人類的挫折、痛苦或失敗而投射或轉移至超自然力量的協助。我們也需要管理社會的方法，所以就有了政治制度，來維持社會的秩序，保護個體的安全。其它諸如：家庭制度、教育制度、經濟制度等等，都是人類生存的過程中，用來規範人類行爲，滿足生存的需要。

二、行爲科學的學術基礎

行爲科學與社會科學混淆不清；社會科學包括：人類學、經濟學、歷史學、政治學、心理學及社會學。行爲科學卽以社會科學中人類學、心理學、社會心理學和社會學爲骨幹，與其它人類行爲有關的政治科學與法律學、精神病學、管理學等建立附屬的關係。行爲科學以行爲爲基礎，深入研究行爲與心理的關係，並研究生理、地理以及文化環境對行爲的影響，同時對經濟企業中的工作行爲與消費行爲、工作士氣、領導決策行爲等等之研究，使行爲科學對社會科學各學科的協助，已在本世紀中爲科際關係中最有貢獻的學問。

在一九五〇年福特基金會特別贊助行爲科學的研究，先後在六年的時間，捐助研究費，供學者研究行爲科學所涉及的諸問題。從這一段時間後，行爲科學這名詞，廣傳企業界與學術界。

行爲科學的學術背景，以心理學、社會學及人類學爲主。心理學方面以杜爾曼及沙士頓（ Terman, Thustone ）人類智力的量度；杜羅夢、哈爾及史金納（ Tolman, Hull,

Skinner ）相繼建立的學習理論；馬雷（ Murray ）對人格的探索以及對君主性格的研究；蓼因（Lewin ）的小群體及群體動力的研究；何佛蘭（ Hovland ）的溝通的研究等等，均爲行爲科學建立在心理學的基礎上。

在社會學方面，有林特及華納（ Lynds，Warner ）分別分析和研究兩個社區— Middletown，Yankeetown 的特質；施多華（ Stouffer ）研究美國士兵在戰爭中的各情況；密拉爾（ Myrdal ）研究美國種族的問題，雷斯曼（ Riesman ）分析寂寞的群衆等等，也爲行爲科學建立在社會學的基礎上。

在人類學方面，米特、柯拉康及柯里納（ Mead，Kluckhohn，Kardiner ）研究文化與人格的關係；雷特輝（ Redfield ）分析民俗社團的性質；柯羅巴、貝尼笛、馬羅克（ Kroeber，Benedict，Murdock ）對文化整體性的研究，是爲行爲科學建立在人類學的基礎上。

其它，如拉斯威（ Lasswell ）所研究的政治行爲；塞蒙（ Simon ）的行政行爲；羅斯里斯巴嘉和迪克遜（ Roethlisberger，Dixon ）研究的工業界中員工的士氣；金賽（ Kinsey ）的性行爲研究等等，也都提供行爲科學的重要資料。

綜合以上的研究，在心理學方面，研究聲音對工作執行的影響，心理感受及生理功能對行爲的影響；行爲驅力和行爲強度的研究；刺激與反應關係的研究；敵對行爲和侵略行爲的研究；報償和增強對行爲影響的研究；小團體結構和功能的研究；溝通和領導的研究；態度和認知的研究等等。在社會學方面，研究反社會情節（anti-social sentiment）和犯罪傾向的研究；社會階級及社會權威的研究；種族認同性的研究；角色與地位的研究；制度行爲的研究等等。在人類學方面，研究種族的信念；婚姻與生活型態的研究；價值和規範的研究；原始政治、血緣、社會、經濟等等之研究。行爲科學家可以說與心理學家、社會學家、社會心理學家、人類學家等等，不能清楚地劃其界限。不過有一個明顯的差別，行爲科學家以超過科際的界限和以理論和實際運用並重，將行爲的原理，介紹到凡與「人」有關的學問和場所裡。

現代社會有個明顯的發展方向，就是走上技術化、數量化、局限化（segmentalized）、特殊化（particularized）、專業化、制度化、現代化、團體化等活動方向。在五十年代期間，著名的學者均以研究社會的本質和功能，並以廣泛的歷史、理論、哲學用詞來撰寫巨著，今日的學者，比較受重視的研究，是做場地或個案研究，發現並撰寫有足夠深度的研究報告，這種傾向在二、三十年前可能不算爲學術，因其篇幅不夠，而今日卻成爲最受歡迎且具有學術價值的論文。行爲科學家盡可能將社會科學家所研究的有價值論文，加以整理，並且再加上其本身的學問架構，充實行爲科學的學術基礎。

㈠弗洛依德（Freud）的心理分析行爲論

弗洛依德最具有影響的著作，爲一九〇〇年所著「夢的解析」（The Interpretation of Dreams），爲一本心理分析的要點。在一九〇一年他著「每日生活的心理病症」（The Psychopathology of Everyday Life），即由人類所使用語言中，疏忽的用語和錯失的行爲來解釋人類行爲。「性慾理論的三篇論文」（Three Contributions to the Theory of Sex）爲研究神經質原理的小册，深入探討形成神經質原因的壓抑和生理慾原（libido）可能發生的病態。一九一六年著「心理分析緒論」（The Introductory Lectures to Psychoanalysis），將有關心理分析的論說加以綜合。一九四〇年（他死於一九三九年）整理出一部「心理分析的綱要」（An Outline of Psychoanalysis），爲弗氏對心理分析的一般理論。

弗氏在當時發表的論點，對當時的文化產生極大的衝擊，他以生理學和醫學爲基礎，研究人類的動因而推出生理能（libido 利必多），或性驅力爲行動的動因。他建構心靈力量的結構、功能和變化。心靈力量的結構觀念，是由本我、自我和超我的抽象符號來代表心理能的運作。他對人類能量的發生，不以流體力學和熱力學的原則，來說明人類的能量活動，而是用正反兩股力量的交互運作而說明人類的行爲，當本我產生一股力量，經自我的干預或超我的壓力，而產生行爲這個理論與今日社會學中的社會變遷的理論相同，卽社會變遷來自兩股勢力的互動而變遷。人類在困擾中產生因應作用，卽爲行爲的開始。因此，弗氏乃主張行爲發生的驅力和抗力交互論。驅力和抗力（ force and resistance ）的交互過程，亦爲他所主張的自我防禦機能的運作。弗氏對行爲主要的理論爲：

(1)下意識的動力：弗氏的人格動力的觀點，以下意識爲人格的主要動力；他從事於心理動態的研究，四十年間的重點在於對下意識的發掘。下意識爲以往痛苦、挫折或恐懼的經驗，自我的活動無能爲力，而將這些經驗壓抑下來經日積月累的時間中，已經將這痛苦的感情忘記，其實這股壓抑下來的情緒因素，深入人格底層，形成人格特質。

(2)幼期性慾（ infantile sexuality ）：幼期性慾爲人格發展主要的因素。嬰兒誕生下來，性的力量支配它，使它經口腔期、肛門期和生殖期，而與父母發生交互關係，形成它人格的特性。

(3)人格結構和功能：弗氏以本我、自我和超我爲人格體系的結構和功能的解釋。這三者的關係處於相抵制的關係。其基本關係乃是一種機體內在不平衡的關係。本我代表生理的狀態；自我代表心理狀態；超我代表社會文化狀態。這三者間的衝突、干預、壓力、決定等，形成人格特質，亦卽行爲特質。

(4)情結衝突（ oedipal conflict ）：嬰兒行爲的發展具有相當濃厚的性的因素，其主要的原因，乃在發展過程中有情結因素的發生。弗氏過份強調性在行爲發展中的重要性也在於此。嬰兒會戀慕與它性別不同的父母，建立親密的人際關係，父母對這些錯綜複雜的情結衝突的處理或反應，是形成行爲發展的重要原因。

(二)愛力遜（ Erikson ）的心理社會行爲論

愛力遜於一九〇二年生於德國。他在一九五〇年著「兒童期與社會」（ Childhood and Society ），相當轟動社會科學界。一九六四年再將此書修正和擴充，命名爲「洞察與責任」（ Insight and Responsibility ）；一九六八年著「認同：青年與危機」（ Identity : Youth and Crisis ）。愛氏以行爲發展的個別時期的理論聞名於世。他以心理社會（ psychosocial ）的立場，研究嬰兒至老年期的行爲發展，特別重視環境的因素對行爲發展的影響。其行爲理論重點爲：

(1)行爲的發展建立在與別人的關係上。行爲的發展是連續的發展，亦即個體在各種社會力量的關聯和交互下發展。

(2)兒童各期的社會發展，會遭遇心理社會的危機。譬如初期嬰兒在口腔期中，會遭遇到信任或不信任的問題，從信任或不信任的程度發展特殊的行爲型態。又如青年期中最重要的是認同的形成（ identity formation ）。其八個時期的模式爲：

嬰兒期：	信任（Trust）	不信任（mistrust）
↓		
兒童早期：	自立（autonomy）	羞恥（shame）
↓		
幼稚園期：	進取（intiative）	罪感（guilt）
↓		
學童期：	勤勉（industry）	自卑（inferiority）
↓		
青春期：	認同（indentity）	擴散（diffusion）
↓		
成年早期：	親密（intimacy）	分離（isolation）
↓		
成年中期：	產生（generatinity）	停滯（stagnation）
↓		
成年後期：	完整（integrety）	失望（despair）

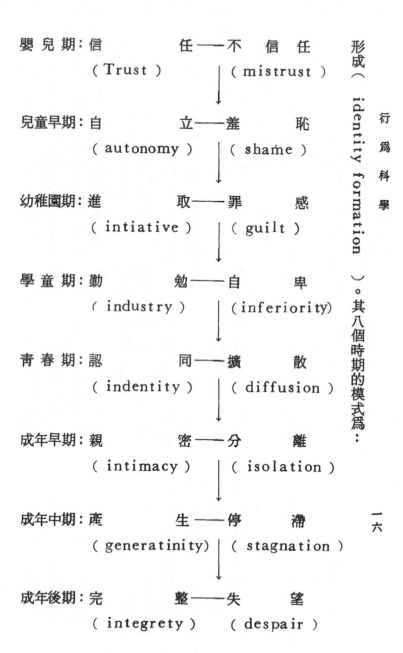

⑶每一時期的行爲發展，有賴於適當的社會經驗。人類生活的三大過程爲生理過程、自我過程和社會過程。這三個過程的交互，產生人類各種行爲。愛氏的各個時期的問題，乃是混合生理的成熟和社會化的交互問題，亦卽成熟和學習的交互發生生長。

⑷愛氏理論中心乃是危機。各時期所需要的因素，亦卽有機體與社會期待間發生互動關係，此時爲重要的時刻，也是危機的時刻。

㈢華特遜（Watson）的刺激反應行爲論

華特遜爲行爲學派倡導者。行爲學派的發展方向爲學習理論、行動治療（action therapy）和行爲的改變。其基本觀念爲刺激、機體和反應的依序關係。刺激有兩種；內在刺激爲有機體內的動機、情緒或腺體分泌所引起；外在刺激卽爲社會、文化或人情環境所引起的刺激因素。機體卽爲個體的狀態，如需要、渴望、疲勞等等狀態。反應卽爲行爲。華氏的主要理論爲：

⑴機體在報償的誘因下，會重複其行爲；對不加增強和處罰，行爲反應會削弱，甚至消滅。積極的增強是報償；消極的增強是處罰。無增強（non-reinforcement）對行爲的反應也會趨於消滅。對行爲的消滅來說，無增強優於消極增強。

⑵學習複雜的行爲，其學習速度緩慢。其進步曲線也不是漸次升高的斜線，而是緩慢的梯形線。

(3)工具制約的學習行為，必須以增強物來養成所期待的行為。所副生的不期待行為，宜以無增強方式處置。

(4)行為的獲得必須在刺激和反應的模式中建立。

㈣皮亞革（Piaget）的認識發展行為論

皮亞革在一八九六年生於瑞典。他對兒童的智力發展，認識發展，道德發展等研究，具有相當的貢獻。其中皮氏的認識發展的研究最為特殊：

(1)認識的過程是相當穩定的；個體對環境和情境的認識，能維持相當的平衡，個體以其經驗和知識，來解釋他所遭遇到的新經驗。個體在觀念上，不斷地維持內在經驗和外界情境的平衡，由此，漸次發展對其周圍環境的認識。

(2)智力是生理活動兼備生理特性的混合物，智力過程乃為保持其有機體來應付環境的活動，而保持內外的相合性（compatibility）。智力在這種意義上有一種調適的能力。

(3)皮氏認為人格結構，最重要的功能乃保持各種平衡。人格結構會發生對外界刺激的組織和適應的功能。當個體經驗外界的刺激時，其內在的經驗和智力，經組織過程，將外界的刺激定出其意義。

㈤馬克勵蘭（McClelland）的成就動機行為論

馬克勵蘭研究現代經濟成就和企業情況的關係，他認爲成就是一種技術的，而達到經濟方面的成功和效率。個體若有高度的成就動機，就能獲得成本和利益的良好比率。

馬氏在一九五三年著「成就動機」；一九六一年著「成就社會」（The Achievement Society）；一九六五年著「成就需要和企業」（Need Achievement and Entrepreneurship）；一九七一年著「激發經濟成就」（Motivating Economic Achievement）。

他認爲現代人有高度的成就慾望，而從事於高度的競爭，企圖獲得成功。成就動機會表現出高度的努力，保持個體的能力和活動於活躍的思考和行動中，對成功抱著極大的希望；對失敗的威脅有高度的恐懼。馬氏認爲成就動機的心態是一種富有抱負，歡迎競爭，渴望獨立工作，堅持工作方向，對問題取積極的解決態度，並能作適度的冒險。

㈥愛申克（Eysenck）的人格結構行爲論

愛申克爲人格理論的心理學家，其申論深入淺出，頗受一般大衆歡迎。其主要的著作，在一九四七年著「人格的各面向」（Dimensions of Personality），一九五三年著「人格的科學研究」（The Scientific Study of Personality）；一九五三年著「人格的結構」；一九六五年著「犯罪與人格」；一九六七年著「人格的生理基礎」。他提倡「行爲治療」而聞名。當然人格理論是治療行爲或改變行爲的基礎。他對人格的分類爲內外向型態、神經質型態和神經病型態。因爲他從事於改變行爲的工作，由實務上和理論上的需要，而強調心理學、生理學和生物科學必需配合運用。他對傳統心理治療的方式提出批評，以爲傳統的方式，不甚適合那些知識水準較差，言詞較短，缺乏遠見的心理病者。惟有行動治療始能有奏效。

行動治療或改變行爲的依序，乃先確立將要改變行爲的具體項目，對反應錯誤或不預期的反應行爲，不予理會，對反應正確或預期的反應行爲，給予獎勵和注意。愛氏認爲這種方法，對改變行爲有很大效果。

(七)費斯丁嘉（Festinger）的認識矛盾行爲論

費斯丁嘉爲社會心理學家，其主要著作有一九五〇年之「小群體中的社會壓力」，一九五二年著「剝削情況中影響」，一九五四年著「社會比較過程的理論」，一九五七年著「認識不一致論」，一九五九年著「強迫一致的認識結果」等研究性之論文。

費氏的認識不一致論爲個體改變其思想、觀念的重要理論。當個體對某事有數種認識或思想時，這兩種或數種間的認識或思想存著矛盾，即是認識不一致。當不一致或矛盾的發生，個體會設法取理它，亦即不一致或矛盾的存在，會使個體陷入不愉快或不舒服的感受，這種感受會轉換成爲動機，企圖削減不一致或矛盾，而尋求一致。

㈧史金納（ Skinner ）的操作性行爲論

史金納爲學習心理學家，其主要的著作有：一九五四年著「學習的科學與教學的藝術」，一九五七年著「語言行爲」，一九五八年著「教學機器」，一九五九年著「積立記錄」，一九六三年著「工具行爲」，一九七一年著「超越自由和尊嚴」，一九七六年著「我生活中的特殊事件」。

史金納在學習心理學中，最重大的發現乃是一種新的制約行爲。他對動物的學習行爲的實驗，推出操作性的學習行爲（ operant behavior ）。操作性學習是動物因某種需要，而被激起動機，再產生一般的搜索活動。在搜索活動中，偶而意外造成一種達到適當目標的操作反應，此種反應就是需要與目標關係的建立。在操作學習中，增強物是產生操作學習的必要因素。

三、行爲科學的演進與發展

行爲科學的學問是新近發生的，這個學問與心理學、社會學、社會心理學、人類學、管理學、行政學、生理學、醫學、教育學等息息相關，從紛沓的資料中，漸漸尋出脈絡清晰的知識。可是這個學問的淵源，自從有歷史的記載以來，就充分的發生在人類的活動與行動上。行爲科學家的責任，乃面對極複雜的人類行爲，加以取捨而整理出行爲的構圖。人類的行爲是完成政治、社會、經濟、文化、科技、宗教等等之重要工具。人類行爲要比物理或生物的過程，更爲多變紛歧，行為不是簡單的活動而已，行為尚包括非常深刻的思想、觀念、習慣、經驗、動機、需要、態度、信念等內在因素。這些因素不斷支配外在行為，並且從行為的表面是不容易看出來的。行為的內在動力和行為的外在表現，雖受因果關係所支配，但其關係並不受邏輯的原則所限制。這就是說一種同樣行為的內在因素，可能會發展許多不同樣的行為型態；相反的數種不同的內在動機，可能會表現出相同型態的行為。行為本身即有這樣複雜的因素，瞭解行為也不可能只憑著簡單的經驗來解釋，尤以心理分析學者，對病態行為的研究，發現下意識的行動動因，對行為更深入地了解，給予新的啓示。行為科學的發展，乃是最近五十至七十年間才崛起的一門學科。它的萌芽肇始於十九世紀末葉，由德國的萊比錫大學，溫特（Wundt）用實驗的、系統的、調查的方法來研究人類的行為。溫特所倡導的心理實驗室，雖為心理學家崇為心理學正式的起源，但心理學是研究個體行為的科學；行為科學的基本是基於心理學，又絕大部分行為科學家也是心理學家，所以，心理學家和行為科學家，目前仍沒有明顯的分野。自溫特以後，心理學發展的首期，初為哲學心理學，亦即從古代到十九世紀末，後為科學的心理學，可由溫特（1879）算起。哲學的心理學是希臘哲學家解釋人類行為理論中的一種。希波克雷特（Hippocrates, BC 400）就主張行為的體質論。他認為人體含有四種流體，即血液、黃胆、黑胆及黏液。這四種液體的某種體液較多，就產生一種相應的行為，如黃胆過多就產生侵略性行為或激動行為；黑胆過多時卽產生安靜、退縮的行爲。早期希臘哲學家也將身心分開來論。這二者有相當的關係，亦有相當的獨立。甚至有些哲學家主張身體是墳墓，惟有心靈才是實在。十九世紀末以前，哲學者相當關心「人的問題」，其中不斷地探討人性這個題目。笛卡爾（ Descartes, 1596-1650 ）認爲人有固有觀念。洛克（ Locke. 1632-1704 ）認爲人性本是一張白紙，經驗的積立形成人性。盧騷（ Rousseau, 1712-1778 ）認爲人性本爲善，後經社會影響而變爲惡。斯賓塞（ Spencer, 1820-1903 ）對人性的主張，與上述幾位哲人相反，認爲人天生是自私的、好侵略的。

十九世紀物理學和生物學由哲學脫胎而生，這也是心理學進入科學時期的預備。首先物理學家和生理學家研究感官歷程。德國的韋伯和費希納（ Weber, 1795-1878 ）（ Frchner, 1801-1887 ）以科學的方法，研究心靈的現象。韋伯是生理學先驅，他研究物質環境和個體察覺這個環境的能力之間的關係。費氏卽研究物理和心理二者之間的數理關係，並研究物理刺激和感應歷程的關係。心理學進入科學時期，有溫特和鐵克納（ Titchener, 1867-1927 ）所倡的結構學派（ structuralism ），以內省方法研究意識，指出意識經驗的三大元素爲感覺、意象和感情。詹姆士（ James, 1842-1910 ）、杜威（ Dewey, 1859-1952 ）和柯特爾（ Cattell, 1860-1944 ）倡導功能學派，主張行爲和心理歷程是在適應，亦卽個體必需適應千變萬化的環境。他們在內省法的運用外，還增加了觀察法。華生（Watson）反對結構學派對意識研究的主觀性，主張心理學的主題應是行爲，而推動對動物行爲的研究，並以科學的方法處理行爲的各種資料，所以華生變成爲行爲主義的倡導人。結構學派和功能學派對研究行爲的主觀性，引起了行爲學派的反對。格式塔學派卻認爲結構學派和功能學派並沒有什麼不對，他們主要的問題是將複雜的行爲，分析成爲元素，甚至行爲學派也犯了這種錯誤。事實上，將複雜的行爲加以分析，則所研究對象之統一性便遭受破壞。格式塔學派在認知方面、注意和學習方面、社會行爲和思想方面，所用的功夫相當多。這一學派的主倡者，爲柯夫卡（Koffka, 1886-1941）、柯勒（Kohler, 1887-1967）及魏沙邁（Wertheimer, 1880-1943）。當二十世紀前半，美國成爲行爲學派的天下；德國卽爲格式塔學派的地盤。這時突起心理分析學派。心理分析學派不是以實驗結果爲立論根據，而完全依據治療經驗而發展，對心理學和行爲科學的影響甚巨。心理分析學派以弗洛依德（Freud, 1856-1939）創立的，他的人格理論成爲心理學的核心。行爲科學的崛起，也以這五個理論爲依據而發展。

人類行爲種類之多，是出於我們意料之外的，人類爲政治活動之故，出現了極爲複雜的政治行爲，包括政治態度、政治活動、投票行爲等等，都是依據政治上的理念而來的政治行爲。人類的經濟活動，也出現了經濟行爲，諸如銷售行爲、廣告心理、經濟活動、經濟組織、合作與衝突等等，都與經濟行爲有密切的關係。人是群居的動物，爲了這個群體能順利地發生各種功能，人類互相間建立各種社會關係。達成社會關係的工具便是社會行爲，諸如傳授社會化的原則，順從規範的壓力，商談合作事業，建立友情，宴客招待等等，都是人類的社會行爲。人類不能簡單的憑著食物而生存，他們追求更崇高的道德規範，尋求更完全的境地，充實更完善的人格，逃避更危險的威脅，因之，出現了宗教行爲，渴求在宗教中，尋求人生的意義、價値、方向、安全，甚至超越現世的未來境地。圍繞在人類生存環境的自然因素、社會因素和文化因素，不斷地干擾人類行爲，使他產生喜、樂、悲、苦等等感情，這就是人類具有高度的情感表現，而產生了情緒行爲，還有，人類爲某種價值觀念、某種主義、某種工作，而產生一股力量使他有充沛的精力，從事於目標的完成，也是情緒行爲的一種型態。人類在歷史過程中，經農牧、封建、武士、手工藝、學術、專制、民主及現代化社會等種種階段，在每一個階段中，能維持其特性，乃在於每一時期，有某種領導方法，藉此來鞏固其社會型態的本質。因此，每一時期均有其特殊的領導行爲，來鞏固社群並發展社群的功能。人類在每一個時代，都追求和保持其生存；生存必需要有生存的方法，生存方法的具體表現，乃是工作行爲。在農牧社會的工作行爲，顯然與現代社會所要求的工作行爲不同。十六世紀建築羅馬聖彼得教堂的工作行爲，絕不能與今天建設高樓大廈的工作行爲相比擬。古時手耕農田的工作行爲，與今天機械化的耕作方式不盡相同，雖然其目的一樣，但方法已經相當的改變。人類是兩性動物，弗洛依德認爲性的驅力，促進文化的各種表現。在高度文明的社會裡，人類性的表現錯綜複雜，如通過衣著方面、娛樂方面、裝飾品方面、言行舉止方面，甚至在性的直接鼓勵下所發生的情感，追求異性的愛情行爲，男女交際活動的行爲，都與性的行爲有密切的關係。人類是群居的動物，在他們互相關係中，需要合作、順從，但在群居過程中也會發生不滿、不安、敵對等行爲。人類爲追求快樂與幸福，避免複雜和單調的工作環境，而產生各種娛樂方式和娛樂行爲，其方式和行爲，難免與其他的人以及社會既有的規範發生衝突、矛盾，而產生偏差行爲；如犯罪、兇殺、偷竊、搶刧等等不名譽的事。人類不斷追求物質性、社會性及精神方面的地位，諸如追求學問、技巧、技能、方法等，藉此表現成就行爲。歷史的記載所留下來的啓示，不論是哲學、文學、神學、建築、雕刻、手工藝品，均是代表每一個時代的思想行爲及活動。這些思想、行爲活動的背後，充分的表現出有關行爲的各面向，諸如：合作、競爭、相助、相殺、群策群力、鬥志、鬥氣、指揮、命令、工作等行爲。

四、行爲科學的貢獻

自一九五〇年福特基金會提倡並資助行爲科學的研究，注重個體行爲和人類關係，以心理學、社會學、人類學、政治科學、行政學、工業人因方面爲主幹而展開研究。心理學方面即以杜夢和沙士頓（Turman and Thurstone）的人類智力的架構；杜爾夢和哈爾（Tolman and Hull）的學習原理；史金納（Skinner）的學習行爲理論；馬雷（Murray）的人格理論的探索；蓼因（Lewin）的群體理論；何弗蘭（Hovland）的溝通原理等，爲研究行爲科學的指引。社會學方面以林特斯和華納（Lynds and Wanner）的社區研究；施豆華（Stouffer）對軍人和投票的研究；彌特爾（Myrdal）的種族研究；以及雷斯蔓（Riesman）的群衆的研究等等爲主幹，而深入研究行爲科學。人類學方面有卜亞斯（Boas）的人類學的原理；密特、柯克豐和柯理哪（Mead, Kluckhohn and Kardiner）的文化和人格關係的理論；雷特輝（Redfield）的民俗研究；以及柯羅柏、白尼德和馬羅克（Kroeber, Benedict and Murdock）對文化的分析等等，滲入行爲科學的領域中。政治科學方面，以羅斯威（Lasswell）的政治行爲的架構，以及塞蒙（Simon）的行政行爲的探索；羅勵巴嘉和迪克遜（Roethlisberger and Dixon）的工業行爲的研究，均併合在行爲科學的架構中。還再加上生理學、教育學、經濟學等學問於行爲科學的領域中。

行爲科學的開始，在資料的處理上似乎有些紊亂，又很難抓住方向，不過在研究過程中始終把握技術化、專業化、制度化、現代化和群體化的基本原則，旨在服務人類，使人類更加發揮其潛在能力，建設美好的社會。總之，行爲科學是一個還在進展，且未定型的科學，原從心理學、社會學和人類學為骨幹而發展，今天已慢慢地被政治科學、行政學、法律學和管理學方面所採用。

不過到目前，行為科學的貢獻，在行為科學的開始，似乎忽略了對病態行為的關聯，其實行為科學的貢獻，在這一方面有最顯著的貢獻。因為人類創造文化的進步和時代的躍進，他本身卻在進步和躍進中受傷害，他在今日進步的社會中，維持健康的身心，致力於人生各種事業，貢獻本身和社會，是當今一大課題。人類發現他生存在科技不斷進步的時代中，似乎不能免除各種痛苦，而跟著時代的進步，帶來更多的問題。今天人類壽命普遍延長，可是他們是否能比他們的先祖更加幸福，更加快樂？今天科技的進步，是否也同時增高人生的品質？是否生存在有意義的過程中？現代人面臨緊張、不安、困擾、不滿、恐懼的精神環境中，他的肉身圍繞著各種污染。人類努力奮鬥於爭自由、取富足、提高人權和人類的尊嚴。行為科學就是誕生在這種情況中，旨在協助人類，使他們更能完成自我，發揮他們的能力。精神科醫生不斷地協助其患者，心理學者和教育學者不斷地指導他們的學生，社會學者不斷地革新制度，政治科學者不斷地提供更舒適、更民主的政治環境，管理學者不斷地設計人群工作環境等等，都是在創造一個健康和幸福的社會。

改變社會當然是一種措施；改變行為也是行為科學者的努力目標。行為科學家對行為改變的努力，乃使人類的行為，更能有效地活動，更智慧地運作。家庭的社會化、學校的教育以及工廠的實地訓練，都是改變行為的實際措施。

社會的進步會副生一些社會問題，這些問題會抵銷進步。數十年前，我們沒有聽過「問題少年」、「少年犯罪」、「經濟犯罪」、「知識犯罪」等名詞。行爲科學家非常關心社會中的違反行爲和犯罪行爲，因爲這些行爲會帶來社會的不安和破壞。政治方面和行爲科學者都在努力如何防制這些問題的蔓延，不過兩者有不同的觀點。政治家從比較消極的立場，來抑制問題的蔓延，諸如，對背逆行爲和犯罪行爲，以法律衡量其嚴重程度，限制此種行爲者之自由；然而，行爲科學家卻使用科學的方法和運用犯罪者本身的自我力量，來改變他們的行爲。行爲科學者從心理衞生或心理健康方面，來防止問題的發生，從問題的原因根除問題的癥結，並致力於維持社會安定的人員，予以適當的專業訓練，尤以最近在大都市、工業區、貧民區等特殊地域，不斷發生奇形怪狀的社會問題，行爲科學家從人類的本性探討，深刻地了解人類在遭遇挫折時產生的侵略行爲，並從環境的改善，減少問題，增加幸福。

人是社會動物，個體的生存不能離開其它的人而生存。人類社會的成就，是人群的成就，所以，人與人之間的關係，成爲現代社會一個重要的課題。爲此，人類關係的學問應運而生。昔時的農業社會，人情關係非常強固，並藉此關係維持倫理、秩序、關係、道德和工作。現代社會人與人之間的互動趨於片面，人的流動愈來愈激烈的情況下，人與人之關係的維持，不能依賴人情關係而發展。現代社會人與人之關係是現實的、契約的、功利的，雖然如此，人類的成就還是要靠著人類良好的關係，以及互相間之和諧。行爲科學家爲了維持人類良好的關係，致力研究有人類關係和人際關係的學問，作爲現代社會人群合作、團隊精神和人類幸福的基礎。這樣人與人之間、人與群之間以及群與群之間的敵對會減少到最低程度。柯林斯（ Karlins, 1973 ）指出，人際關係的改善是現代社會一個非常重要的措施。他研究兩個敵對的團體，經過適當的安排，使之面對面的溝通後，其間的歧視和偏見減至最低的程度。他稱此種眞實親密友善的人際關係的實際運作爲馬拉松團體（ The Marathon Group ）。

行爲科學家以科學的方法來研究人類的行爲，旨在協助個體能有效地適應現代社會環境。現代社會日趨都市化、工業化、專業化、制度化和科技化，使整個社會進入相當複雜的體系。人類就是生存在這複雜的體系中。現代社會的進步，並不是說是平衡的進展，而是某種制度特別發展，某種制度趨於萎縮，使現代社會的物質文明在一日千里的速度進步，精神文化的地位日趨式微。在物質文明強烈的社會，成就、財富、地位、權力的觀念已經在人們的心理中佔有最高的地位，而精神文明和道德價值，已經從個體的人格體系中脫離，所以，人類在現代社會中的適應，日趨困難。

行爲科學家關心社會的幸福和個體的幸福。因爲現代社會的問題，也是人類觀念和行爲所造成的，所以，如何使人類的行爲，在社會中扮演適當而有貢獻於社會的安和樂利，是行爲科學家對社會和個體的最大關心。還有如何使人類在工業中、商業中或工作中的行爲，能適合於社會的需要，使人類所扮演的行爲，就是快樂和幸福的來源。

第二章　行爲的基礎

人類的行爲錯綜複雜，任何一種行爲都根據於生理的、心理的和社會或文化因素間的特質而互動。人類的行爲雖然複雜，但不因爲複雜，就損失其理論上的依據。人類在年齡各階段的發展，行爲發生連續的變化，不過在嬰兒或兒童時期的社會化過程中，由環境及情況干預到嬰兒或兒童的變數是個別的，使嬰兒或兒童產生某種殊異的適應方式，而顯出行爲的差異。所以每一種行爲都與以往的事件有關，並受經驗所影響。行爲科學家解釋某一種行爲，都根據於其先前的行爲而預測。譬如，研究一位問題少年的行爲，可以從其嬰兒或兒童時期的經驗來說明，並且可以從他過去的行爲，預測將來可能發生的事件。可是這並不是說，已往的行爲經驗，絕對是現在行爲與將來行爲的決定因素，這僅是提供重要的隱示，協助我們去瞭解它。行爲科學家對行爲發展的研究指出，行爲發展的一般趨向或模式，並在生長循環的過程中，指出某階段的行爲的特徵。

一、兒童時期的行爲

根據一般文化而觀察，成人對兒童的瞭解，有許多不甚適當之處。第一、把兒童當作無知的個體，而不太理會他的動機、感情、想法和行爲。如個體採取這種態度，往往不會承認或給予兒童應有的地位和權利，使他們處於較遜的附屬地位，阻礙親子間的關係和溝通。第二、視兒童爲「小成人」，與成人完全相同的縮形小個體，因之成人對兒童所要求的行爲，必須類似於或適合於成人的規範，因爲他是成人的縮形，所以，他的行爲必須像成人一樣地有禮貌、懂禮節、有恒心、能專心。這樣兒童便生活在一個富有約束力的環境之中，而阻礙其眞正個性的發展。第三、過份保護兒童，替他們做一切的事，並替他們決定他們所能做的，排除他們參加成人的世界。受這種待遇的兒童，到青少年期會陷入適應上的困難，一方面他會發展不肯及不能負責的性格，另一方面欠乏自立及自我的穩定。行爲科學家認爲解釋兒童行爲，主要的並非在於如何解釋兒童本身所表現出的行爲，而是科學地觀察兒童與成人的互動關係，並從其關係中推出某種行爲的反應模式。所以，瞭解成人的行爲更會瞭解兒童的行爲；同時越是瞭解兒童行爲，也是對成人行爲的瞭解越多。

㈠行爲的背景

行爲與神經系統有密切關係。神經系統的基本單位爲神經原（ neuron ）、中樞神經系統（ The Central Nervous System ）和自主神經系統（ the automatic neroous system ）。神經系統與環境發生互動關係而產生行爲。

神經原：神經原是組織神經系統的細胞。神經系統裡有三種不同的神經原；每一種神經原有一個細胞體；細胞體一端有毛狀的構造叫做枝狀突（ clendrites ）；細胞體延伸的部份叫做軸狀突（ axons ）。軸狀突的末端叫做軸狀末梢（ Axon terminals ）。神經原的枝狀突，是神經原對刺激的接受器。神經原的功能是會發生一種電化作用，而所發生的電化電荷，如果受到刺激，神經原便釋放這種電荷，激動相接近的神經原。神經原的衝動包括電學和化學變化，沿著神經進行一種激動，其速度每秒約一百公尺。神經原受刺激而活動，仍有它的反應閾度；凡低於這種閾度的刺激，神經原是不起作用的；超過這閾度，神經原就會放出一種電流。當一個神經原受刺激而傳電後，便使神經系統產生一種興奮的狀態。這種興奮立刻與行爲建立關係。

中樞神經系統：中樞神經系統包括腦部和脊髓。中樞神經系統主要的功能，是將神經原所接受的外在刺激及身體內部的變化，傳至中樞神經系統。中樞神經系統的神經衝動，再經由神經原傳至各肌肉及腺體。腦部的功能單位有大腦、小腦和腦幹。大腦支配高級的心理歷程，同時還控制若干比較簡單的活動。大腦的右半球控制左邊的身體；左半球控制右邊的身體。小腦負責肌肉的活動，如活動的協調和支配複雜的協調運動。腦幹（ brain stem ）在大腦之下，是脊髓的延伸部份。如果腦幹受到傷害，會使有機體死亡。腦幹對於心跳、呼吸、血壓和其他功能的協調，是通過視丘（ thalamus ）、下視丘（ hypothalamus ）等等。視丘是支配自主行爲和情緒行爲的中心。大腦有運動區；身體的運動起自運動區的神經衝動，而向下沿著脊髓的通路進行，而達四肢的肌肉。運動區上端控制身體的下部，運動區的下部控制身體的上部。感覺區與運動區相同，身體下部受感覺區上端控制，感覺區底部控制身體上部。感覺區受到損傷，有機體便不能經驗身體相應部份的感覺。我們所經驗到身體各部的痛、熱、冷和觸覺，那是由於身體各部份的接受器所產生的衝動，傳送到腦中的感覺區之故。視覺區來自眼睛神經細胞的路線，由光線刺激眼睛網膜的感覺接受器，而所產生的神經衝動。聽覺區是由聲波的刺激而傳送至聽覺區的神經衝動。其他還有語言區、聯結區、味覺和嗅覺區。這些腦的區域，與行爲有直接的關係。總之，中樞神經系統接受外來的刺激，輸入腦中，經一段凝固（ concalidation ），建立了學習反應的模式。如在刺激未凝固期間內，加上其他性質的刺激，就會破壞這種歷程。鄧康（Dun-con, 1949）研究白鼠在學習之後，給予電擊，會阻止凝固，亦即白鼠會忘記反應，而且電擊和學習間的距離越短，破壞的效果越大。

自主神經系統：中樞神經系統是由腦和脊髓組成的，它的功能是聯絡和整合身體各部份的共濟活動。中樞神經系統控制條紋肌、腺體、血管、眼睛及內臟肌肉。自主神經系統分交感神經系和副交感神經系。交感神經系在脊髓兩邊形成兩串的神經結（ ganglia ），從神經結分出纖維上行或下降，由神經鏈聯接運動神經原，分佈於平滑肌和腺體。交感神經是從脊髓的胸腰部約十二節分出來的纖維，分佈到頭到腳趾的各構造上。副交感神經系是從脊髓的薦尾部（sacral）及腦幹部分出來的神經組織，分佈於各種內臟構造上。這兩系的活動常常是相反的；一種激發器官增加其活動，另一種則抑制或降低其活動。交感神經系的活動，使瞳孔擴大、心跳加快、血壓增高。在情緒高昂時，會使肝糖流入血液中，增加肌肉的活動。同時，會抑制消化系統的活動，以全力來應付危急的情勢。副交感神經系是負有生命的重要功能：它會使瞳孔收縮，以防強光傷及眼睛。食物經過消化系統，以及最後的排泄，全部靠副交感神經系的作用。

我們已經瞭解神經系統、感官和反應的關係。行爲的產生往往是來自環境的某些刺激所作的反應。刺激只是衝擊接受器的物理能。所以，刺激和反應間的聯接，可以瞭解行爲。行爲是刺激和有機體特質間交互作用的結果。

人類各種活動的基本條件，乃基於維持他的生物構造的需要，以及這種需要所產生的行動，與外在環境所發生的關係。人類爲維持其生物體的延續，他必須活動或表現出某種行爲，始能達成其生存的目的。這一股生存的動力，乃基於人類基本需要，如飢餓、性慾等等，都會成爲行爲的原動力。由需要而轉移的驅力，可能發生潛在性或明顯性的行動，朝向可能滿足的目標而進行活動。可是這需要轉爲驅力，驅力變爲行動，這種行爲是原始的、粗糙的、盲動的。這種生理的動力過程，必須加上社會經驗和文化規範的干預，始能使這股動力不致隨便發洩，而危害其個體的完整、社會和文化的因素，會使個體做出更智慧、更適合於規範的行為表現，而獲得社會所能接受的行為規範。社會干預個體行為的壓力，可稱為學習。學習會縮短需要轉至行為，行為達成目標間的距離，使行為在相當節省精力的原則下，容易地完成需要的滿足。因此，人類的行為雖然有高度的社會和文化因素的干預，但也不能忽視由遺傳所帶來的影響。研究遺傳的學者對人類行為的解釋，也是行為科學家瞭解行為的重點。遺傳學在行為科學方面，最詳盡的研究工作是在智力方面，尤其是有關於孿生間的關係（ Fraternal identical twins ）和研究遺傳與環境的關係。

當我們研究最簡單的單細胞動物，至最複雜的人類，我們會發現一個通則，就是結構、機能和行為的複雜性也逐漸增加。原生動物的行為，如昆蟲之類，則加以刺激便可以斷定其行為趨勢，易言之，只要我們知道其有機體所遭遇的刺激，便可以預測何種行為的發生。至於複雜的脊椎動物的人類，我們若以測驗為依據，而預測或說明其行為，其可靠性卻越來越少，因為其他因素，諸如學習、動機、認知、態度和價值等，都為行為的決定因素。因此從多方面的因素來瞭解人類的行為，其重要性逐漸增加。這就是說有機體在種系尺度（ phylogenetic scale ，此為有生命有機體的分類系統，表示各種進化的水平時期，由最原始的以至最進步的。）上愈低，其行為愈受刺激的程度所影響；在尺度上愈高，其行為愈少受刺激所限定，故其行為顯出愈複雜、愈多變化的趨勢。人類行為的變化極多，又足以影響行為的變數更多，所以對人類行為的預測，則較低級動物的行為預測更為困難。但人類在發展的歷程中，從嬰兒至成人，也是遵循由簡單至複雜的原則；嬰兒就比成人容易受到刺激所限定，行為也較少變化，而且容易預測。

㈡成熟與社會化

成熟這個概念包括著在發展中各階段歷程。成熟也是有機體各部份充分發展的歷程。成熟不是一種歷程，而是若干歷程，使身體各部份以不同速度發展，同時，某些歷程先於其他歷程，而達到某階段完全的發展。諸如我們說神經系統的成熟、性腺的成熟、動作的成熟。器官的成熟均遠在需用之前早已完成。嬰兒在出生時，大部份反射性行為的基本方式，均已備妥待用；呼吸的反應、吸吮反應、對溫度不適的啼哭反應等等，都已充分發展。身體各種器官的成熟，勿須任何學習或練習的促成，就有了某種行為。反射行為只要成熟，勿須學習即會出現某種行為，這可以說是行為本身的成熟。還有成熟只是使某種行為有了可能，尚須學習或練習來發展這種行為。兒童學習某種技能，如企圖在成熟之前，教一種技能，則是不智，應該等到成熟的時候，而予以訓練。假如某種成熟已達到，而不加以訓練或學習時，他的能力就會退化。

當嬰兒誕生以後，他要跟著年齡的增加和生理機能的發展，接受社會給予他的約束和期待，這就是生長和發展的過程中，身體成熟的程度和社會發生互動關係，或社會化關係。所謂成熟則指人類機體所發生變動，此種變動的型式和速度，在懷孕時已經註定。成熟的實例，如軟骨之化爲骨骼，乳齒的更換，陰毛和腋毛的生長，都是發生在出生至成熟的階段之中。成熟的速度有一般原則，如六歲兒童生長臼齒，但有些兒童可能較早一年或遲一年得之。此種成熟速度的變異是特殊的和個別的；也許是受環境或營養因素所影響，所以，個體在遺傳的特質上，也是會受環境的影響而產生成熟時期的遲早。

生理的成熟對學習是基本的。嬰兒除非能對母親發生注視的動作後，始能對他的母親臉孔反應。新生嬰兒的活動是擴散和無組織的，這些活動特徵在生長和發展的過程中，慢慢達到成熟而變爲能集中和有組織的協調反應，始能應付對目標或客體的操作。達到成熟的階段是有步驟的，譬如嬰兒在爬行動作之先，先要能夠翻身動作，又翻身的動作也是在適當的時間才會發生。因此，發展至成熟的階段，有其先決條件，否則也不能有所成就。又如學習講話，不只是依據於兒童學習模仿聲音，但也依據於其生理的發展，就是喉頭、舌頭、唇部肌肉的控制和前齒的出現。身體成熟的歷程，卽在刺激或有關活動不存在時，也會發生功能。丹尼斯（ Dennis, 1943 ）觀察印第安人（ Hopi Indians ）注意到有些家庭遵從何皮族的傳統習慣，在孩子出生後，把他用繩子緊緊地縛在搖籃板上，使嬰兒的手腳活動受到限制。頭三個月嬰兒只在洗澡和換尿布時才離開籃板。在嬰兒頭六個月裡，幾乎都被縛在板上。目前，有些何皮族的人已放棄這種傳統的育嬰法。丹尼斯發現使用板子和不使用板子的嬰兒，在走路方面，能行走的年齡沒有區別，這表明活動雖受限制，但不妨礙身體的成熟。

㈢社會學習

在人類生命開始的第二年，一位幼兒的大部分時間，都花費在發展他的身體本身及他對物質環境的瞭解上。他開始學習其周圍的物質環境和社會環境的互動關係，並無太大的區別。事實上，他的物質和社會環境間卻有重要的差別；因爲物質環境就大體來說，是無生命和被動的，而社會環境是主動的。物質環境並不企圖改變他的行爲，它對於兒童是怎樣的一個人或是將成爲何種人，毫不注意。但是社會環境對於他的一舉一動都有深刻的影響，他的行爲不符合社會環境的要求時，立即反應出社會環境的意願，並將其意願傳遞給兒童。社會環境給予兒童的直接反應，隨文化及次級文化而不同。因此，兒童生物方面的基本人格，在早年社會化過程中，被早年兒童與社會環境的互動關係所修改。文化足以影響一個嬰兒將成爲何種人。文化本身有一套的標準；是非、期待或態度。兒童行爲的發展，因他對父母長期的依賴，而父母的願望、態度和感覺等等，傳遞給兒童，所以兒童的行爲方向和標準並非他自己的。貝地遜和米特(Bateson and Mead, 1942)曾研究巴里(Bali)地方一個山地村落的兒童保育方法，提出有關於初期兒童的經驗和成人人格間的關係。巴里村的嬰兒在第一年和第二年受到父母的照顧和溺愛，然後加以嘲弄或使他吃醋。母親對於嬰兒親熱的要求，不但不予理會，反之給予拒絕，從鄰居抱來一個孩子，在自己嬰兒前故意與他親熱。這樣，當然會引起她自己的小孩發狂似地妒忌，母親不但不予理會，反更溫和地微笑和照常進行她的嘲弄手段。由此種經驗，她的嬰兒學習退卻，而不與他人有密切的、熱烈的關係。當他們長成爲成人時，其行爲特徵是退縮、無情和空想等。

任何一種社會，都將嬰兒及兒童納入一個似如鐵製的箱內，受社會文化的壓力，鑄造他特殊的性格。他們在這個箱子裡，有一定滿足的途徑，有一定限制行爲的方法，旨在有意地使他們變成一種爲團體所需要的份子，並且爲社會所期望的人。在生命的頭兩年中，兒童尚不能把握住他所表示的許多反應之重要性，一方面是因爲他們忙著專心於他們自己的身體以及他們周圍的物質環境，另一方面是由於他們尚未達到一種身體和社會成熟，足以使他們瞭解對他們所期望的事件和依此反應。許多父母發現再三打罵，不能使一個十八個月大的兒童，阻止其充沛精力的各種活動。因此，心理學者建議防止這個年齡兒童破壞性的最好辦法，是把房子內可以打碎或珍貴的東西，放在高處，不讓他拿到，或不讓兒童進入可以打破東西的房間內。這種做法並不是說，這個年齡的孩子不能學習，而是他還不能學習那種特定的項目。他被准許玩一件塑膠玩具，但他卻不懂爲何不可以玩父親放在桌上的眼鏡。十八個月的兒童，他還沒有發展所謂「你的」和「我的」等概念的限界。這階段雖可自制大小便，但其他行爲方式，如禁止他自己的手去拿好奇的東西，或不把東西放在嘴裡等活動，是超出他的控制範圍。因爲他仍不能識別容許他做的事與不容許他做的事之間的差異；另一方面他假如懂不可爲的事，大概他也不能阻止其內在衝動的壓力。

影響兒童成爲何種人，社會環境是非常重要的。父母對兒童的態度、期待和情感是兒童行爲發展的重要因素。父母對其兒女的胎次，他們本身對養育兒女的經驗和社會因素的變化，以及家庭生活及性格因素的變化等等，都會影響到兒女的性格。心理學者杜爾曼（Terman, 1925）、伊里斯（Ellis, 1926）、卡特爾（Cattell, 1927）、鐘斯（Jones, 1954）等等研究天賦優異的兒童，出生順序和成功間的關係時，指出父母對最大的兒女的期待較強，使之與其他弟妹行爲有不同的趨勢。最大的兒女較有成人取向的行爲（adult-oriented behavior），如較敏感、良好、正直、嚴肅、敬畏、好友及好學等等，而第二個出生的兒童，較傾向於不好學的、快樂的，和隨遇而安的性格。當然，父母對第一和第二個兒童養育的方法，有很多改變。對第一個孩子往往傾向於較嚴格，而對第二個較鬆是普遍的現象。對處理第一個出生兒童的方法，與其他兒童比較，父母間的態度和做法往往一致，這無疑地使第一個出生的兒童，在性格上和社會行爲上，表現出與弟妹們有很大的差異。柯志（Koch, 1955）將五、六歲兒童的性格，加以分類，她發現第一個兒童表現出多忿怒、多情緒緊張、易被失敗所困擾、多托詞、對成人所表示的同情和讚美較少反應、發音較清楚等等。男性兒童有弟妹者，其性格趨於多報復性、妒忌性、容易吃醋、不慣嘲弄。第一個出生兒童有異性弟或妹者，與其有同性弟或妹者相比較，則較多自信、愉快、仁愛、好奇、固執、決斷及對情緒的困擾較易復元等現象。所以，出生順序的研究指出我們能依據父母的期待及父母處理兒童的方式，來解釋兒童行爲的差異，另者兒童行爲也可以從其早期行爲預測。

㈣發展模式

從生理方面來看人類發展，其歷程乃由受孕至成熟，行爲的發展是向外的；發展意味著一種向外的運動。不論人類的有機體本身是胚胎、胎兒、新生兒，它的中央區域的結構和機能最先發展。在嬰兒頭一年中，其頭部軀幹，早在四肢之先發展。發展的方向是由頭至尾（cephalo-caudad），就是嬰兒發展控制其頭部，如口、眼、頸、肌肉然後及其臂和指，最後是腿和腳。這些發展的趨向繼續整個兒童期。

從社會性方面來看兒童行爲的發展，向外發展的原則也表現於社會性部份。最初嬰兒集中注意於他本身，然後與他有關係的他人發生興趣。在嬰兒生命過程中的第二年，對他人的感覺與意識出現，在這段時間兄弟姊妹間的敵視也開始出現，因爲他發現爲取得父母的注意，必須與他的兄弟姊妹競爭。兒童的遊戲型式也表示他們的發展是向外的。最初嬰兒們在一起的時候，他們會滿足單獨的遊戲，此在心理學上稱爲平行遊戲（parallel play）。到三歲的時候，兒童傾向於與其他的兒童在一起玩，即為聯合遊戲（ associative play ）。至於團體生活的發展，在幼稚園期間，雖是一個團體的結合，事實上他們仍傾向於自我中心的行為，很少能建立終身的友情，所以眞正的團體關係，在這一段年齡是不存在的。到了國校最初幾年，團體意識和親密友情開始發展，至青年期時，才會體會及捲入團體生活中。卡爾遜（ Carlson, 1963 ）研究國校六年級學生的自我理想中之典型人格，是接近於同輩兒童之理想，而非父母所描述的理想人格。所以在這一段年齡中，父母影響的程度，不及同輩兒童及其友群的標準。易言之，國校六年級學生，家庭以外的人及他們周圍的社會，對他們人格的發展，比父母的影響較大。

㈤認識發展

認識發展（ cognitive development ）在心理學上即指認知（ perception ）、觀念的形成（ concept formation ）、推理和判斷等之歷程。關於這一方面的研究，以瑞士的兒童心理學者皮亞革（ Piaget ）居先領導。他所使用的方法是描寫的和診斷的，也是根據他對兒童個別的觀察和問答的方式，而得結果。皮氏認為兒童是自我中心的，並以此特質來觀察他周圍的世界，所以他們就不能瞭解遠景，也不能察知情況的因果關係，並且兒童視物件時給予它的意義是絕對的，後來兒童開始學習他們所看到的物件不是絕對的，也是從實際的經驗學來的。

人類認識事物，把事物的特質及其相互關係，經過分析、判別、比較、綜合等作用，而推出一個概括和構圖，這種代表一個物體、動作、性質、狀況等抽象之共同觀念或意象，稱為概念。概念以認知經驗為基礎。概念是符號化的語言，是人類對事或物的構圖。概念有共同的客觀性和個體的主觀性。

人類在語言的學習和思維的過程，概念佔相當重要的地位。因為語言本身是用來代表概念，所以我們的學習，在許多方面是在學習概念。概念有實質的，如房屋、汽車、傢俱等等。概念有抽象的，如自由、平等、愛心等等，代表共同特質的共同行為。概念包括形體概念、色彩概念、空間概念、體積概念、數值概念、時間概念、生命概念等等。

概念是用來思考或判斷事物。概念中有兩種心理活動：一是對事物的認識；一是對事物的解釋。通常我們經由概念，對事物的性質做判斷、對事物的份量做判斷、對事物的因果做判斷、對事物的價值做判斷。

㈥心理需要

兒童的發展與他的需要交互在一起，由需要的滿足支持他自我的結構與功能。需要受挫折時，自我的結構與功能也會受折磨。兒童的需要也跟著生長與發展而變化，這與他的成熟有密切的關係。馬斯樓（Maslow，1954）將人類的需要列成五類：⑴生理需要：即維持有機體的生物歷程，此為人類基本的需要，必須予以滿足，因為有機體的生存依賴他的滿足，始能建立健全的自我體系。⑵安全需要：這種心理機能，乃保護有機體抵禦由環境侵襲到個體的威脅和危險。這種需要僅次於生理需要。⑶愛與注意的需要：個體的生存必與其他個體互動，而享受情緒上的關係與滿足。⑷尊嚴的需要：這是保護自我的完整，且推及尊敬他人的需要。⑸自我實現的需要：自我能察知他本身的特性，而發揮他內在的潛能，達成他自己所立定的理想和目的。馬斯樓所安排的需要層次，其順序是從最原始的至最社會化的，或由最簡單的至最複雜的需要歷程。馬氏的需要層次似乎符合由最原始或最簡單至最複雜的發展原則。新生嬰兒完全致力於生理需要滿足的活動，花費很多的時間於睡眠、口腔和動作的活動方面。在嬰兒階段他也對安全方面有相當的關心，如不願離開母親而活動。至於愛情與注意方面，嬰兒出生後在什麼時期發展注意的需要，很難判定，不過嬰兒對注意的需要所表現出的，似乎超越生理和安全的需要。易言之，在嬰兒期社會化過程中，其生長和發展，顯然需要某種直接的社會刺激，也就是兒童所需要的愛情反應，是要配合於親切的注意和可靠的來源。施比茲（Spitz, 1946）的研究，認爲這個可靠的來源縱不是母親，也應該是母親式人物。施氏也提出證據以表示缺乏愛情的兒童，會產生人格發展上的困難，諸如顯示出缺乏活力、不能發展正常的語言能力、不能正常行走、不能自己餵食等等常態的活動。更嚴重的是缺乏愛情和注意的兒童，其死亡率較高。丹尼斯（Dannis, 1960）對施比茲的研究抱取懷疑的看法，而研究伊朗棄嬰醫院處置兒童的方法，他發現人格及行爲發展落退的兒童，加以更多的注意和更多的學習機會時，其生理上和社會上的技能，如行走、講話、自己餵食等行為，都會達到正常的標準。聞名的哈樓（Harlow，1958）對幾隻獼猴（Macague Monlkey）飼養方法的比較研究，發現愛情和接觸的重要性。他以兩種代替母親（Substitute mother），卽以鐵絲編架的「電線母親」和海線布料做成的「布料母親」做比較，布料母親有足夠的吸引力，使小猴子花許多時間依附布料母親，並顯出這種依附為心理上安慰的來源。當布料母親不在，縱有電線母親在場，他們表現出恐懼和焦慮。有許多小猴子與這些媽媽分別六個月後，壓下一個一個槓杆，打開窗戶，看到他們媽媽在相連的小室中，他們對布料媽媽的興趣高於電線媽媽。

大部份心理學家肯定母親親自餵奶的，對嬰兒情緒發展的影響非常深遠，並有積極的影響。哈樓的研究指出另一種因素，就是要達成滿意的適應能力，乃由於兒童所得到的撫愛之數量和種類，而非由於餵食的種類。事實上，這兩方面的需要並不矛盾，吮吸的需要固然重要，但是和某種軟柔的、溫暖的接觸需要也有同等重要。哈樓的研究並指出由電線媽媽和布料媽媽養大的猴子，會發展一種社會性的變態，如極端的侵略性、早年的性行為和無能力養育自己的嬰兒等等現象。但有一個特殊的現象，就是由這種人工母親帶大的小猴子，若有機會和其他小猴子有物質和社會的接觸，則其發展正常。此一結果顯示，正常發展的過程中，社會刺激是非常重要的因素。

愛情、注意、尊嚴和自我實現等需要，有時稱爲自我需要。因爲這些因素與個體關注自身的態度有密切的關係。當這些需要能合理地得到滿足，會提高個體的價值感，並肯定其自身的價值性；相反地，這些需要不能得到滿足，個體會覺得他自身沒有價值。一位兒童沒有得到充分的情愛，或未能獲得他人積極的注意，他很容易轉移到某種病態或不適應行爲。此種不適應行爲，很容易產生不正常的心態，如以被挨罵或被體罰而得滿足的不正常行爲。

馬斯樓認爲尊嚴的需要是指個體在團體中，能扮演有作爲的角色，完成某種角色任務，使其適合於他在團體中的地位，從此團體對他的某種期望，也得完成。團體中其他的人對個體的期望，猶如鏡子，反映出他的行爲。當個體在團體中扮演他的角色，而所扮演的角色符合於團體的期待時，個體就能獲得尊嚴。個體尋求尊嚴的行動中，儘可能地從技能、態度、任務等，依循團體所期待的目標而行動。這種心理動力，馬氏認爲高超於愛情或群屬的需要。馬氏所提出的需要模式，頭四級都是保持生理的平衡（ homeostasis ）以及心理和社會的平衡。人類有生理、心理和社會的平衡，始能維持其身體結構和歷程的正常運作，並能適應其環境，完成其生存的基本需要。可是人類的生存機能，卻遠超於其他動物的生理機能，他還可以突破生理、心理和社會的平衡原則，因爲其機體的活動是自主的活動、是構想的活動、是理念的活動。尤以構想和理念的活動，很容易突破平衡的原則或反應機能的原則。突破平衡和反應的原則，使人類具有高度的創造、好奇、構想和活動。這些因素與馬斯樓所主張最高境界的自我實現的需要甚爲接近。馬氏所主張頭四個層次的需要，在行爲科學的研究上，已經有相當的成就，以及這些需要與人類行爲型態的各種關係，也有相當深入的研究。至於，自我實現的要求，行爲科學者也不斷地從人類的創造性（creativeness）作相關的研究。不論如何，人類生存的活力，不僅爲維持其生物體的延續，或滿足其社會與心理的需要，更進一步，人類還能藉其構想、信念和理念，做出各種哲理上的行爲。

㈦智力發展

從生物學的立場來看，智力是適應環境的能力。適應能力的強弱就是有機體智力高低的表現；智力愈高其適應環境的能力亦愈大。從智力本身來看，智力是抽象思考的能力；智力愈高愈能運用抽象思考的能力來解決問題。抽象思考的能力愈健全，判斷愈正確、推理愈敏捷、理解愈充實，並富有創造力和記憶力。所以，智力愈高的人，能學習較難的教材，學習速度較快，學習成果較佳。智力也是各種能力的總和，包括社會能力、機械能力和抽象能力。一般來說，智力包括許多基本能力：即語文能力、數字能力、空間判斷能力、記憶能力、領悟能力和推理能力等等。

人類智力的發展，與其他行爲一樣，是隨著年齡的逐漸增加而發展的。在行爲發展的過程中，智力的發展是相輔相成的。智力的發展與動作的發展、智力的發展與語言、認知、情緒及社會等行爲的發展，有密切的關係。個體智力隨著年齡的增加而增加，其間增加的速度如何？智力的發展究竟何時開始？到什麼年齡停止？桑戴克（Thorndike）認爲智力發展在兒童時期最快，以後逐漸減慢，呈現遞減型式。杜爾曼（Terman）認爲十三歲以前一直維持不變的速度，以後漸緩，以至停止。不過智力發展的速度，也因智愚而異；聰明的人智力發展速度快，停止年齡較遲；愚笨的人發展較慢，停止也較早。聰明的人和愚笨的人，其智力發展的速度既不相等，所以，年齡愈大，彼此間的距離也愈遠。至於智力發展到什麼年齡停止，心理學者沒有一致的看法。一般比較可以接受的是桑戴克的看法。他認爲二十四歲以前尚有繼續發展的現象，直到四十五歲以後才逐漸衰退，但衰退速度極慢，每年僅遞減百分之一。蘇連遜（Sorenson）認爲智力發展期間的長短，與其智力的高低成正比；智商一三〇者約到三十歲左右才停止發展，智商一〇〇者到二十五歲就停止，智商七〇者二十歲以前就停止。許多研究指出人類智力的頂峯可以到二十五歲。此一事實在心理學或教育學的觀點，均具有重要的意義。從心理學的觀點看，生理與心理的發展正相符合，兩者可共同視爲發展成熟，並供作劃分青年期與成年期的客觀標準。從教育學的觀點來看，可爲個人的教育計劃和職業準備，提供較充裕的時間。

人類的心理特質，如智力、感覺、知覺或記憶，或生理特質；如身高、體重、體力和視力等，在測驗上都會集中於一個中心趨勢，適中者居多數，愈趨兩端人數愈少的常態分佈現象。所以，人類智力的差異，僅是程度或數量的差異，而非種族的差異。

智力的發展究竟是由先天，抑或受後天的影響，這個問題爭執甚久。由遺傳方面來看，兒童的智力與其兄弟姊妹、以及其他親屬的智力之間，有層次的差異：凡親屬愈密切，其智力相關係數亦愈高。所以心理品質的類似性，隨血統的接近程度而增加，這樣可以看出遺傳的重要性。心理學者鮑德溫（Baldwin）的研究指出，兒童的人格可以改進，新的興趣可以培養，不合的性格可以除掉，語言習慣可以改變，動作能力可以改進。這些改變惟靠環境和訓練。學者也指出居住都市的兒童比鄉村的兒童智力為高，這顯然是由於社會文化的因素所造成的。所以，人類智力並非固定不變的，由先天遺傳因素所決定，只要改變個體所處的環境，智力的發展會受到影響。人類的智力是遺傳和環境交互的產物；所謂遺傳也不過是提供發展的一種可能性而已，至於個體智力的發展，有賴於環境所給予的刺激而定。

㈧兒童行為

兒童的行為較成人的行為單純。兒童的行為與生理、社會和心理有密切的關係；尤以兒童行為直接與生理需要、安全需要、愛情需要、群屬需要關係至為密切。兒童的行為未能達到自立自主的地步，所以雙親對他具有相當的控制力。兒童各種需要未能獲得滿足時，很可能發展某種行為的問題。可是兒童的需要必須受社會和文化規範所控制，其需要的衝動往往會受到父母或社會所抵制。父母抵制兒童的行爲不是盲目的，必須視兒童自我發展的程度，而給予適量的限制。譬如，兒童在兩歲以前，父母給予一般的規範，不一定會有效果，因爲這一段年齡，其自我的發展，仍無顯著的能力控制自我行爲。可是兩歲以後，兒童的自我發展甚速，兒童對別人的期望和環境的性質漸漸瞭解。這時候兒童內在的衝動，刺激其外在的行爲表現，這種行爲可能導致自我發展的危險，所以，父母就施以某種程度的意識上的控制。兩歲以前，他依從衝動行事，不管周圍的環境對他的期待或規範如何，或父母的反應如何。可是從父母的制止、不讚許、處罰的行爲，使他相當困擾，他就從困擾中學到必須放棄或壓制他幼稚的衝動，朝向於父母可能給予鼓勵的行爲。這就是社會規範和文化規範，涵化於兒童的人格體系中，使自我繼續發展。

兒童在兩歲以後，就會發現他的行爲與父母的關係。當他表現一種行爲，使父母不歡時，父母以拒絕和撤消愛情等動作，以示懲罰。這時候兒童會感受到痛苦、困擾或不愉快。當兒童發現親子間的關係是相互的關係以後，他就竭力設法避免引起父母不愉快的行爲，而保持一種良好的關係。模擬作用（identification）也因此發生。當兒童開始模擬父母的行動，抄襲他們的行爲時，能得父母高度的支持和讚揚，他就瞭解、接受和依順父母的規範、標準和期待，會使父母贊同和鼓勵，這也是兒童社會化過程中，學習到順從（conformity）價值的開始。

從三歲開始，兒童對社會和文化而來的壓力，能作相當的反應。這種反應也是自我特性的開始。他可能表示消極、退卻、依賴、守勢、孤離、防禦等行爲。從表面上看來，他是非常乖的小孩，但其內心中卻充滿無限的困擾和情緒的擾亂。一般的父母對兒童所表現消極性的行爲，不甚瞭解其內容，所以，不夠知識去處理這些問題，而只處理兒童所表現積極的行爲。當兒童表現出反抗或不順從的行爲時，父母會採取行動來應付他。父母所採取的行動，都以其本身所接受的文化規範爲依據，很少考慮到科學上人格發展的理論。因此，父母只認爲完全的服從或依順規範，是兒童發展最佳途徑，而沒有考慮到其背後對人格發展過程中的創傷。兒童心理學者和臨床心理學者，從個案的研究中發現到依從性和順服性過於重視的緣故，或給予太多的處罰、拒絕等行動，帶來兒童長大後不能適應環境的關連。韋克曼（Wickman，1928）曾研究五百十一位小學教師和三十位心理學者，就五十個行爲的問題，依最嚴重至最不嚴重的順序，分別予以等級。教師們傾向於把那些向他們權威挑戰的行爲，列爲最嚴重的，而心理學者則傾向於把多疑、退卻、壓抑、憂鬱、悲觀等行爲視爲最嚴重。施多華（Stouffer，1952）經二十年後再作一次調查，意見的基本區別依然存在。華特遜（Watson，1957）比較五十個各別的嚴格家庭與寬容家庭的兒童行爲（其實寬容家庭不易找到，只找三十八個），發現寬容家庭的兒童：⑴有更多的自我信任、獨立和自動的性格，⑵更能合作和對人有正確關係，⑶更能從事於困難工作，並表現出較高的毅力，⑷對別人較有積極的感情，⑸有創造的、想像力的、自動的和新穎的思想和行爲。

嚴格家庭的兒童，則少侵略性、少競爭性、消極、不生動、不受歡迎、不易與其他兒童共處等行為。凡研究比較以民主的和寬容家庭的兒童，與以專制和約束的方法養育的兒童，都有相同的結論。來自嚴格家庭的兒童，大概都有順從和服從的性格，但缺乏自我信心、社會能力和創造能力。極端嚴格也會使兒童產生慢性的反抗、不與大衆符合。民主的和容忍的家庭，較能發展兒童的主動性、競爭性、社會性、創造性和自信心。

從青年的行為回溯到其兒童時期的家庭互動情況，古羅克和克羅克（Glueck and Glueck, 1950）作一次的犯罪青年與非犯罪青年的調查：

管教方式	犯罪青年		非犯罪青年	
	母	父	母	父
鬆懈	57	27	12	18
嚴格	4	26	2	9
怪僻	35	42	21	18
堅定而仁慈	4	6	66	55

犯罪青年的父母常施體罰，而非犯罪青年的父母只有百分之三十五施以體罰。貝克（Becker, et al; 1962 ）的研究指出，凡被老師認爲有問題的兒童，大概都有嚴格體罰的父母，並對兒童有敵對的態度。所以，兒童的不良行爲，乃由雙親給予他不適當的處理。一般的研究指出，對兒童採取溫和的態度，比較懲罰更有效果。嚴格的懲罰很容易使兒童學習到：(1)如何逃避處罰的情況，(2)以敵視對待他人，(3)以侵略對付他人。嚴格的父母往往會使兒童成人後，變爲非常侵略的性格，反社會的各種行爲，以及非常困難適應環境的變遷。

二、青年期的行爲

青年期可以界說爲在兒童期與成人期之間的發展階段。此期在什麼時候開始，又什麼時候結束，是一個非常困難界定的問題。青年期的開始似乎比較容易認定，因爲青年前期的男女，都有各別的生理變化。至於青年期的結束，可以從成人期的開始來認定。成人期的特徵是扮演成人的角色，如婚姻、承受職業、承受公民或法律責任等等。所以，青年期的結束及成人期的開始則有深刻的文化內涵，亦即能負起文化所界定的成人的基本任務。青年期的結束，既然由文化來界定，所以在單純的文化環境和複雜的文化環境中，成人期的開始則有年齡差別。在複雜的文化中，青年期必然會延長，以便較多的時間學習成人的任務。另外，在一個大文化中的次級文化，對成人期的開始也有不同的界定：勞工階級的人大概希望其子女到十八歲時能獨立生活，而中等階級對十八歲的青年仍希望他們扮演學生的角色，至二十四歲左右才開始接受成人的角色。所以，在同一社會中，對成人的界定也有遲早的區別。此外，還有性別、家庭情況、個人特質或機會等等，均為決定成人期開始的因素。

㈠心理需要

在馬斯樓的需要層次裏，嬰兒和兒童以頭三級基本需要佔優勢，即保持生理歷程的需要、安全的需要、愛與群屬的需要。到青年期時，此三種需要仍會繼續下去，而做為行為的基本動力，其重要性逐漸減少，並且其需要的性質也略會改變。就愛情的需要來說，青年們不只是接受父母的愛，他們還會把愛給予異性朋友。青年發展期中，比較明顯的需要，乃是尊嚴的需要。青年期最初幾年，會產生強烈的模擬作用和高度的自我意識的敏感。這時候，他的活動範圍和參與社團，已經超過了家庭的圈子，他不願做家庭的附從品、救濟品，而要靠他的本領爭取獨立。同輩群為他們群屬需要中最重要的，他需要由年齡相若的同伴，取得愛情、注意和接受，而隨年齡的長大，從教師、異性朋友和僱主獲得認可和注意，是非常重要的。所以在青年期的大部份時間，其注意乃集中於獲得和保持同輩團體、友群和異性的接受和維持其在群中的地位。青年們尋求同輩團體的認可之重要性，可能超過保持和接受雙親的規範和態度。

到青年中期，在社會化過程中使他更成熟。這時候青年的社會技能和各種智識、經驗增加，所以，其自我實現的需要開始呈現。自我實現的需要，乃基於其學識經驗和各種技能，也就是他已經踏入實質上的獨立。青年所從事的職業，是決定其自我認同的重要因素。在準備職業和在職業中的成就會建立他的自我意像。自我實現一方面有賴於個體的自我指向（self-directive）的能力；如能否做獨立思考，獨立做決定，和具備獨立的性格、這也就是說，他的人格必須達到某種程度的成熟，尤以情緒的成熟更加重要。他的情緒不再依賴父母的情緒，他能否在同輩群中發展令人滿意的人際關係，都是青年期中重要的發展工作（development task）。何比哈斯（Havighust, 1953）對兒童及青年的發展工作（development task），以說明個人在其發展的每一個時期所須面臨與解決的問題，以準備下一期的問題或工作。譬如在青年期一個發展工作，是協助在情緒上的獨立，勿再依賴父母。何比哈斯提出青年期的發展工作為：⑴接受自己的體格和接受各性別的地位。⑵達成與同輩的兩性的新關係。⑶情緒上脫離父母和其他的人而獨立。⑷達成經濟上獨立的保證。⑸選擇和準備一種職業。⑹發展為公民所必須的智慧、技能和概念。⑺培養達成社會性的負責行為。⑻準備結婚和家庭生活。⑼建立意識價值的、適當的、科學的世界觀。何氏對各期發展工作非常深入的研究，認為成功地處理兒童的發展工作，到青年期的發展工作也較為順利。所以發展工作順利的人，到下一期的發展工作依然是順利的；而失敗者依然是失敗的。

青年期這個名詞是指一個人將成爲成人的狀態。在這時期中，會發生相當顯著的生理變動，足使個體能承担其性別的成人形狀與功能。就兩性而論，體毛、陰毛和腋毛的生長，體重和身高的增加，新牙生出等。就男子而論，聲音的變化，鬍鬚生長和精液注射能力等。就女子而論，胸部、臀部的發展、子宮和骨盆部份變動和行經等。女子平均起來較男子早成熟兩年左右。平均女子在十二．六歲時生長最快，而男子則在十四．八歲。但男女各方的發育期也有相當的差異。青年期成熟的變化與社會行爲有密切的關係。早熟的男子，除比一般仍未成熟的男子的體重和身高的增加外，他也比較容易被指派担任領導和負責的地位。由於他的生長超乎其同伴的緣故，他在適應上也較困難。這時候他要適應急速生長的高大體型，接受他新的身體意象（body-image）、新的興趣和新的衝動，並作適當的處理。他比起其他同伴早有機會學習成人的角色和任務，這與群不同的生理現象也使他難於適應。

晚熟的男子與其他已經發育的同伴相比較時，有的到十五、六歲仍在青年發展前期。成熟較晚的男女，在其同輩群中，會受忽視的緣故，是因爲身材矮小、氣力不足，與其他同輩男子在平等條件上，參與各種活動與遊戲時，頗有格格不入的現象。在青年階段，體育運動上的某種成功，爲男性角色出人頭地的重要事件。晚熟的男子因比不上同輩朋友，就容易發展一種自卑感，從群體活動中退卻，不敢參與各種競爭性的活動，所以，常表現出小孩子般的補償自卑行爲，如忽然喊出聲音或各種頑皮行爲，引起別人的注意。這種幼稚的行爲，往往得不到同輩朋友的瞭解與同情，反而引起厭惡。

晚熟的女子與早熟的女子比較時，在國校五、六年級開始發育者，在班級中不能獲得聲望，但到初中階段時，其領導力乃居上峯。其特性與男子相同，早熟者總比晚熟者，較有獨立、自信、及對其雙親有較良好的關係。爲何早熟者有此現象，其原因何在？動物心理學家對此問題頗有研究。阿里、柯里斯和路沙曼（ Allee, Collias and Lutherman, 1939 ）早就研究荷爾蒙的分泌與行爲變化的關係時指出，將荷爾蒙注入一群小雞中，被注射小雞的社會地位顯然變化；牠在啄食的順序上和支配其他小雞的行爲上，均能攫取較優勢的地位。由此，早熟男子其所表現的領導能力，也許一部份是由於多量的荷爾蒙流入血液循環中的緣故。

青年期生理的變動，仍不可忽略文化和社會對其生長干預的重要性。早熟者其父母或社會總是對他有不同的態度和期待，也則成人對早熟者的態度與期待有了改變，不再視他們爲兒童，而對他們的尊重也增加。因爲他們的體型已像成人，所以，期待他們要有成人的擧動。另一方面，早熟者對他們自己的身體已覺察到變化的緣故，他們本身也會產生一種新的表現。

(二)社會發展

㈡社會發展

青年期是處在轉變的時期，從其自我觀念、自我關心、自我意識、興趣、判斷等都發生變化。其行動上則從以家庭爲中心的依賴行爲，轉移到家庭以外的團體。這些轉變會帶來自我矛盾、自我衝突、感情和經驗的複雜性。在一方面，也許會以依賴父母爲樂，另一方面與其同輩友群之交誼爲滿足，因爲在同輩友群中給予他尊嚴和地位，可是他在家庭中卻居於附從的地位，而同輩友群即給予平等的地位。青年初期行動和思想的變化，許多父母在一時也難於適應他的特性，父母不會瞭解這種變化的生理過程、心理過程和社會過程的眞正涵義。青年變化的開始，親子間的距離愈會疏遠，又青年們所表現出的態度、煩燥的心情、反抗、不順從、少待在家中等行爲，也許會威脅到父母的權威，使親子間的關係和感情趨於複雜。這種行爲突然的變化，青年本身也沒有適應父母的能力，加上不能在態度、觀念和行爲上，採取必要的改變，或不瞭解這些改變是人生必經途徑的緣故，親子間的衝突愈演愈烈。當兒童在十歲以後，愈求獨立，愈卻脫離對父母感情的依賴，愈少需要父母的愛護、指示和關心，這種情況對父母來說也是一種威脅，父母在心理上不願與不肯接受一個從小養大的兒女，由於突然的態度、關係和行爲的改變而沮喪。假如父母本身在情緒上不穩定時，再面臨這種情況會使他們更加困擾。親子關係要正常的維持，不能期待兒女能自動地去接觸父母，主要的還是有賴於父母要自動地去接觸兒女，又勿從父母的價値體系和規範體系，強要兒女如何去附合他。就從青年來說，他們不是因長大了，就不需要親情和指導的需要。假如雙親從兒童時期就與他們維持良好的關係，並懂得青年發展期中的諸問題，又能自動地給予親情和指導，則親子間的關係是會順利的。青年在發展的過程中，不肯承認需要雙親的溫情和指導，他們以爲任何依賴的形式都是懦弱的，這會在心理上產生一種衝突，一面需要愛情與指導，一面又需要堅強與自足，不需要愛情和指導。青年對此問題的解決，往往都以頑固的態度爲自己辯護，反抗成人。可是要瞭解的是青年的頑固、反抗和自信的本質；從大體上來說，這些心理特質是一種假面具，用以掩飾對朋友、父母、甚至自己的自我疑惑的眞實。青年與父母之間有觀念上的鴻溝，尤以對評價與抱負爲甚。青年們對自身的評價，認爲他們能相當的自主與獨立，對於父母對他們那麼多的管制，而感到煩躁和不滿；而父母方面認爲對青年應給予更多的管制和輔導，較少的獨立機會，這便與青年們的心理特質和心理需要產生衝突。這是價值判斷上的差異及對青年社會特質的不甚瞭解，是造成青年發展上的困難和阻礙的原因。

父母與其青年子女間所發生的許多困擾問題，是可以解決的。其步驟應該增加對互相立場的瞭解，對於對方所面臨的問題，給予某種同情，基於對方基本生理特性和心理特性的瞭解後，可以互相討論面臨的問題。這種措施是人爲的措施。從互相立場的瞭解，父母比較容易接受青年子女的思想和行動，也可以瞭解對於爭取獨立的重要性。青年們也從親子間的溝通和瞭解，心理上會傾向於鬆弛和安全，行動和思想的作爲上，更能考慮到父母的立場。所以，積極的家庭關係是非常重要的。假如父母能分享其青年子女的思想、觀念、活動和信心，並對他們採取讚許的、親愛的和鼓勵的態度，親子間的關係是會相當圓滿的，青年的性格也較能順利發展。青年們在同輩群中，較受歡迎和尊敬，往往也能分享其家庭的較多活動，家庭也對他們有較多的自由，參加家庭以外的活動。家庭對青年情緒的支持，是他們扮演成功青年的重要條件。

㈢情緒發展

青年時期生理和社會的發展，伴著情緒也開始變化。由於他的活動和關係的拓展，經驗和能力的增加，使他愈能認識他人的需要和情感，另一方面他對自己的關心也開始發展。雖然，他的外表具有成人的特性，但其心理上的發展，依然是介於兒童與成人之間。

移情作用的發展（the development of empathy）：移情作用是一種情緒成熟的能力，藉此能力來瞭解別人的感情和態度，並發展其對別人的體諒，使能對別人的立場思慮周到，瞭解別人的情感狀態，設身處地看出別人見解的能力。青年時期對同輩群的興趣增加，他要參加同年齡者一起生活和活動，他必須習得人群的重要性及別人的情況，始能順利地過人群合作的生活。到青年時期，他會自然尋求一種可以隸屬的團體，發展他的角色，同輩團體會使他感覺最安心及發展自我能力和抱負的場所。在同輩群中能與朋友維持良好關係者，一是要有某種程度的移情作用，才會很成功地與別人相處，這個關鍵有賴於其認識別人的態度和情感，並對別人的情緒有反應的能力。成人要如何協助發展青年的移情作用，是青年發展工作中重要的事項。

當青年開始扮演成人的角色時，移情作用才有眞實的進展。當他們担任負責任的職務時，尤其是在受薪的工作中，才開始經驗和學習成人的處境。因此，如何協助他瞭解成人的觀點，對他的期待，都是青年發展工作的重點。事實上，一般成人對這一段發展時期，不但不予以重視，反而不甚瞭解其重要性。父母也往往站在自己的立場和想法對付青年，未能體會到他們本身所使用的方法，青年們如何反應。假使青年們扮演反對的角色，一部份是由成人迫之使然，因父母常常以他們的問題、立場、看法、期待、標準，與他們的青年子女發生互動，而少體會到青年本身的立場。有時候父親將他失敗或不能達成的願望，強迫其子女勿踏其失敗的覆轍，並將遠大的構想，加在青年們身上，希望他能成爲一個自動、自主、有構想、有計劃的個體。其實，這種要求不但不會做到，反而會招來青年們強烈的反抗。父親試圖補償他自己的失敗或缺點，將這股心理壓力轉嫁於青年們身上，這種做法卽如俗語所說的「愛之心切」，但卻沒有考慮到這股愛心，將會轉變爲何種反應。若是父母只顧慮到他們自己的需要，配合高度的道德和哲理來教訓他，可能不能得到如期的教育結果，反而招來嚴重的反抗。

自我關心的發展（the development of self-concern）：青年時期由生理殊異的變化，使青年們對他們本身，具有相當的敏感和意識。自我關心的發展和移情作用似乎有相反的關係；自我關心愈強，移情作用愈弱。這就是說，凡專心於其個人的需要和問題者，自然對關心別人的熱情減低。但青年們對別人的敏感，可能會比成人強。但由於發展的過程中，關心別人的強度逐漸鬆弛和客觀化，而產生對別人的一種固定化看法，這就是所謂教義主義（dogmatism）的行爲；其內容爲堅強剛愎的性格，自我中心的行爲、固守而反抗不安和焦慮的威脅原因。青年期發展尹始，具有強烈的自我關心的行爲，乃出現在十三、四歲左右。這時候他會覺得與他人的關係中有許多構成不安的因素，一方面是他開始學習新的角色、新的行爲和自我期待，渴望能具有成人的行動。可是他卻不知道什麼樣的行爲才是成人的行爲，或他所表現的行爲，其周圍的成人反應如何。可是社會卻對他們異於成人的行爲不容易接受的緣故，使青年初期者更難於適應。事實上，社會期待和希望他們的行動要像成人。這對那些正在摸索向成人途徑的人，相當難於瞭解。

青年期自我關心的發展，會陷入一個焦慮的時期。許多研究青年問題的學者，對青年問題的調查時，大致認爲青年的自我關心爲首位，這表示在青年發展期間的一個主要特性。

青年的焦慮與性的角色有密切關係。許多研究報告顯出，女性的焦慮比男性爲強。這種差別的原因，是社會性的；因爲社會對男性的侵略和反抗行爲，從生理上的原因容易接受，同時也承認男子某種程度的反抗和侵略的行爲是正常的，可以鼓勵的。所以，男性青年就可以將心理體系中下意識動力和意識動力，表現於外部，藉以緩和內在緊張，減少心理結構中的焦慮。再者，社會也鼓勵男孩子多做各種運動，如球類、田徑等運動，也是發洩內在動力的一種措施。可是女子卻少有這種機會，因爲社會期待一個典型女性的行動是高雅、秀氣、斯文、溫柔等。所以，女孩子的內在動力的出路，似乎要選擇富有文藝性的活動，諸如文藝比賽、選美比賽、音樂比賽等等，而爭取女性的社會地位。因爲女子的反抗性和侵略性，社會不予鼓勵，且認爲這種行爲有損於做一個典型的女子。女子不直接表現其內在的抑壓或動力的緣故，她的心理動力被迫阻塞於心理體系中，她比男子有更多未能解決的緊張、挫折和衝突，因之就經驗較多的焦慮。還有女子的焦慮較男子爲多的另一個原因，就是青年期的女子，在發展的過程中面臨地位的改變。在小學時期女子在班上佔較優勢的地位，她們的行爲和功課都比男孩子佳，也顯出比男孩子可愛。當她們開始步入成年時期，參與一個受男性所支配的社會，又這社會中男性的自由度和活動度都比女性大；男性的決定和重要性都比女性大，男性的貢獻和經濟能力也比女性強，這樣女子在兒童時代佔較高的社會地位，轉變到另一個環境，扮演較次級的配角；其所面臨的適應問題，增加了不安全感與焦慮。

從社會環境方面來看青年們焦慮的差別，一般來說，鄉村兒童比都市兒童更易受情緒問題所困擾。都市兒童較具有應付情緒問題的能力；因爲都市兒童具有較技巧的社會能力，較能信任人、較敢冒險、較少恐懼、反抗性較大、獨立性亦高。又城市的生活可以經驗到較多量的社會刺激，就應付恐懼和焦慮而言，頗有其優勢。出身於收入較低家庭的少年，也有較多的情緒問題。因爲他們現住的環境與其周圍的環境有相當差別的緣故，影響到其自我觀念的含糊。他們所經驗到的壓力有直接的來自朋友或老師；間接的來自匱乏文化。情況的威脅，而產生一股推動他的力量，究竟要向前努力或仍留在現在的地步。假如要向前努力，當然也未必能靠著這個決心來解決問題；假如仍留在現在的情況，則周圍的環境總是比他優異。低收入家庭的青年們還要應付這些壓力，就很容易產生不安和焦慮。還有下級家庭的教育方法，比中級家庭傾向於較多體罰，限制較嚴，並對子女教育較少興趣。高級家庭的母親，對兒童的教育傾向於較瞭解的、溫和的及寬容的態度；而下級家庭的母親則傾向於嚴格的、易怒的及懲罰的態度。這種教育方法和態度，也是造成下級家庭的青年具有較不安和焦慮性格的原因。

青年期中的焦慮和緊張，最明顯的是性發展和性適應的問題。大多數青年在十六歲左右，身體上已可執行成人的性功能，但是社會期待及約制會使他延遲到結婚時才可表現。性在我們文化中，似有禁忌、罪感或醜惡之感相關連。當成人談到性的問題，在其所表現的態度，帶著不安、忌慮、誹謗或恥辱的內涵。這種態度一經表現，很容易使青年感到焦慮。青年人遭遇到性的衝動，只有折磨自己外，很難得到很清晰的答案。又性的衝動，男性所能意識到的遠比女性爲早。男性約在十二歲左右就發現出強烈的性衝動；女性卻以二十歲左右爲最高。不管是男是女，在解決性的衝動時，大致是以手淫洩慾，亦即以自我刺激以得性的滿足。人類性的驅力是相當複雜的，它可以引發無數的活動，如工作、運動、藝術及各種創造性的活動；或者被壓制引入歧途。性的驅力可以在許多有關事件上，發生微妙的影響作用，並間接地影響我們日常的活動。它是在生命活動過程中，扮演非常重要的角色，甚至一個人的心理健康有賴於如何去表達它。弗洛以德的性的理論，許多心理學者不贊成它，但是他們都同意弗氏對人類所作偉大的貢獻，指引我們注意到性驅力的重要性。在今天我們對青年的性問題，採取較同情和協助的態度，使青年們瞭解性的眞正涵義。

青年是生命過程中的一段，在這一段過程中第一次學習到成人的角色。這個過程中，性的角色是一個關鍵的問題，因爲它包括與另外一個人建立共享和親密的關係，另一方面性的適宜性在文化中具有高度的符號價值。青年時期，性的發洩會受到社會的禁止；假如他屈服於誘惑，他大概會受到罪感所折磨；假如他反抗誘惑，又會被挫折感情所折磨。在這種進退維谷的情形下，便會產生焦慮。

三、成人期的行爲

㈠心理需要

在成人時期大多數的人已經進入生活活動的範圍，這時候有各種機會藉以表達其興趣和才能，這也是自我實現需要的開始。成人生活活動中，處處有可以表現其自我實現的種種機會；如社區服務，政治參與，職業工作，宗教活動，雙親任務，休閒活動等等。從人類一般行爲型態來看，在嬰兒及兒童時期最易預測，在青年期預測較不易，而在成人期中的行爲型態變化多端，不易預測。成人期是身體和心理的顛峰時期，個體有很大的自由和機會，以發展變化無窮的行爲。就文學、科學和數學來說，其高峯的表現大致是在二十八歲至四十歲之間。在成人生活的後期，行爲的差異開始減少，身體的能量開始衰退，行動上的限制也增加。大多數的成人在此期中，小心謹愼、採取守勢、焦慮地位、安全等之損。此種情感和心態，使他限制其活動範圍，並減少互相間的差異。在成人初期和中期，自我尊嚴和自我實現的需要最爲重要，而在成人後期大概專心致力於安全和地位的需要。一個人已由積極的崗位上退休下來，他會去發掘種種的社會關係，保持自我尊嚴的方式。再者，當成人的興趣和活動愈來愈狹少，相反地，個人舒適和安全的需要愈來愈增強。又當其身體愈衰弱，愈容易受疾病侵害和能力的減退時，保持身體過程的需要，則成爲主要的關心來源。

㈡發展工作

成人期的主要問題爲婚姻和家庭生活，職業與工作，社會關係和責任，以及對改變體格和能力的適應。成人初期的發展工作爲：選擇配偶、學習婚姻生活、養育子女、管理家庭、開始立業、克盡公民責任、發現及參加意氣相投的社會團體等等。成人中期的發展工作爲：達成成人的公民和社會責任，建立和保持經濟生活的水準，發展成人休閒活動，協助其青少年子女成爲負責和愉快的成人，發展夫妻間對等關係，接受並順應中年期的生理變化，順應其年老的雙親等等。成人後期的發展工作爲：順應於衰退的體力和健康，順應退休生活和收入的減少，順應配偶的死亡，與自己親密的團體建立明確的親密關係，應付社會和公民的職責，建立滿意的物質生活情況。

㈢情緒問題

成人的情緒問題以性格和順應的問題爲主。成人的生活範圍和活動關係中，處處關係到與人互動的問題上。成人的活動離不開他本身的性格和順應各種情況的問題。成人的問題錯綜複雜，其家庭背景、教育背景、職業背景及生活現況，都會影響到成人的情緒問題。成人的問題變化多端。情緒問題的重點還是在於成人的性格或人格結構的問題上。這與當他在兒童時期社會化過程中所形成人格特質有密切關係，尤以在人格結構的下意識與壓抑關係至深。大概成人都會體會到，在三十歲時感情是脆弱的、不滿的和混亂的。青年時期情緒問題的原因，以自我關心下所產生的問題爲主；成人初期以經濟的憂慮爲主，尤以到三十歲時爲最高峯。總之，男人在二十歲時的憂慮以自我關心和人際關係爲主；三十至四十歲爲職業憂慮；四十歲以後的憂慮又回到自身的充分性爲主。萬吉特（Van Jelst, 1951）研究二百三十六位成人對憂慮的反應，其各種憂慮的分佈如下：

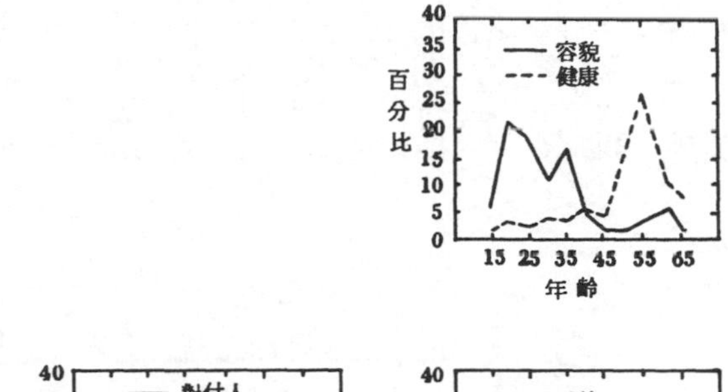

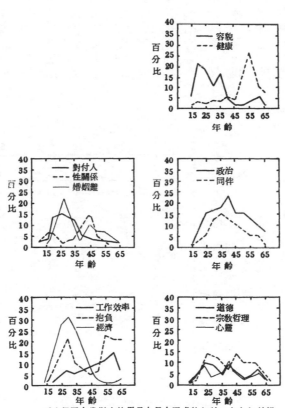

236個四十歲以上的男子之最大憂慮的年齡、在各年齡根據回答者表示憂慮的百分數（仿自萬齊爾斯和柯，1951）

柯林、范羅夫、費爾特（Gurin, Veroff, and Feld, 1960 研究美國全國性的抽樣二、四六○人；關於幸福或不幸福與憂慮的關係，結果指出享受幸福的生活未必能驅散憂慮。憂慮的來源是由個體的期待所造成的。因爲某種期待得手之後，就成爲平凡的事，又再新生期待，而每一次的期待都不一定能順利得心，所以，在現代化過程中，由文化和社會刺激所生的期待，可能是憂慮的來源。

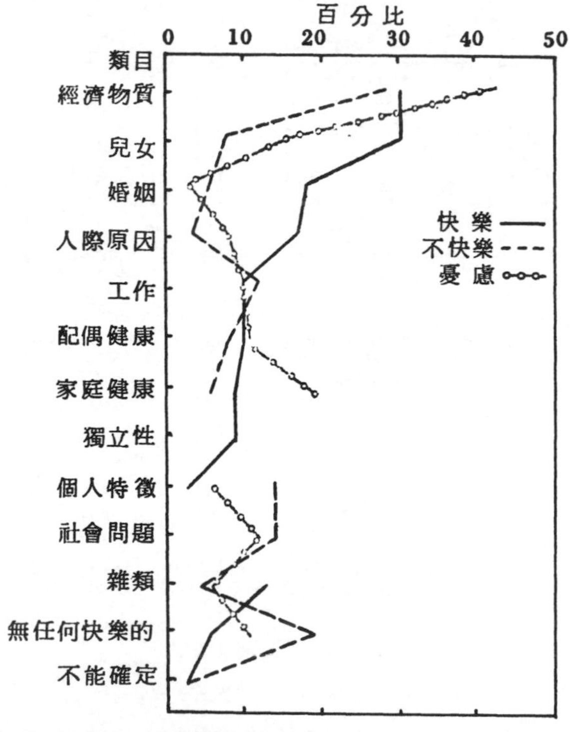

有關幸福，不幸福，和憂慮的各種來源之全國性調查中回答者之百分數（仿自葛麗，范羅夫，和費爾特，1960）

成人後期的發展工作，以往的做法，都以安慰和享受的方式爲主。在成人後期階段，似不該以避免不幸福和憂慮爲重點，而是應如何促進成長的問題。這應是成人後期發展工作的重要概念。在實際老人福利的經驗指出，給予老人適當的成長輔導，發展他們的貢獻能力，總會比安慰和享受更有意義、更有效果，且老人本身也具有相當高度的興趣。史密斯（Smith，1952）、胡爾（Hull，1939）的研究指出對成人後期的成長工作具有相當的價值，如表所示：

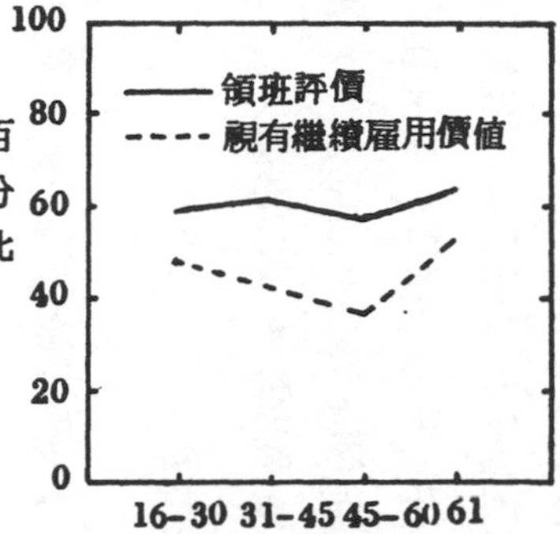

工人的等第分數，依照年齡分類
（資料取自史蜜斯）

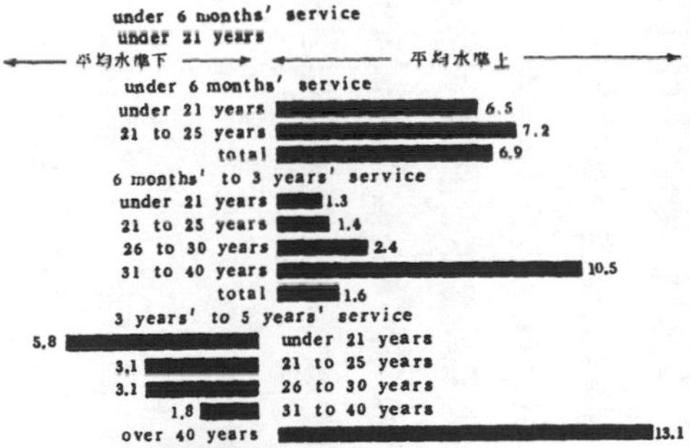

名年齡組工人的風紀分數，依照服務年限分類的
（仿自胡爾Hull）

假如對成人後期的成長，加以輔導和重視，則七十歲的老人，其心理能力還可以保持到相當高的程度。成人後期繼續的教育，可以保持做事的勝任能力，維持其心理的健康。

四、人格動力

人類的行爲系統是受生物的天賦，文化的型態，認知的影響和價值取向等複雜因素的交互產物。人類任何一種行爲從外表看來似乎是生理機能的運作，其實其主要內容是非常複雜的。行爲以其生理、心理、文化、社會等爲基礎而活動。就生理基礎方面來說，受年齡因素、健康狀態、內分泌腺分泌因素、體力因素等等所影響。心理方面更加複雜，如動機、認知、需要、情緒、學習、人格、態度等等因素也混雜在行爲之中。文化方面卽有價值觀念、規範、風俗、習慣等等，從嬰兒時期起薰陶個體。社會方面有地域、地位、階級、背景、信仰、教育、經濟等等因素。

從行爲科學的觀點來看，行爲是相當固定的，因爲人格本身是行爲的基礎，且人格不斷地通過行爲表達其特質。心理學者不斷地描述行爲內涵的固定性，而擬出許多人格功能的概念，亦卽是心理分析學家之所謂人格理論。人格理論也不過是一種試圖，創造一個人格範型的假設概念，幫助我們瞭解人格的結構、功能和動力。所以，人格理論含有高度的抽象性、空泛性、複雜性、代表性等等。它在本身是沒有什麼意義的。但這套理論對人格特性的假設，使我們對行爲能作適當的描述和預測。假如我們不能對他人的行爲能作預測時，就不能有效地與他人作相互的交互行動。我們可以依據人格理論的觀念，對行爲有組織性的瞭解。這種瞭解對人類各種行爲的內涵與意義，能予以適當的輔導，從而發揮行爲的高度作用。

從心理學的立場來看，人格乃指個體全部的行爲。行爲的表現，不管是源自內在的心理體系，或外在的刺激價值（stimulus value）所激動的行爲，就是一種全人格的反應動作。心理學者描述人格的時候，將其部份的內涵定爲「品格」（character）和「性情」（tempera-ment）：前者爲某一種價值可以決定個體在重要的問題上，如何行動的行爲型式；後者爲個體基本情緒行爲的型式。人格也是相當固定的，人格不能輕易改變。人格也許會在長時間的各種有計劃或無計劃的衝擊下改變，但人格在改變的過程中會發生相當的心理緊張。

㈠人格構造的生理理論

心理學者從本世紀初，一再努力對人格理論的探索，並架構其基本理論，作爲瞭解人格的指南。首先，學者將人格分爲若干類型，依生理特質爲基礎而分類。柯勵修馬（Kretschmer, 1925）試圖將心理疾病的人格因素與身體的結構間，建立關係，奠定人格理論的基礎。謝崙（Sheldon）也以生理的特徵與人格類型建立關係，分爲內型（內臟器官很發達而且肥胖 endomorph）、中型（肌肉發達 mesomorphy）和外型（拙笨、脆弱及肌肉不發達 ecdomorphy）三種。而根據此三種變數與人格的特質建立關係。事實上，以身體結構作為人格理論的基礎，似可適用於一般性的行為通則，不過大部份學者對這種做法，都抱取懷疑態度，而認為行為類型的形成，應該著重於過去的經驗或人格發展過程中的社會環境因素。

㈠人格的心理分析理論

人格理論的建立，自弗洛以德發表其對人格的見解以後，心理分析、心理治療和精神病學者，都根據弗洛以德在二十世紀初的臨床工作，以及耶尼特（Janet）和柯可特（Charcot）在十九世紀末葉對心理治療的經驗，而發展技術和理論，其中包括人格結構的構想、情緒因素、意識和下意識、以及兒童時期的經驗等等，都列為人格理論的要素。弗洛以德（1856-1939）對心理病態方面的研究，作有系統的進行，他在維也納治療病人時所得到的經驗，認為成人的神經病大部份是在其兒童時期中，與其雙親有極不正常的關係所致。弗氏認為人格結構為本我（id）、自我（ego）和超我（super-ego）所構成。本我代表原始的、本能的和嬰兒的迫力。自我代表意識的、理智的、現實的因素。超我代表文化、社會、良知、價值等因素，且是罪感的來源。人格的動力在於下意識；下意識為遺忘經驗的儲蓄庫。由壓抑的作用，使以往痛苦的經驗存儲在人格體系中。弗氏在人格理論中所提一個挑戰性的觀念，以性慾的迫力在行為中所扮演的關鍵角色。

愛爾達（Adler，1870-1937）提出一種心理發展的概念，即自身的發展乃在於個體爲補償其自卑感或不完全感所作的努力。楊格（Yung，1875-1961）將人格劃分爲內向（introversion）和外向（extroversion）兩種。內向者的人格特性爲猶豫的、深思的、沈默的、謹愼的、緊張的；而外向者的態度爲調適的、公開的、輕鬆的、冒險的、自信的和友誼的。

何尼（Horney）、佛洛姆（Fromm）和蘇曼蔓（Sullivan）的人格理論較注重於自我的問題以及個體和文化的關係，尤以重視文化對人格發展的影響。自我理論在人格理論中所佔的地位，愈來愈重要，因爲他們重視人格的社會因素。他們也主張離開個體間的互動，人格不但不能觀察，在事實上也不能存在。個體在應付人際間的各種關係和情況，乃以其自我系統（self-system）的心理結構，保衞自我以抗焦慮，並使個體能得持續及穩定。關於人格的自我理論，以盧因（Lewin，1890-1947）最爲特殊。他主張自我與其周圍社會環境的互動，並以場域理論（field theory）的物理方法來說明生命空間的活動。場域理論主張有機體的行爲，在某一時間、某一場域，是互動的產物。如中國人與美國人在各種社會情況中，以各種不同的型式行動。美國人的社會行爲比中國人隨便、較易接受、較不經意。

柯姆和施尼格（Combs and Snygg，1959）以認知的途徑（perceptual approach）解釋人類的行爲。照他們的理論，行爲的發生乃根據於一個人如何認知其自身和其周圍。認知自我即為自我觀念，個體在認知中所涉及的環境稱之為現象自我（phenomenal self）。現象自我包括自我觀念，以及自我與環境有關問題，如家庭、生活、職業、衣著等等。個體所認知或注意到的環境，叫做現象環境，亦即包括自我觀念和生活的區域。

自我心理學的理論，對測量在現象環境中、對自我及對有關人物的態度，有極大的貢獻。關於自我的研究，均以量化的方式，可與別人做數量上的比較，而測自我的特性，包括其結構和功能，並能反應出眞正的自我和理想的自我。假如現實自我和理想自我間，相關係數愈低，則他的適應問題就愈嚴重。假如一個人的行為方式與其理想或期待相矛盾，則會被其罪惡感、自卑感或焦慮所折磨。一個人對他本身的評價，與別人對他的評價，其間產生認知上的距離時，這個人在團體中很難與別人相處，因為他不眞正地瞭解他自己的特性，從此會破壞人際關係，錯導正確行為的方向。譬如一對夫妻，各別向自己與對象作評價，評價出來的數值，差別愈大時，這對夫妻的關係，自然不會弄的很好。因為彼此之間的認知為自我知識和移情作用的基準。移情作用為彼此間感情認知的基礎。

對自我問題的研究，不但可以瞭解個體的態度、認知、動機、結構、動力或功能，同時也可以作為治療的資料。因為現實自我和理想自我的差距，會使一個人難以適應，所以，在治療過程中，如何使現實自我和理想自我接近，縮短其間距離，發展個體對他本身的認識，充實對自己的信心。依據這個原理，使個體對其思想和行動，能作適當的處理，防止其陷入過份取向於理想自我的偏差行爲。

對自我的評量，也有助於個體對他自己的接受（ self-acceptance ）。因爲自我理想和自我概念的相似，指出個體人格的健全程度。個體的自我接受性愈高，則對周圍威脅自我的因素，愈有抵制或適應的能力，並且其性格和情緒的穩定性也增高。

人格的特性帶有習慣行爲的特質，同時也可以觀察到態度和價值的特質。因爲人格所表現出來的，有較明顯的行爲型式或行爲趨勢。這些特性包括：⑴心理能量的表現，⑵情緒上的成熟和穩定，⑶適應社會挑戰的品性，⑷敏感性，⑸焦慮情緒和固執行爲，⑹社會化程度，⑺積極的品性，⑻不成熟和依賴性格等等。

人格的形成從學習理論來看，即視人格爲習慣調協的綜合體。在學習理論中，心理學家主張人格所以依據在習慣之上，是因爲增強制約作用和概化識別的作用使然。學習理論對人格發展的解釋，著重於增強、獎勵和懲罰後，對行爲所產生的效用。從另一方面來看，社會學習對人格形成的影響，在於模擬作用和模仿作用。兒童逐漸模擬他的父母或其他的成人，並以有好感的雙親爲模擬對象，吸收他們的行爲，作爲本身行爲的典範。模擬的歷程乃由於兒童的焦慮而加速，焦慮乃由於養育他的成人懲罰其做錯事的結果。此種焦慮會激起個體接受或學習某種行爲型態，以避免懲罰或罪感。兒童所模擬的行爲不僅是明顯的行爲，兒童還會模擬成人的姿勢、習慣、態度等特性。一般的研究指出，凡經常接受體罰的男孩子，在家庭之外的行動，傾向於敵對的和侵略的表現，其原因爲男孩子的敵對和侵略的行爲，乃是模擬其雙親的行爲。

總之，人類行爲有高度一致的傾向，所以我們能夠對行爲有所預測或作假設。這些概念或假設爲瞭解人格的基礎。

(三)人格發展的理論

個體行爲的差異，最明顯的是表現在智力和人格兩方面。人格是各項發展的總合，如我們所述，動機、情緒、語言、社會化等等的發展，就是人格的內容。人格一詞來自拉丁語的舞台上演員所帶的假面具，或某種面具所代表的戲中的角色。在心理學上，人格不僅是代表外在的行爲形式，而且是指個體內在的眞實特性，即是所謂的眞正的自我。

心理分析學派對人格的解釋，以自我和社會文化間所造成的衝突來解釋人格的形成，發展或瓦解。並主張自我與其性的關係爲人格特質的基礎。行爲學派認爲人格是個體在環境中，正常適應的過程，所以，影響人格最大的因素是環境。人格也可以說是一套習慣的系統，亦即是制約後的行爲總合。社會心理方面認爲社會環境的因素，對人格有決定性的影響。所以，人格是個體在對環境的統一適應中，身心方面的動力組織。人格只能用行爲來描述，包括一個人的智力、情緒、思想、動機、興趣、氣質、性格、態度和動作等等，全是一種心理組織。心理學家爲研究上或說明上的方便，喜歡將人格的特質分析成爲許多行爲特質，但實際上，人格的功能是表現在自我與其環境的適應過程之中。人格特質在研究上和說明上可以分析，但它是一個整體，不能拆散爲小部份。人格卽由許多特質綜合而成爲一個有機組織，此一有機組織表現在個體對環境的適應時，爲行爲上的預向。

心理學家研究有關人格的各種問題之後，企圖以一種系統的概念，對人格的各種問題，作一個概括性和原則性的解釋，此種解釋卽爲人格理論。目前，尚無一種理論可爲一般學者所共同接受，同時也沒有一套理論可用來解釋有關人格的問題。

人格的結構：弗洛以德認爲人格是由本我、自我和超我所構成。本我爲未分化本能的衝動，或生理性的特質。當本我發生衝動，本我卽不顧生活現實，或道德標準，而尋求直接的滿足。本我受快樂原則所控制。自我乃由本我分化而出，個體在社會文化的規範下和支配下，產生自我自制的能力。所以自我是調節自己的行爲，以適應環境，滿足自身的需要。自我是依現實原則而運作，一方面自我得管制本我的衝動，一方面得協調本我使其需要獲得滿足。因此，自我的功能爲維護個體的生存，調節本我的衝動，以符合現實環境的條件，並抑制不能爲超我所接受的衝動，調節並解決本我和超我之間的衝突。超我乃人格結構中的社會、文化、道德等部份。這些因素涵化在人格中，成爲良心或良知。超我對本我和自我有監察的功能。超我爲後天社會環境的作用，先由家庭中父母的教誨，復經社會文化、倫理道德以及風俗習慣的薰陶所形成的因素。超我不以個體自身需要爲中心，而是在社會標準下，建立符合道德標準的個體。它是朝著理想的我而進行。本我、自我和超我三者，彼此交互作用，構成人格的整體和特質。本我爲生物性的一面；自我爲心理性的一面；超我是社會性的一面。三者平衡的發展，始能構成常態人格的運作。

人格的發展：心理分析學方面重視人格的發展，和個體的歷史淵源，而強調嬰兒期和兒童期的生活經驗是構成人格的主要因素。弗洛以德認爲人格結構在六歲以前，已告成形。人格是伴隨著性的發展而發展。性的發展沿著口腔期（oral stage）、肛門期（anal stage）、性器期（phallic stage）、潛伏期（latency stage）和生殖期（genital stage）等五個階段。口腔期由初生至週歲。這一期在快樂的原則支配下，由口腔獲得基本需要的滿足，並由口腔來經驗他周圍的世界。所以，口腔一帶成爲快感的中心和經驗的來源。假如嬰兒的口腔活動不加以限制，長大以後的性格，便是開放、慷慨、樂觀等等。反之，受到限制而得不到滿足時，將來的性格可能偏向於悲觀、依賴、被動、退縮、猜忌、苛求、仇視等等。口腔期爲人格發展的基礎。口腔活動的不正常，可能導致貪吃、酗酒、咬指甲、吸指頭等不良行爲。

肛門期由一至三歲。此時人格發展由口腔轉入肛門期。這一段時間嬰兒會從排泄獲得快感和滿足。父母爲建立嬰兒的生活規範，加以大小便的衞生訓練，干預肛門性動機的滿足。母親對衞生訓練過嚴，可能導致將來性格的頑固、剛愎、吝嗇、暴躁、冷酷等等。若衞生訓練處理適當則有助於發展嬰兒的創造能力。性器期由三歲至六歲。這一段時期幼兒開始對自己的性器官發生興趣，以此獲得快感。此時期的男性幼兒在行爲上模仿父親，而以母親爲愛戀的對象，弗氏稱之爲戀母情結。女性幼兒雖以母親爲模仿對象，但以父親爲愛戀對象，弗氏稱之爲戀父情結。潛伏期自六歲到青春前期。此時由超我的發展和活動範圍的擴大，將以父母爲愛情對象，轉移到其周圍的世界。這一個時期裡，同輩朋友在他們的人格發展中，扮演非常重要的地位。生殖期是自青春期開始，此時由於生理上的變化，導致性本能的充分發展。此期生殖器爲主要快感區，使個體產生了與異性接觸的強烈慾望。此期模仿作用業已完成，男女在行爲上業已分化而扮演不同的社會角色。

人格理論最大的貢獻，乃爲目前瞭解和協助行爲或性格最佳的理論。此理論確認以往的經驗，對目前行爲的影響，因而重視行爲的個案，尤以強調行爲發展的重要性。人格理論也肯定下意識（ unconscious ）爲人格動力，爲啓發了學者對人格動力的認識。

影響人格發展的因素有先天的遺傳和後天的環境。早期心理學重視體型，並從體型推出人格特質，到了本世紀五十年代許多研究集中於個體的經驗和人格的關係，內分泌腺的荷爾蒙功能和人格的關係，以及智力和人格的關係。人格和體型的關係，到目前已成爲歷史。分泌腺和人格關係的研究，到目前已有相當的成就。各種荷爾蒙的功能，不僅關係著個體的發生、成長、成熟和生殖等，並對人格發展的影響至爲顯著。甲狀腺分泌素的功能是管制人體的新陳代謝。這種體素若分泌過多，會使人急躁、緊張、易怒和焦慮不安；分泌少會使人無精打采、行動過緩、注意力不集中。假如甲狀腺體素在嬰兒出生，或幼小時有缺陷，身體和智力的發展，都會受到阻礙，最嚴重的會變成白癡。還有腦下腺垂體，其功能與人格發展也有密切關係；其功能爲促進身體發育；促進個體性機能的成熟。其他，性腺關係性的衝動，副腎腺關係情緒行爲。

在智力和人格的關係中，智力超常的兒童，多反抗權威、高傲、孤獨、詭辯、統配等行爲；又智力有限的人，大概都缺乏機智和同情心，因爲他們不能明瞭社團中的事，不能看出別人的需要，不能想像別人的心態。智力較高的兒童，大概都是健康的、快樂的和能適應環境的。因爲智力是建設人格的資產。

家庭環境：環境對人格的影響甚大。環境中有家庭環境、學校環境和社會環境。家庭環境是人格發展的基礎，兒童基本的需要，如愛情、安全和群屬，必須在家庭中得到滿足，才能健全地發展其人格。親子關係是兒童人格發展的重要因素。父母對子女的管敎態度，有的過於寵愛，對子女照顧的無微不至，過份溺愛，使小孩子長大以後，在人格上多表現出依賴、退縮、討人注意和讚許，注意力不集中、情緒不穩定、缺乏信心、理想水準低落、遇困難不求主動去克服等性格。若父母對子女不加管教約束，不能使子女養成是非觀念，並在團體中不易適應。父母管教過嚴，對子女的生活和教育有長期的計劃，但忽略子女的能力和興趣。在這種家庭中長大的兒童，性格上多表現出誠實、有禮貌、謹愼、負責；但在另一方面却表現出羞怯、自卑、敏感、對人屈從等性格，因而在同儕團體中不易適應。

雙親關係：父母彼此間關係良好，以自信的積極態度處理日常家務，這樣會提供兒童一種心理健康的環境。如果雙親失和或家庭破碎，父母離異，都對兒童的人格發展有嚴重影響，尤甚於父母死亡所生的影響。家庭中的氣氛，對子女人格的發展，具有相當的重要性。

學校環境：家庭是兒童人格發展的基礎；學校是兒童人格發展的場所。學校是一種人爲的文化或社會環境，對兒童實施有計劃、有目的之人格發展。教學對兒童人格發生直接或間接的影響。有些兒童在學習方面，常常遭到挫折，因之發展了自卑的性格，缺乏勇氣試探其特殊的才能和興趣，不能在學校中享受安全感和情愛，不能受人尊重，處處受威脅，終而養成罪惡感。學校所給學生的影響，有傳授生活中所需的知識和技能，指導正當的行爲標準和生活習慣，發展正當的社會行爲和團體生活。

我們對學校的一個錯誤的觀念，認爲教育完全是理智的活動，而忽略學校中情緒活動的地位。學校中的情緒活動，對人格發展的影響，超過只憑知識的活動。因此，在學校教育的過程中，如何加強情緒的發展，是目前應該努力的一個方向。教師在學校中，不單是知識的傳授者，他們應具備有熱情、友誼、態度等等，使教室的氣氛輕鬆和諧，使兒童生活在這樣的環境裡，學習有效、心情愉快，而且有充分發展的機會。所以，有了人格正常的老師，才會有人格正常的學生；有了神經質的老師，則難免學生的人格會失常。還有老師的管理方式，對兒童人格的形成有相當影響。凡專制的老師，對班內的教學目標和活動，完全由其一人獨裁，學生只有聽從，而無表示意見的餘地。民主式教師，則能與學生共同商討教學目標，共同參與學習活動，教師只從旁輔導。至於放任型的教學，除知識技能的講授外，對學生的團體活動不聞不問。在專制老師的指導下，學生在行為上多顯出情緒的緊張、表情的冷淡、心態的敵意、攻擊的行為等諸多毛病。當專制老師在場，學生卽恭恭敬敬，但老師離去，教室或活動的秩序卽不能自制，而形成混亂的局面。

社會環境：社會對兒童人格的影響是多方面的。社會習俗、傳統、價值、觀念、道德標準及時尚，處處規範和影響個體行為。個體人格的發展，脫離不了個體生活所在的文化類型。社會是成人的活動環境，充滿成人的規範和適合於成人的生活和活動場所。兒童雖然不像成人，但那麼多的接觸和參與，他們還可以經驗到社會中的文化特質，對他們的影響。

㈣人格發展的實際

貝爾遜和施滕拿（ Berelson and Steiner, 1973 ）綜合學者對人類行爲的研究，與其他動物行爲的研究，作一比較：⑴人類行爲是多變的，不易預測，其行爲幅度相當廣泛，非一般動物所能比擬。⑵人類行爲依賴學習大於本能的反應。愈是低等動物，愈是依賴本能的反應。⑶人類行爲可以達到最大的伸縮性，但行爲的養成有賴於延長兒童期的依賴性，始能培養高度的因應能力，維持他的生存。⑷人類所有學習都可以積立成爲經驗；這種經驗必須靠著他立即的接觸和個人的互動。⑸動作的發展乃由頭而下，由內而外。人類一般的能力，如爬行、抓動等動作與個體的成熟有密切關係，而與經驗有較少的關係。因此在生理機能未預備或成熟之前，施以某種訓練時，會抹煞他後來對該事件的興趣和熱心。尤以複雜的行爲需要高度訓練時，必須配合成熟，始能奏效。

心理發展：兒童行爲中生理的發展，各部份的生理功能並非在等速率發展，甚至心理的發展也不一定能配合生理的發展。到青春期前的心理發展和生理發展的曲線型態大概是一致的。但進入青春期後，兩者發展的速率就呈現不一致。尤以在青春期開始的心理發展本身，各個體的發育時間有相當的差異。一般來說，青春期以後的心理發展：⑴生理、心理和社會的刺激和接觸，是成人階段中非常重要的因素。青春期中必須接受這些刺激，才能使心理機能適當地發展。⑵青春期中人際適當的刺激和接觸，是成人心理發展的主要基礎。青春期中的刺激和接觸，最能協助其社會發展。(3)嬰兒時期與母親的分離，會帶來後日嚴重的情緒問題；如嬰兒在三個月以後到五歲這段期間，因家庭變故與母親分離，最能嚴重地影響情緒和智力的發展。嬰兒期間不良的人際關係，也能危害語言和心態的發展，尤以容易損失注意力，而變爲冷漠的性格。嬰兒期所經驗到的分離和剝削愈是嚴重，愈會使心智的發展落退。因此，嬰兒在家庭中從母親的關係開始，就決定其心理發展的方向和速度。假如兒童在家庭中得不到適當的處理和關係時，很容易養成行爲的困擾、不自信和不安的行爲等等。

人格發展：人格發展的過程中，愛情、依賴的滿足和溫暖的感受是人格發展的滋養。(1)人格發展的速度緩慢，成熟也會受阻礙，而變爲冷漠、不反應、不自立的性格。(2)人格發展過程中，自我意識的經驗較少，容易發展病態的性格和缺乏接受責任的人格。(3)人格發展過程中損失認同於父母的機會，卽不會有堅固的人格和自我。因爲在孤兒院中養大的嬰兒，有專業護士的照顧，以及在「母親代替」（mother surogate）的情況下養大，都會帶著人格問題的現象。這也說明了人格發展過程中，愛情、依賴和溫暖的重要性。尤以在缺乏愛情的情況下長大時，他會成爲一個沒有愛情的成人和「自我怨嫉」（self-hatred）的人格。父母對其兒女有積極的態度，也會使其兒女有積極的態度。(4)在嚴格的社會化情況下，以高度的紀律和批評的教養，對其長大後會產生高度的焦慮。

良心的發展：良知和罪感的發展，似乎是平行的。據行爲科學的研究，尤以在早期兒童心理學方面的研究指出：⑴對兒童的管制中，愛情多於處罰的措施，會使父母對兒女慾望行爲的控制更加有效，並且在兒童心理體系中對不適當的行爲會產生罪感，從而由自律的力量，阻止不當行爲的發生。⑵愈早實施社會化訓練，愈能產生較強的罪感。⑶對父母經驗到較少的溫情和模擬或遭受父母相當次數的處罰，良知的發展也趨於緩慢。⑷父母間對道德價值的敎導不能一致，或父母敎導與其行爲不相稱時，兒童良知的發展微弱。

獨立的發展：人類的依賴性遠比任何動物都長。在漫長的依賴過程中，充分接受社會化的各種措施，培養其自我的健全，而達獨立自主的性格。⑴嚴格的餵養或斷然地斷乳，會使嬰兒時期和兒童時期的依賴性增強。⑵拒絕兒童心理上的感受，會使兒童更加依賴。⑶對兒童過早加以嚴格的獨立訓練，成人後對獨立的憂慮愈增加。⑷兒童時期經驗到缺乏滿足或敎養不良時，會產生強烈的依賴性。⑸過份保護或過份放任都會增加強烈的依賴性。

成就慾望的發展：現代社會需要堅強的成就慾望，始能適應和發展個體的能力。如何培養成就慾望也是社會化過程中一件要事。⑴父母早期對兒童的成就所施的壓力和所給予的報酬，對有成就的行爲強於失敗行爲時，在成人後的成就慾望趨強。⑵兒童的獨立可由父母所顯出的生理上的愛情而得加強，當父母顯出足夠的情感時，兒童長成後的成就慾也增強。⑶父母對其子女成就的要求加強時，兒童成長後的成就驅力也加強。⑷父母不過份的限制和溺愛，將會使兒童加強其成就慾。

侵略性的發展：培養積極進取的態度是現代社會生活及工作的要件。如何培養個體有此特性，行爲科學者的研究指出：⑴嬰兒或兒童時期的侵略行爲受到嚴格的制裁或限制時，長成以後不論直接侵略或間接侵略（幻想侵略）都會增加其焦慮。⑵父母過份拒絕、溺愛或者對兒童的教育，互相間有意見、規範和行爲上的矛盾衝突時，兒童長大以後會出現較強的侵略傾向。

社會關係的發展：人類的生存所必須的活動，乃爲社會關係的發展。透過社會關係個體可以與其他個體發生密切的關係，而這個關係可以維持其生活和活動。⑴當父母對其子女有恒常的溫暖，而較少用權威或過度溺愛時，他們與其他朋友的關係趨於和諧友善。⑵兒童時期減少體罰，並以理性勸導時，兒童到青春期變爲問題少年的機會較少。

第三章　動機行爲

行爲科學爲研究人類的行爲，包括外展與內在行爲（external and internal behaviors）兩種。外展行爲乃指表現在外在或外表的行動，諸如：工作、行爲、言行擧止、合作、敵對等等。內在行爲卽蘊釀在心理體系中，仍未成爲明顯的行爲，諸如：動機、情緒、態度、信念、價值體系等等，是行爲強烈的動力。內在行爲雖未形成爲行爲，但這些因素幾乎已經決定了行爲的可能性和方向。當我們努力於了解行爲、解釋行爲和分析行爲時，很容易陷入一種陷阱，卽依據實況而說明行爲本質，譬如我們譏笑一位服務不周的車掌小姐或一個老大的辦事員，在這種情況中我們只依據他們外在的行爲，而忽視其內在的心理狀態，也忽略掉他們的工作環境對他們的影響以及他們對工作性質和工作要求所產生之反應。因此，當我們對一種行爲從事瞭解、解釋和分析時，只靠著行爲的表現來說明，大半會陷入相當程度的錯誤。

動機的理論乃試圖解釋和分析行爲，使我們眞正的瞭解爲何一種反應產生自某一種刺激，而非由其它多種反應中的一種？爲何某種刺激會引起行爲？爲何某種行爲是機體自動的反應，而缺乏之外界的刺激？對行爲的瞭解，心理學者雖對動機方面有深入的研究，但仍不足解釋許多行爲的內容，因為動機這個題目廣泛又複雜，過去雖有多方面的努力，去研究分析動機的問題，但仍有許多未能瞭解及無法說明的。雖然如此，心理學者仍然從各方面研究動機，如口渴的問題，心理學者已經發現由於機體損失水份（dehydration）而產生口渴的驅力、需求和動機。但實際上的情況並不完全根據此原則而喝水。許多人在機體組織並未缺乏水份時也會喝水。為何當個體異常注意於一種動作時，渴就不能成為驅力？如當賽跑時，一個人努力跑完其賽程，此時軀體中的水分散發到相當欠水的程度，而不產生喝水的驅力。有關動機的研究雖不完整，但行為科學家認為瞭解人類行為，必須瞭解其動機的作用。還有研究動機時，往往把動機作概念化，則由最簡單的至最複雜的，社會的和抽象的，使研究的結果，對行為的瞭解、解釋和分析沒有什麼實際的應用。

一、生理性的動機行為

在個體生存的過程中，與人類生物體有關的，發自生物體的需要，而產生內在的驅力稱為主要動機（primary motives）。學者對主要動機的分類有：支持動機（sustenance motives），這種動機開始於機體因缺乏維持生命所必須的因素而產生的，如尋求食物、水分和氧氣的消耗，而維持生物體的能量，使機體繼續活動。避免動機（avoidance motives）

，此類動機是由於某種物質或情況的出現，威脅到個體的安全而產生逃避或避免的行爲。族類維持的動機（ species maintaining motives ），此類動機則與生殖系統的機能有關，甚至母愛行爲也包括在其中。人類主要的動機，都與生理機能的維持有密切的關係。其主要者有：均衡、排泄、性慾、睡眠、飢餓、口渴等等。

㈠均衡

心理學者認爲生理的平衡作用（ homeostasis ）是生理存續的基本原則。這個原則也產生動機行爲的生理原因。個體生命之保存有賴於身體機能的歷程中，維持平衡或相互的關係。假如機體內發生不均衡狀態時，則產生一種需要而轉變爲驅力，攝取外界的物質，補足其缺需，而維持一種平衡的身內環境。諸如：維持身體溫度、水分的平衡、血糖的份量、氧氣的供給、血液塩分等等，保持比較均衡的狀態。假如當體外的溫度上升，汗腺出汗，降低體內溫度，保持涼爽的作用，並且靠近皮膚的血管擴張，釋放體內的熱度。當外面的氣溫下降，所發生肌肉的顫抖動作，使體溫增加，同時，靠近皮膚表層的血管收縮，而保存熱度。機體中的血液、氧氣和二氧化碳也必須保持均衡。假如氧氣上升，左頸動脈（ caratid artery ）和大動脈（ aorta ）中的接納器受到影響，於是呼吸就慢下來。假使二氧化碳上升，如我們跑步時，一部分腦幹發生活動，於是呼吸加速。

林克蓮和拜尼（Lindgren and Byrne, 1975）提出四種動機：維護動機、逃避和防禦動機、種類維護動機及活動和激發動機。維護動機（maintenance motives）乃維護生理過程所需要之因素：生理平衡的活動，甚至社會平衡和心理平衡的活動都是維護自我的健全。生理方面諸如維持身體所需之熱量或水份的平衡、血糖的份量、氧氣的供應等等，必須要維持恒常的水準。林氏將飢餓動機歸納在維護動機裡並引出柯農和華修班（Cannon and Washburn, 1912）著名的呑氣球和愛克斯光的測驗胃的皺縮動作。高爾特（Gold, 1973）研究指出中樞神經系的腎上腺（hypothalamic aegion）為飢餓調節區，當飢餓的情形發生時，亦即是不平衡狀態的發生。這時候已經儲備內在能量的活動，隨時都有可能產生找食物的行為來緩和不均衡的狀態。不論社會性或心理性的不均衡，也會同樣地刺激內在環境的活動，使行為能發生在這種不均衡的狀態上。

㈡排泄

大小便在幼兒或兒童時期受反射機構的影響，將膀胱或大腸裡積多的物質排泄出來。關於排泄器官如何受刺激而排泄的活動，學理上我們瞭解的不多。但我們所知道的，某種動物在遺傳方面有某種特殊的地方，並以特殊的方法排泄的趨勢。例如，一隻貓喜歡在鬆懈的泥沙中排泄，並且把排泄出來的東西掩埋起來。排泄雖有反射的性質，但學習也可以改變其反應。排泄也是一種緊張的解除，這在人類的行為似無重大的意義，但在教導幼童的排泄，卻會相當地影響兒童的性格。

㈢性慾

人類性的驅力相當複雜，它不是單純的生理需要，還有心理因素和文化因素涉在其中。通常激發性的刺激有：性荷爾蒙、外部刺激和大腦活動三個因素。大腦活動即屬對性的想像或記憶所刺激而產生的。一隻去勢之後的動物，包括人類，能減弱其性慾，但很可能地睪丸或子房以外的腺體，也能產生足夠的性荷爾蒙之種類和數量，以保存未經損害前的性驅力，這種情形顯然與以往性的習慣行為有關。其他還有愛情區域的刺激，如生殖器、唇部、胸部等之觸覺而引起的性刺激，或觀賞有關性的圖片，而刺激視覺，也可以發動性的驅力。

性驅力之刺激、抑制或表達的方式，隨文化和個人而不同，其表達的方式，頗受個人特質和文化特性所影響和改變。林克蓮（Lindgren, 1975）研究人類性的驅力，將它納入種類維持的種機項目中。人類性驅力乃由性荷爾蒙的作用、外界刺激作用和大腦皮質的活動所構成，因此性驅力不只是單純的生理活動。馬尼（Money, 1961）的研究指出性荷爾蒙對性的興趣不是決定因素，也不具有重要的角色，但對性的激動程度（excitability）卻有相當的影響。很奇怪的是，男性荷爾蒙（androgens）在男女兩性中都佔有功能，在男性之男性荷爾蒙由睪丸分泌；女性之男性荷爾蒙卻由腎臟（adrenals）分泌；女性荷爾蒙由卵巢分泌，滋潤女性生殖器，而女性之男性荷爾蒙，能促進性的激動。乳卡曼（Zuckerman, 1971）在其性治療的經驗中指出缺乏荷爾蒙並不能作爲解釋男性之性無能和女性之冷感症的依據。林克蓮指出文化和性的行爲有密切關係，性有其生理的因素存在其中，並受社會學習和文化因素所影響。

母性行爲包括懷孕、生產、養育和保護的行爲。動物在懷孕期間，有某種荷爾蒙之分泌至血液之中，甚至腦部也受此荷爾蒙（prolactin）之刺激，而準備懷孕至生產時之各種特殊行爲，終而達成爲母親行爲。懷孕之初荷爾蒙（prolactin）爲主要分泌腺素；懷孕以後某種荷爾蒙（progesterone）爲主要的腺素；生產以後另一種荷爾蒙（estrogens）爲主要腺素，影響各階段的懷孕至母性行爲。（Cowie, Folley, 1961, Richards, 1967）人類的母性行爲，一方面有其生理的基礎，另一方面卻受文化所影響。其他動物卻受體內各種荷爾蒙之分泌所影響。

族類維持的動機還包含陪伴動機（company of others）和利他動機（altruistic motives）。隨伴動機是人類社會化的可能因素。人類最初在家庭中的互動和互伴行爲，使其年輕的一代接受社會化而學習角色行爲。何樓（Harlow, 1962）聞名的實驗指出，幼猴在布料或鐵絲母親的各別環境養大之後呈現不同的行爲特性。在鐵絲母親環境中養大的猴子，對找伴侶和養飼下一代的行爲，較在布料母親的環境中養大的爲差。當然，在人類養育下一代的行爲裡，母性行爲和互動行爲對人格健全的發展，有密切關係。可是在一般的動物中，母性行爲似不如人類這樣重要。布斯（Booth, 1973）研究小老鼠年幼階段的社會化過程中，缺乏母親和缺乏同伴時，顯出缺乏同伴顯然對其社會化有嚴重的影響，而缺乏老鼠母親而不缺乏同伴時，老鼠的行爲照常發展。

當我們比較人類和其它動物的性行爲，前者爲相當複雜的。人類性行爲不但受生理條件所支配，還受社會、心理和文化條件所影響。人類性的驅力，很可能不會直接表現出來，它能轉移至其他活動或成就。這是人類以外的動物所不能的。弗洛以特將性與文化做關連上的說明，正是說明了性驅力的轉移性和作爲其它成就的動機。

(四)睡眠

睡眠的驅力是一個強有力的生理需要。人類整個生存的過程中，幾乎三分之一的時間消耗在睡眠。人類各個體的睡眠需要不盡相同。年齡或環境也會影響我們的睡眠，使之有規則地增加或減少。每日各個體所需要的睡眠時間，頗有差異。個體有學習或適應某種睡眠的習慣，如以晝寢代替夜間的睡眠，或以睡在硬板代替軟墊等。可是人不能不睡，猶之不能不食，這是不可能學習的。睡眠是個極普通的問題，但行爲科學者仍不能擬出睡眠的理論。所以，這個理論至今尚未建立。有的學者主張血液的化學變化而引起睡眠；有的主張在腦中有睡眠區和醒覺區，影響睡眠；有的主張大腦皮質的活動在相當程度內管理睡眠和醒覺，因為大腦皮質受傷的人，對醒覺有影響等；有的主張意識的控制與睡眠的關係等等。但是外在的刺激也會影響睡眠，如在大聲和亮光之下，睡眠並非不可能，但有相當的困難。韋布和愛地斯（Webb and Ades, 1964）研究睡眠的複雜性，他們觀察了一、〇一二位海空訓練人員之睡眠行為，測驗其腦波的作用而查驗出睡眠和氣壓有關係，即睡眠愈深，表示壓力更高或更低而非中間的壓力。

睡眠雖與行為不能建立直接的關係，但睡眠能影響人類各種行為和心態。一個睡眠不足的人，不論其影響原因是生理的、心理的或社會的，都會立即影響其思想、判斷、關係和表現出來的行為。一個睡眠有困難的人，也很困難養成一種快樂的人生觀和積極的處世態度，同時也會造成嚴重的病態行為。

(五)飢餓

飢餓是基本驅力之一。心理學者曾經實驗各種動物在四小時、八小時、十二小時……二十四小時或四十八小時不同飢餓狀態下和學習行為的關係，以便觀察飢餓驅力如何便利或干擾學習行為、研究飢餓驅力的優點在於不受複雜的社會動機所干擾；因為飢餓本是一種生理現象，所以研究動物的學者發現到其他變數的干預相當少。又動物的飢餓和人類的飢餓都是主要的驅力；研究動物後，對人類的飢餓有相當的瞭解。早在一九一二年，康農（Cannon, 1912）就研究飢餓和生理活動的關係，以及研究食前與食後胃的活動，並與飢餓的人之主觀報告胃的運動和感受。康農也使用X光線與呑嚥氣球，將胃的活動直接記錄下來，其結論指出當胃部收縮時，飢餓感覺發生。魯克哈弟（Luckhardt, 1915）認爲有飢餓荷爾蒙存在，因爲將飢餓的狗的血液，注射到飽食的狗時，發現其胃部收縮作用。王全汀和卡爾遜（Wangensteen and Carlson, 1931）觀察人類和鼠類之胃的手術，經割掉之後，飢餓仍存在。這說明了飢餓與胃的收縮有關係，但這顯然不是飢餓唯一的生理刺激。曾克（Tsang, 1938）研究指出人類的胃被割掉後，飢餓的感覺仍存在。所以，胃的收縮伴隨著飢餓，但這顯然不是飢餓唯一生理刺激。飢餓很可能地與血液中之血糖水平有關。赫維（Hervey, 1959）的研究指出，血液中所貯藏的脂肪數量，決定食物吸收的速度，易言之，這與飢餓的感覺有密切的關係。米勒（Miller, 1961）發現以電流刺激一隻飽食的貓的亞間腦的某區域，可以引起牠再度吃食物。所以，很可能地，身體某種況狀的出現，將某種生化物的產生，依次刺激腦的相應部分，而引起尋求食物和水分的行爲，也有可能神經系統之電能增加而刺激亞間腦而引起飲食的驅力。

當我們研究人類飲食行爲時，卻顯出相當的複雜，因爲民俗禮節、人情關係、社會地位和經濟活動等等在在影響飲食行爲。在家裡吃飯時會有天倫之樂；雞尾酒會是社交的機會；工作中飲咖啡是短暫的休息或是逃避工作的緊張和責任。飲食與許多主要的動機一樣，常變成一種機能自主（functional autonomy），而脫離了基本生物的功能。羅森茲（Rosentz, 1962）的研究指出：血液中糖份的水平與飢餓感覺有關，不過證據尚嫌不足。艾里克（Ehrlich, 1964）的研究指出：調節飢餓最重要的生理原因是亞間腦的活動；此部份乃調整吸入身體內食物的數量。因爲亞間腦的受傷，使人貪食甚至會吃鼠、貓、狗、猴甚至人肉等等。若以電流刺激動物亞間腦的某部分，會減少食慾。亞間腦是抑制食物的中心，割掉此部分之中傷核（ventromedial nucleus），會造成貪食。所以，亞間腦側部的一部分，似乎是激起食慾的中心，假使把鼠、貓、猴或其他動物的這一部份傷害，牠們停止吃食，除非以管餵之，否則死亡。假使以電流刺激此部分，動物卽使在飽食時，食量也會大增。毛耳、施但卡、施羅耳（Moore, Stunkard and Srole, 1962）從社會心理學的立場研究，飲食的行爲與社會階級的關係，選擇食物也與社會階級有關。因此，飲食行爲本身包含了相當複雜的文化因素、生理因素、社會因素和情況因素。

㈥口渴

人類的機體保持相當的水分平衡，從生理原因來看，人體因缺乏水分而產生渴的慾望和行動，藉此維持水分的水平。實際上機體排泄水分和吸收水分，並不是受簡單的生理原則所支配，有時候可以視情況而定，這是令人注意的。當我們參加有刺激的社會性集會，或許會增加吸收水分多至數倍；而專心致力於一件有興趣的工作，可使個體忽略或忘掉了水分的需要。渴是身體水份因流汗或排泄而產生的。早期的心理學者認爲渴是由口的乾燥而產生的，不過歐斯丁和施底嘉拉（Austin and Steggerda, 1936）研究沒有口水的人，還是會有口渴的感覺。梅特遜和紀拉克（Mendelson and Chillag, 1936）的研究指出腦下垂體的荷爾蒙（hormones from pituitary gland）、腎上腺的作用和細胞脫水（cellular dehydration）等是調節渴和排泄的作用。事實上刺激人類飲水的慾望的最直接情況是口乾喉燥。不過，許多實驗指出口部的乾燥不是管制飲水的因素。貝勞斯（Bellows, 1939）研究渴的狗，不經口腔而直接將水管將水送入胃中，經十五分鐘再給水時，狗拒絕接受。目前的研究，似乎認爲調節水分或渴的活動，是生理因素，其重要的原因是亞間腦的活動，腦下垂體的荷爾蒙素和細胞水分的缺乏而引起渴的感受。

安達遜和麥克因（Anderson and Mccann, 1955）研究亞間腦和渴的關係。當亞間腦底層受到傷害，將導致飲水過量。當狗的亞間腦的另外一個區域受到傷害，牠們就不喝水，不過給牠們牛乳或湯液，牠們將貪婪地飲之；安、麥兩氏認爲這種結果是狗將牛奶或湯液視爲食物而不視爲水。當亞間腦的中部受傷或受到電擊、或是予以化學刺激時，動物卻拼命地飲水。米勒（

Miller, 1961）研究渴和餓的原因時，指出其錯綜複雜的過程和因素。他以電流刺激一隻飽食的貓的亞間腦某區域，可引起再食的行為，而不渴水。他在飢餓的貓身上注射副腎上腺素的藥品於亞間腦，結果其食量增加而飲水減少，但是另一種藥物卡巴可的注射，則減少食量。這個研究指出在腦中存著一種化學的規律，受某種化學刺激而引起相應的動作，而最後引起尋求食物和水的行為。

人類吃食和飲水的行為，比其他動物更複雜。因為這種行為不但受生理原則的支配，也受文化社會等民俗禮節所影響。一個體瘦的孩子要強迫他吃，使他長大強壯，在家吃飯是天倫之樂；雞尾酒會是社會行為；工作中飲咖啡是短暫休息等等。食與飲是主要動機之一，但會變成一種機能的自主，而脫離了基本生物的功能。研究肥胖的人顯示出食飲可以被刺激到一種程度，遠超於正常身體所需要的滿足水平。毛阿、施登卡和施羅耳（Moore, Stunkard and Srole, 1962）研究紐約市一個區域住民的十一萬人，抽樣一、六六〇人，以分析肥胖、年齡與社會階級的關係，指出下階級的人比中產階級的人傾向於肥胖，而中產階級的人傾向於比上等階級的人肥胖。又在個別訪問中發現極肥者有較多的心理問題，並對一般的衝動不易控制的毛病。

二、心理性的動機行為

(一)恐懼和忿怒

恐懼和忿怒是兩種強有力的情緒狀態，也可視為驅力之一。這種驅力與上述之驅力不太相同，因為它不是由需要隨著缺乏而增加，而是一種心理不均衡的狀態。由恐懼和忿怒所產生的驅力，是由於外部的刺激或外界的思想而引入，所以恐懼和忿怒也很容易受文化、社會和學習等因素所改變。不論是文化性的、社會性的、或是生理性的忿怒和恐懼，都始自於知覺或認知所引起的刺激，傳達至自主神經系統使之處在一種激動的狀態，而分泌腎上腺素至血液中，發生各種生理上的變動。愛克斯（Ax，1953）曾研究四十三位受到恐懼的情況，以及在另一種情況下引起忿怒的兩種心態時，發現兩者具有許多生理上類似之處，如心跳增速。但在恐懼的心態下，呼吸速度增快；在忿怒時則不然。腎上腺素的分泌在兩種情緒中都會出現。還有一些研究指出：大腦皮質之某部分為促動忿怒的中心，而其他部分則抑壓之。如對貓之大腦皮質之手術，可使貓非常柔順，而在他處施以手術，會把牠們變成相當兇猛的畜生，攻擊任何東西。巴特（Bard，1947）的研究指出，大腦皮質的某部分為激發忿怒的中心，而其他部分則抑壓之。他也發現手術動物的大腦皮質可使動物非常柔順，而手術大腦的其它部分則可能使牠們變成兇猛的畜生。

在人類任何一種的行為，若加上恐懼或忿怒的因素時，會使原來的行為本質、行為表現和行為目標發生極大的變化。原來的行為驅力，再加上忿怒和恐懼的驅力，會促進行為的極力化，而導致更建設性或更破壞性的行為。

(二)避免痛苦

恐懼也許與避免痛苦有關，避免痛苦也是心理驅力之一。人類的痛苦是一種警告，示出某種傷害即將來臨，而使個體在其主觀的判斷下，採取應變措施，而避免痛苦。避免痛苦是一種複雜的歷程：它包括中樞神經系統相應部分的活動。梅柴克（Melzack, 1961）發現痛苦的刺激循著五條不同路線，由貓之腦下部傳遞通過。其中，三條路線似乎代表痛苦刺激之主要交通線，並產生痛苦的情境中微電的活動。因之，在手術時施用麻醉劑，乃使神經系統遲鈍而減少微電的傳達，以減輕痛苦，使麻醉的結果對第四條路線也有減少微電活動的效用，但仍可傳遞痛苦刺激的衝動，並且可以引起腦之全部，進入警覺的活動。其中只有一條通路不受麻醉和止痛藥劑的影響。當研究者再進一步地把各「痛苦通路」手術予以破壞，他們發現預期不到的複雜情形跟著發生。雖然這些通路的破壞使動物不覺得痛苦的刺激，反而引起過度敏感和過度雜亂反應的現象。

人類對痛苦的經驗更令人迷惑，其過程複雜異常。在許多文化裡，懷孕的婦女參加很重的體力工作直到生產前，生下孩子並不覺得有顯然的痛苦，並且產後不久即回復工作。還有很多文化裡，認為生孩子可能危害到母體的生命，而對生產這一件事有強烈的知覺和反應，視生產為相當痛苦的經驗。痛苦與學習中的認知概念和社會化過程有關。海姆遜（Thompson, 1956）研究獵狗，將其隔離餋大，當這些狗達到成熟時，似乎不會避免痛苦的刺激。因此，人類和其它動物對痛苦的反應，除生理原因之外，還受環境因素所影響，而顯出痛苦的不同意義。

林克蓮（Lindgren，1975）在逃避和防禦動機裡指出：逃避和防禦動機包括恐懼和忿怒、痛苦的避免和侵略等。林氏認爲恐懼和忿怒爲兩種強烈的情緒狀態，旨在逃避危險和防禦個體的安全。不論危險的對象，或激發忿怒的激因，對個體來說都是主觀的，都能刺激神經系統的活動，和體素的分泌至血液循環之中而改變心臟跳動率。這種活動直接涉及中樞神經系統和交感神經系統，表現在臉部和聲音的肌肉。目前生理心理方面的研究指出，恐懼和忿怒在生理上的作用很難識別其差異。

恐懼和避免痛苦有密切關係，這兩者都會產生基本驅力。在實驗上指出，各人對痛苦的反應不盡相同，梅查克（Melzack，1961）指出，痛苦是一種警告，示出生理將受損害。可是人類對避免痛苦都表現出非常複雜的過程，尤以避免痛苦的行爲型態樣樣式式。有人藉著藥物的方式避免痛苦；還有人卻靠著哲理和信念來克服痛苦。人類對痛苦的經驗和文化的型態關係深刻；有些文化中的懷孕婦女，並不將懷孕感覺爲一件痛苦的事，有些文化卻認爲是一件非常痛苦的事。所以先有的價值觀念和對痛苦的認知，相當影響個體對痛苦的感受，還有催眠也對痛苦的感覺有所影響；易言之，自我對痛苦接受時，會感覺到較輕微的痛苦，反之，則增加。動物心理學者毛斯、米特和柯利哈（Morse, Mead and Kelleher, 1967）指出痛苦的感受度和心理預向有密切關係。在實驗情況中，猴子接受電擊，與其反抗性成正比。不願意接受電擊的猴子，在測驗過程中示出強烈的痛苦，而那些取消極態度的猴子，對電擊的感受比較低落。

人類避免痛苦的行爲，激發他去利用各種物質條件和創造精神價值，藉此克服痛苦的打擊。物質方面的成就諸如：安舒的住宅、安全的設施、豐富的享受和有效的良藥等等，來避免痛苦的來臨。精神方面的成就諸如：研擬高深哲理，信仰永恒眞理、遵奉不變價值和娛樂祭典儀式等等，使痛苦減至最低程度

㈢侵略

侵略是一種驅力，與保護機體安全，避免攻擊的需要有關。它也許比避免痛苦的驅力複雜，因爲它比較容易由學習所改變。這就是說，教導高級動物少侵略或更侵略的行爲，比教導他們忽略痛苦要容易的多。學者從動物的研究發現侵略攻擊的動機與腦部的某區域有關。高級動物有避免他人攻擊侵略的動機。心理學家的研究對侵略的先天性或學習性尚未定論。不過我們了解，人類在受到威脅時，就容易產生侵略行爲。在人類侵略行爲，有源自本能的行爲，也可能源自後天的學習行爲。

㈣愉快

愉快驅力是行爲動力之一，但在研究上比較不注意到。羅伯特、米勒、歐志、米里納（Roberts, Miller, Olds and Milner, 1954）的研究指出：愉快中心位於腦之隔壁（septal）區域。當電流刺激此區域後，即有各種愉快行動的表現。但由個體判斷中，良好的情況也會使之愉快。又愉快的經驗，會促進行爲的重複和增加對該行爲的信心。

㈤刺激與驅力

人類生理驅力可能導致非常複雜的行爲型式，不論從生理性的、心理性的、社會性的和文化性的刺激所產生的驅力，其發生的原因雖不同，但是作用相同。驅力有其複雜性，但也有其普通性。本能的驅力，促使個體探索其周圍的環境中之各種需要：諸如對安全的興趣、母愛動機、維持生理機能所需之各種活動等等。但本能驅力可以顯著地被社會學習所修改，也可能被生理本身的變化所改變。本能的概念，在廿世紀初，由馬克杜嘉提出之後，雖一時引起相當的注意，但在近年來，很少人予以注意，作爲研究人類行爲之基礎。雖然各種動物皆有其本能行爲，如鳥類之遷徙和築巢的習慣。但人類的行爲卻以生理爲基礎，而受社會和文化所改變的份量也相當地高。

林克蓮也指出人類具有活動和激發動機（activity and arousal motives），支配人類的各種行爲。林克蓮將這類動機的內涵分爲愉快、激發、剝削三種。愉快動機源自神經系統。當老鼠腦部之愉快部分受到電的刺激時，即有愉快的表現。人類尋求愉快的方面特別多。可以從生理上、社會上和心理上尋求這些快樂。蘇克樓（Sokolov, 1958）研究軀體發生激發狀態時，肌肉會呈現緊張，姿態會發生變化。蘇氏稱此爲取向反射（orientation reflex）。當軀體或心理發生一種激發狀態時緊接著會表現在行爲上，這種現象與古典制約的動機論相似。激發有增強的價值。巴林（Berline, 1967）指出三種變素能發生激發的現象：心生性的（prychophysical）如刺激的加深。生態性的（ecological）即與生存的要求有關的如飢渴、性慾、恐懼或憤怒等。對照的（collative）使人更高貴、更複雜的等。激發狀態裡最顯著的是好奇。人類生來俱有探索的驅力，藉此，了解其周圍的環境。動物心理學者巴特拉和哈樓（Butler and Harlow, 1954）研究猴子的行爲時發現，若有報償時，猴子會識別各種記號而取得食物。甚至施金納的實驗也指出老鼠能認識槓桿和食物的關係。人類也不斷地從其周圍的環境中探索有關於他所好奇的事物。在人類歷史的過程中，充滿了好奇而探索的行爲，諸如現代人飛往月球而瞭解月球的眞象。

環境的刺激和人類行爲的發展是相輔相成的。布拉克卑兒（Blackbill, 1973）研究在各種刺激環境中，刺激愈多樣、愈複雜，嬰兒趨於好睡及少哭。還有研究出一組早產的嬰兒，一組爲控制組，另一組爲實驗組；實驗組的嬰兒加之各種刺激、每小時五分鐘，連續十日，結果實驗組的嬰兒的體重增加，行動次數也顯然增加，運動發展也較控制組爲強。所以刺激能使個體的心靈更加豐富（stimulus enrichment）。行爲科學者和教育學者的研究也顯示出社會階級和兒童發展有密切關係，尤以階級環境給予兒童不一樣的刺激，而產生不一樣的認知和價值體系。

增加刺激對人類行爲有積極的效果，減少刺激卽會使行爲的進步受到阻礙。有關行爲方面的研究均肯定這個論調。哈輪（Heron, 1961）一個很有趣的實驗，將一些自願參加實驗的人，經數日夜住在一個房間。房間中有微微的光線，每日除非到洗手間和吃飯外，均躺在床上無事可做。室內光線不足，耳朵又塞進海棉，手帶手套，使他在安靜、無刺激的環境中躺臥。被實驗者在這種情況下，幻想活動激增。這時候實驗者要求他們做些數學問題，使他們在煩靜的環境中能解決麻煩的心境，可是他們卻不能做完。並且在實驗前和實驗後的智力測驗，也顯出統計上很大的差異。因此刺激剝削（stimulus deprivation）會阻礙認知思考等之功能。刺激對個體來說是一種輸入。輸入減少或停止，性格就開始解組，並產生心理困擾的現象。洗腦就是利用這種原理，將囚犯監禁在黑暗房間，切斷正常管道之刺激來源，使之在心理上產生強烈的認知接觸的需要，這時候才給予一套理論，使囚犯在這種情況下接受。

人類行爲正常的運作，必給予適當的刺激，才能使行爲的結果，顯出更有結果。在一般機關中，上下級的職員，其行爲最大的差異是前者有更多的刺激和挑戰；後者卽平淡無奇，而削弱其創造性的行爲。

三、社會性的動機行為

所謂次要動機屬社會性動機，或稱之為獲得或學習動機。主要動機和次要動機之區分難以分別，如飢餓、性的需要或避免痛苦的需要，可以被學習、信念、價值、習慣或態度所改變，使它們不再為適應基本上生理的需要而發生功能。主要驅力和次要驅力之區別，在研究人類以外的動物方面有很大的區別，但這在人類行為方面，這兩種驅力之連續性、交互性及文化性使之難以作明確的劃分。

次要動機是個體在某種社會情況下學習而得。它是一種在互動關係中經驗出來的，因此次要動機的文化和社會意義特別深刻。人與人之間，以及人與情況之間，存著相當奧妙的關係，又人類的生存本是一種社會性的生存，所以社會動機在人際關係中非常顯著。社會驅力的滿足，僅就在延續生命或保持生命而言，也許非基本的。但是從人性的本質來看，人類無法與其他的人群隔離而生存。因為個體自我形成的理論，乃肯定本我與超我的交互關係中，形成自我。所以自我的含意已經指出其社會性和情況性因素。在自我心理學中，所謂自我關心（self-concern），自我需要（ego needs），自我實現（ego realization）等等名詞所代表的。乃是個體與社會間互動以後所產生的個體實質。

(一)機能自主的動機和成就動機

歐爾波特（Allport）的研究指出，某種動機會產生一種機能自主的動機行爲，這種行爲與原來的主要動機脫離關係。食物原來的目的是在滿足個體營養的需要，譬如我們吃花生米不祇滿足花生米的需要，並且也刺激吃更多花生米的需要。機能自主的驅力，也是一種習慣的驅力。尤其是在複雜的社會體系裡和高度的文化環境裡，機能自主的驅力佔相當重要的地位。當個體養成自我實現的需要時，他具有明顯的人生價值方向，這會成爲行爲一般極大的優勢力量，支配他的行爲去完成他的理想。他日日不斷地受這一股力量所支配，充分地表現出他是一位幹勁十足的人。

現代社會次要驅力似乎比主要驅力爲優勢，尤以成就的動機爲最。次要動機的作用爲人格心理學者研究的焦點和興趣。成就動機自然會成爲個體的抱負，轉變爲個體高度的精力和強烈的慾望。一位具有高度成就需要的人，同時具有高度的熱情和期待，並在他的活動中，較不顯出無精打采、疲勞或厭惡等現象。他對問題會採較爲挑戰或解決問題的積極態度。羅維爾（Lowell，1950）研究兩組高低成就需要的人，對顛倒字母的重新調整的研究裡（如 berak 調整爲 break）發現高成就需要的一組，其成績遠超低成就需要組。低成就需要組在工作中容易喪失興趣和熱忱。一般來說，如股票經紀人、公司經理、地產經紀人、工廠負責人等，均有較高度的成就慾望。這種慾望可能轉變爲一種愛好的取向，使其工作偏於競爭的和挑戰的性質。溫特蒙（Winterbottom, 1953）的研究指出，有高度成就需要的人，在他們兒童時期裡，較有獨立工作的訓練。且父母較傾向於以親愛的表情獎勵其兒童。

馬克勵蘭（Mcclelland, 1953）任教於哈佛大學。他從美國人的心態觀察出他們具有高度的成就動機，支配他們在各行業中的努力、競爭和成功的渴望。成就動機的心向乃是努力增加個體活動的各種條件，而強烈渴求成功，恐懼失敗。到一九六五年，馬氏繼續研究成就動機時，發現企業界人士的成就動機較其他行業爲高。一九七一年他繼續指出，有高度成就動機的人，事實上也有較高的成就。

成就動機和一個文化的經濟、科學、生產和藝術有關。他認爲這與民族性有密切的關係。因爲成就動機本是一種社會性的或文化性的特質，所以，在人類社會化過程中很容易吸收這種價值，而併合在人格的結構中。現代人在成就動機的驅使下，發展各方面的成就：諸如地位的成就、學術的成就、技能的成就、經濟的成就及財物的成就等等，深刻地影響每個個體，使他們在這種機能自主性的壓力下，不休不眠地努力。這是馬克勵蘭對美國文化的一種觀察。馬克勵蘭認爲成就需要是達成成就動機的動力。成就動機的特色會表現出一套個體抱負、高度的精力和獨立奮鬥的毅力，熱心的心情，從事於社會的、經濟的、文化的、政治的和學術的各種活動。有高度成就動機的人，是有抱負的、有計劃的、有衝勁的，並對挑戰性的問題和解決難題均反應出積極的態度。馬克勵蘭也研究大學生中成就測驗最高之百分之二十和最低之百分之二十者之職業觀。凡得分最高的百分之二十者，對下列職業有喜愛的傾向：股票經紀人、公司經理、業務經理、地產經紀人和工廠經理等較有競爭性偏向的工作，且有將來性的工作。溫特鮑登（Winterbottom, 1955）從兒童家庭教育觀察，發現母親給予兒童某種獨立性工作者，有較高度的成就動機。母親在表現上以愛情獎勵其兒童者，也有高度成就動機的表現。

總之，次級動機是學習而獲得的動機。主要動機和次要動機有密切的關連，如飢餓和避免痛苦的行為，可由學習到的態度、信念和習性所改變，而不再為適應生理的需要。次要的動機是與別人互動下，或在一種社會情況下學習到的。次要動機也稱為社會動機。此種動機僅就對生命的保持而言，沒有它的直接關係，而有它的間接關係。社會動機是在人群關係的互動中養成的，因為人群的互動關係中會產生各自的自我關注（self-concern）和自我需要（ego-needs），這種情況使個體在人群之中產生社會性驅力。到目前，在社會動機方面較受重視的是歐爾波特（Allport）和馬斯樓（Maslow）兩人。歐氏主張動機的機能自主，而與起始的主要驅力脫離關係。如食物原來的目的在滿足生理的需要，如與朋友共吃花生米的動作，就不是單純的生理需要，而在滿足友誼和口腔的愉快。馬斯樓的五個層次的動機論：生理→安全→友誼和愛情

↓自尊↓自我實現，其特點是機能的自主，尤以自我實現雖與生存無顯然的關係，但卻成為行為極大的動力，忍耐飢渴、冷熱、甚至身體的痛苦和危險，而達成自我的表現和自我的實現。在文明進步的社會中，次級驅力佔很重要的影響力，甚至過於主要需要，其原因在於此。

四、動機行為的特質

㈠滿足取向的特質

人類行為有一顯著的趨向，乃以得到最大的滿足為目標而行動，易言之，人類以行為或動作來滿足需要。假如滿足的種類衆多時，我們的活動就頻繁，藉此來滿足自我的各種需要。人類行為變異甚大，但是這並不表示人類的需要是變異的，而是滿足或目標是變異的緣故。人類用不可數計的方法，藉以滿足其生理、心理及社會等之需要。人類滿足需要之差異，當然與年齡的變化有關；但主要的還是文化和社會因素為主。如美國人常以喝水以符合其對液體的需要；歐洲大陸中等和高等的人士，以酒、啤酒或汽水為飲料的習慣。又美國人很喜歡吃相當豐富的早餐，而中國人卻喜歡很簡單的早餐。這僅是說明在不同的文化中，人們會學習到以不同的方式來滿足其需要。滿足的取向不僅是受文化所約制，個人的習慣也會相當的影響其取向特質。因為每一個體對情況的反應不盡相同，他們所認定對需要的興趣和重要性也不盡相同，個體生理的變化和心理約發展，也會使需要的型態產生變化。譬如睡眠的需要方面，有人每天只睡五、六小時，有人卻要八、九小時。有的人需要午睡，有的卻不必要。還有很多的文化裡有固定時間進餐，有的卻沒有規律的進餐。需要→驅力→行爲→滿足→需要，是人類行爲的一個循環的型態。行爲不會因爲滿足就停止，因爲滿足以後會發生新的需要，而使行爲不斷地活動。哈佛大學心理學教授布朗和何斯登（Brown and Herrnstein, 1975）研究下級動物的心理活動時指出，環境的影響決定行爲的偏向。他們擬出低級動物的行爲架構：正直動向（ortho-kinesis）、轉彎動向（klino-kinesis）、和移迎動向（telo-taxis）。這些動向顯出低級動物的行爲，如何受環境因素所影響。正直動向即研究樹上的寄生蟲，牠們頗受濕度的影響，有趨向於向較高濕度的方向移動，這種移動屬於生存方向的選擇。人類行爲也是如此，不過人類不是很單純的受環境某因素的影響而活動；他可以抵抗威脅，接受有利於他的各種生存條件。正統動向對低級動物來說，是一種生存活動的決定，但對高級動物就不一定能適合，作爲解釋行爲的依據。轉彎動向即從扁蟲（flatworm）的研究而推出。扁蟲住在兩種不同光線的環境下都能適應。假如增加光度時，原住在較暗地點的扁蟲，即以轉繞的方式，移入較暗的地點；而原住在光亮地點的扁蟲即少有反應。相反亦然。這個研究指出適應的重要性，亦即適應的過程並不是一直線的急速轉變，而是以轉彎的方式漸漸適應周圍的情況。人類對新環境或新情況的適應亦然；他不可能在短暫的時間內適應外在環境的衝擊。一九六四年女孩子首穿迷你裙的時尚吹襲時，社會人士對女孩子的新時裝都有不以爲然的感覺。當時報紙的批評、攻擊；警察人員的取締、社會的輿論等等成爲社會的熱烈題目，但經年之後才慢慢穩定下來。今天女孩子穿迷你裙或熱褲，已經不是一件怪事，社會已經在議論周轉的過程中適應了這種新情況的刺激。雙向動向卽指對一種刺激情況產生趨向或逃避的行爲，卽依其個體的選擇。動物這種選擇可能基於刺激一刻之情況而定，但人類這種雙向動向的趨勢，卽決定於相當複雜的文化因素、社會因素、個體經驗的因素等等。最後，移迎動向卽向某一能達成目標或目的之方向而移動。凡利於個體的各種條件，趨於接近，而求得其利。

以上數種低級動物的動向原則與其生存息息相關。這個原理與刺激反應的道理非常類似。這個原理至少可以解釋基本行爲的動向。人類的行爲不像低級動物的反射行爲。他頻繁的行動，免不了重複行使習慣行爲，但人類最主要的、有意義的、有目標的行爲，都受動機所支配。可是相同的動機不一定有同樣的行爲表現。

(二)習慣

習慣這個名詞，是指那種有組織的和經學習的反應型式，重複並自動地行動。如一個人在規定的時間起床、早餐、作事就是一例。習慣行爲的形成，乃能符合我們的需要和應付物質和社會環境的要求。在任何文化之下，習慣是一種複雜的組織，其部分功用會符合人類的基本需要。還有其它的功用，乃創造出一種生活的方式。各種習慣，如飲食、穿著、養育、工作、休閒、兩性關係等均有習慣行爲的型式。

人類各種習慣行爲有高度的文化價值，它是以符號來表現出來的。這種習慣行爲不僅各滿足需要而已，而是成爲一種工具，使個體和文化全體發生密切關係。穿著式樣或言行舉動都盡可能地符合於該文化中的習慣方式。所以，凡依習慣而行動的個人，是表明他在心理上，已經接受該文化和團體的規範；而不依習慣行事者，或許代表其他願望，或表現出反抗的心態。可是當我們說到文化時，這只是個籠統的名詞，因爲文化一詞包含衆多的次級文化。次級文化發生在社會中的階級、地域或年齡裡，使次級文化更顯示出其特殊性而影響行爲。除文化之外，機能的自主也是形成習慣行爲的原因。一個人起初以抽烟爲交際的手段，但吸烟成了習慣以後，他會單獨的欣賞吸烟，屆時不在交際的情況下，也會想抽烟。這是由機能自主變爲習慣的例證。

一個行爲是出自於習慣而行動，會被社會所接受，又這種行爲對個人每日的生活，有相當的方便。人類每日的活動，受習慣行爲的影響而行使習慣行爲，佔生活和工作的相當部分。習慣行爲的形成，也是機能自主的形成。在習慣行爲的活動中，個體雖不再體會有驅力的促動，但還是滿足各種的需要。

㈢下意識動機

佛洛以特認爲內在的情緒和動機的力量與防禦機能有密切關係。防禦反應是一種人格的反應，旨在滿足情緒的需要和維持情緒的平衡，藉此緩和焦慮、罪感和衝動等之壓力。當然，人類許多行爲是受動機或習慣所影響；但還有許多行爲我們並不曉得爲什麼我們這樣做，似乎查不出刺激原因或某種需要所驅使。實際上我們不可以說，一種行爲一定是受某種動機所支配，因爲習慣行爲也會促使我們表現出活動。當我們解釋行爲時，只能注意到那一種行爲是否能爲社會所接受，而不深入觀察其行爲背後的動機。動機不一定爲社會所接受，但其表現出來的行爲不一定爲社會所排拒。這就是說動機和行爲之因果關係，沒有一定的邏輯。假如某種動機可能使個體產生焦慮或罪感，在這種情況下，行爲與動機間就出現非邏輯關係，以免傷害到人格的尊嚴。除此之外，出於下意識的動機，是個體所不能瞭解的。個體在社會化過程中，所遭遇到的各種痛苦的經驗，在其心理機能的運轉下，往往會採取一種壓抑的措施，將錯綜複雜的痛苦問題，抑壓下來。所以，抑壓是一種心理過程，無意識地忘記某種令人困擾的事件、態度或感情。可是壓抑不止發生在痛苦事件上，在逸事中也可能壓抑某件事中所包含的罪感、心理衝突和焦慮。壓抑是心理防禦機能的方法之一，使我們對自己隱瞞動機、欺騙自我而維持自我的完整。人格心理學者認爲幼童時期的痛苦經驗，經壓抑的心理過程以後，變爲下意識。下意識是人格動力的重要原因。

根據佛以特的人格動力觀念，內在的情緒和動機，與自我防禦機能有密切關係。人格的活動往往會設法去滿足個體的情緒需要。自我防禦的機能中，壓抑、倒轉（ conversion ）、昇華、合理化、投射等機能，會成爲一股行爲的動力，可是這一股動力，往往與衝動、罪感和焦慮建立關係，而不敢直接表現出來，而在心理體系中成爲一股緊張的壓力，影響從目標或理想引發的動機，使它更情緒化，而使行爲變化。當自我防禦機能的特質，滲入動機以後，這個動機轉變爲驅力時，就影響到行爲的本質和方向。

社會心理學者費斯丁嘉（ Festinger, 1957 ）研究出的認知選擇的心理運作，就是說我們對某種情況或事件的選擇以後，心理運作的狀態，亦即認知中所選擇的部分，作積極反應。認知選擇性本身說明了我們對所選擇之行爲加以肯定，對不選擇的部分予以忽略，從而提高個體所選擇的價值。個體的動機或認知，都容易被其文化所指導，文化會指示我們怎樣行動。中世紀的基督徒將異教徒以火燒殺，使其受慘刑，但他們並不知覺到其殘暴或虐待的動機，因爲他們相信他們的所作所爲，是對犧牲者有最大的利益。本世紀的人欣賞角力和拳鬥比賽，也是同樣的心理問題，他們不能知覺到本身的任何血腥性的動機所驅使。心理學者認爲一般人在行動之時，不會覺知到其動機的力量，在許多行爲中發生相反的效果。人格心理學者和社會心理學者在研究態度、感情和行爲型式時指出，這些因素在相當程度內是超越知覺的。

社會心理學者惠斯丁嘉（ Festinger,1957 ）提出認識不一致說（ cognitive dissonance）說明了認知不一致時之心理歷程。這個理論對改變一個人的行為，包括感情和態度在內，都有相當的貢獻。假如一個人有兩種認識或觀念，彼此不調和不一致，這個人自然地會試圖採取步驟以減少兩種認識或觀念間的矛盾。惠氏的理論，經傅里姆（Brehim, 1959）的實際運用，他使用一罐頭，對一群不喜吃食的初二學生強迫他們吃。但是在他們吃這一罐不喜歡的食物時，給予他們獎勵。吃後實驗者要求他們填一份問卷，對他們所吃的菜給予評分，發現他吃了過去所不喜歡吃的菜以後，表示較大的喜悅，改變了他們對該菜的價值，減少了他們所認知中的失調。

認知和動機有密切的關係。卜士和布洛克（Buss and Brock, 1963）以電震引起學習，分為兩組進行聽閱讀資料。經電擊的一組，若認為閱讀過程中電擊有害時，其回憶的數量相對地減少。

總之，動機是行為的動力。人類在其成就的活動中，必須以許多個體的力量和工作來完成它。行為科學家對激發人類活動和工作的動機，瞭解動機的本質，和滿足動機的實際運作中，已經有相當的貢獻。這種措施一方面能滿足團體的目標，同時也能滿足個體的需求，使人類的社會更能進到幸福的境界。

第四章　情緒行爲

人類是「理性動物」，另一方面他也是「感情動物」。在人類生存的活動裡，所有的情境都要靠著理性和感情共同的運作，來滿足社會與個體的需要。理智的運作是相當重要的，情感的運作不亞於理智的貢獻；在個體從事於一件事情中，如果有熱心、忠心、專心、歡樂、憂愁、興奮、沮喪、喜愛、懼怕、希望等等情緒因素，則這些因素與理智交互時會促進或阻礙理智的功能。

恐懼、忿怒、憂慮、羞愧、厭惡、喜悅等皆爲情緒。情緒是一種反應，這反應不是和平的、安詳的、冷靜的狀態，而是一種紛亂、激動、興奮、緊張的狀態。當情緒發生時，是蔓延全身而構成困擾狀態。所以，情緒反應代表有機體廣泛的反應。情緒的反應或情緒行爲是相當複雜的，也是生活和工作中相當重要的；若是沒有情緒，人生就變得平淡無奇，枯燥乏味。有了情緒才能美化人生，加添生活的色彩和意義。情緒也是生活和工作的一股力量，吾人靠著高昂的情緒，開拓人生前程，創造光明前途；消極的情緒會抵消創造性、智力、思考和判斷，使人生陷入窮途末路。

一、情緒行為的基本概念

情緒、動機及認知都有密切關係，它影響動機和認知的歷程。人類的行為都會帶有情緒的因素；諸如個體表現出生存活動中的毅力、意志、精神、熱情、忠心等等或消極方面的喪志、失望、驚惶、逃避等等。人類的行為可以說少部分是合理的、理性的、邏輯的，而絕大部分是非理性的或感情的。凡不根據合理的決定而產生的行為，我們說是情緒的作用。以名詞的情緒來說其本身的內涵，很難顯出其實際的意義，但以動詞或形容詞來說明情緒時，較能使情緒顯出其意義來。當某種情緒在個體心理中發生後，它不是單獨的表現，而是附帶在某種行為或心理活動中，使行為增添強度或持續性。行為在某種情緒之下，心臟跳動得更快，皮膚發冷，臉部變化，呼吸加速，瞳孔擴大等，都是附帶在生理器官或機能上表達出來。許多實驗也證實情緒的發生會使身體有輕微的變動，這種情緒對生理和心理過程的影響，成為一種衝動和毅力，使意識和行為受其影響，亦卽行為受喜好或嫌惡、煩燥或快樂等等所支配。至於更強烈的情緒反應型式，如恐慌、憤怒、狂歡等等，也會使原來行為的品質發生變化。情緒既不是單獨存在的實體，而是附帶在行為或機能之中。一般心理學者均認為情緒與動機、認知、思考、學習及工作有密切關係，這就是說動機的發生和強度，伴隨著情緒，從而支持動機的力量和色彩。諸如賓特拉（Bindra, 1959）

將情緒納入動機之分類中，將傳統心理學把動機和情緒分別述論的作法，混爲一談。不論分開或合併討論情緒和動機的關係，都有其論據。但是硬要將情緒納入動機類目中的做法，難免會發生論述上的困難，因爲由激烈或不當的情緒，所產生的心理病態，勉強可以與動機拉上關係，但是這種觀點可能會涉及整個心理歷程，像認知、學習、人格等等，都與動機有密切關係。所以，將情緒作單獨的題目來討論，似乎較爲恰當。

心理學者常用「情緒的因素」、「情緒的歷程」、「情緒的行爲」或「情緒的」來描述情緒的作用，並將情緒當作動詞原因或形容詞的傾向，來說明情緒的運作情形。情緒是一股積極或消極的活動或抑制力量。我們稱情緒行爲因爲它有各種特質，能使需要和動機激動，能使認知和感覺變化，並使思考和工作彩色化或戲劇化，或使其更具活力或冷漠。情緒對各種行爲也會加添或減其意義。一般來說，內在行爲的不均衡狀態，便可視爲情緒狀態。這種狀態會使身體產生變動。在極激烈的情緒影響下，心臟跳動加速，皮膚發冷且濕而黏，或臉部發熱而紅，呼吸加速而不深，眼睛的瞳孔擴大。在輕微的情緒影響下，身體也會改變，如呼吸、心跳、手掌出汗等之變動。還有一些情緒會使行爲更加衝動，或使感情意識更加擾亂。

施特龍蔓（Strongman, 1978）從情緒與認識（cognition）的關係，作系統上的分析。他引用夏克達（Schachter, 1970, 1972）的研究指出，瞭解情緒必先瞭解認識，亦即由個體對情況的認知而產生情緒。所以，認識是情緒的激因（arousal）。夏克達研究二一○病人，有關注射某種藥物（epinephrine）。他將被實驗者分爲藥物信息組、藥物無知組、藥物誤認組。照理對這些藥物的注射，並不會影響情緒，然而對藥物的認識，卻會激發不同的情緒。他的實驗指出個體對該藥物的認識是情緒的激因。施特龍蔓也指出情緒是一種評估（appraisal），亦卽個體對刺激原因的價值所顯出的反應。評估具有假設的性質，施氏認爲評估是情緒的基本原則。歐諾特（Arnold, 1970）也指出情緒是認識與生理對客體的關係，所作出的反應。施氏也指出情緒是受動機和認知所影響。所以到目前，行爲科學者均承認情緒的廣泛性，以及它對個體各種心理因素，能建立密切的關係。

二、情緒的理論

早期心理學者詹姆士（James, 1884）和蘭格（Lange, 1885）均認爲情緒爲知覺的結果，而影響內臟或身體的狀況。他們認爲其過程是：認知的情況刺激內臟，內臟的活動產生情緒。這個理論在心理學界中統配達四十年之久。

康農（Cannon, 1927）認爲詹姆士和蘭格之理論有不正確之處，因爲他所收集的資料和實驗，推理出情緒並不受內臟的影響，而是受腦部的影響。他認爲間腦是情緒的中心，指揮情緒的活動。這個看法後來被安納特（Arnold, 1945）所批評，認爲這個理論過於簡單。他提出證據來反駁康農的看法，認爲情緒中之恐懼、忿怒、興奮等，不只是間腦的問題，也與自主神經系統及身體方面都有關係。安納特的看法到目前爲止爲行爲科學家所接近，並朝這個方向研究與情緒有關的問題。

米蓮遜（Millenson, 1967）提出一個情緒型態的新模式：

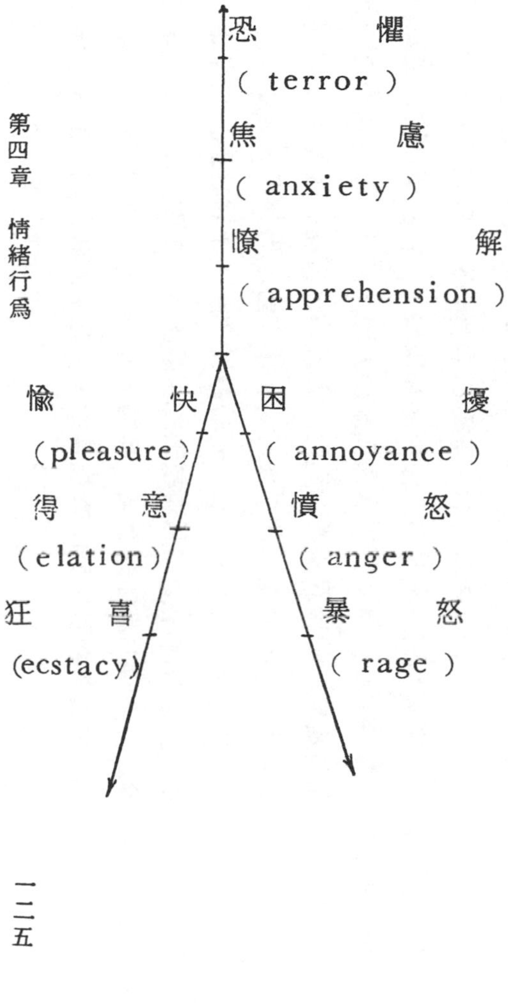

米蓮遜的情緒表現的理論或模式，將情緒做三個方向和不同程度的說明。米氏也瞭解他所提出的這個模式，並不能完全涵蓋人類的情緒，而只能說明一般性的情緒。以這情緒的模式來說明情緒，切實可靠，也比較單純。他還認爲情緒反應行爲是危險的記號和安全的記號。

情緒理論錯綜複雜，至今尚未定論。但比較有代表性的學說爲：

㈠詹姆斯—蘭格的理論（James-Lange Theory）：此說於一八八五和一八八六年由兩氏分別提出。此理論認爲，必須有引起個體反應的刺激，使個體對此刺激產生反應，並由個體的反應引起情緒作用。因此，情緒不是直接的刺激反應，而是個體做反應時，所產生的生理變化，亦卽機體的生理變化在先，情緒產生在後。詹蘭兩氏認爲情緒不是由刺激引起的，而是由生理變化所引起的神經衝動，傳至神經系統後，產生情緒。

㈡情緒應急原理（emergency theory）：康農（Cannon, 1927）先研究此理論，後再經巴德（Bard）的修正而提出應急理論。此理論強調情緒的發生，是身體的變化和情緒經驗同時發生，並非有生理變化後才有情緒。康巴兩氏認爲個體受到外界的刺激後，引起神經衝動，經兩方面的傳達，一者傳至大腦皮質而產生情緒經驗，另者使身體產生應變的狀態。此時卽身體各器官也產生變化。

㈢情緒認知說（cognitive theory）：夏克達（Schachter, 1962）認爲情緒乃

係對身體激動狀態的一種解釋。不同的情緒有不同的生理差異，但個體卻感覺不到。此理論認爲產生情緒的歷程爲：首先個體感受到刺激，而對身體產生籠統的，含糊不明的激動狀態，然後在認識上使它附合於情境中的情緒經驗。因此，此理論卽重視對刺激所產生的認識。夏克達也研究使用藥品，激動生理狀態，而觀察情緒的表現。他選擇兩組實驗對象，進行實驗。這兩組的人接受注射腎上腺素，以誘發其生理激動狀態，但對第一組並不告知所注射者爲何物，而對第二組說明注射藥品的性質。實驗之下一步驟爲將各組分別試以快樂和憤怒的情境，結果第一組容易受快樂和憤怒的情境所影響，而表現出情緒來。第二組已知道身上的激動狀態係由注射所致，故不易知覺到實驗情境中的刺激。

情緒行爲的發展，猶如其他行爲一樣，是受遺傳、成熟和環境所影響。情緒中的遺傳特質是非常明顯的事；衆所周知，獸類之間的溫和至兇暴程度有顯著的差異，這是受遺傳因素所影響的。史東（Stone，1932）研究野生灰鼠和白鼠的兇暴性時，發現白鼠在實驗室裡受到溫和的照顧，對實驗者就不再顯出威脅姿態。灰鼠在馴服程度上雖有改進，但仍然顯出緊張、激動和隨時準備攻擊的姿態。史東發現鼠類的兇暴性遺傳與毛色相關連，黃褐色鼠的兇暴性比黑白兩色爲甚。若白鼠與灰色鼠交配，其所生的小鼠，兇暴性也與毛色有密切關係。赫爾（Hull，1938）也是研究兇暴性強和兇暴性低的兩組，各別交配，經數代後，兩組的兇暴程度有顯然的差別，約有七倍的差距。一九四四年喬斯特和宋特格（Jost and Sontag）開始研究兒童的情緒與遺傳的關係，從三組不同性質的兒童爲同卵雙生子、同父母兄弟姊妹和互不相關的兒童，進行研究。他發現同卵雙生子間的情緒型態和關係數高於其他兩組；同父母組也高於互不關連組。史特龍蔓（Strongman, 1978）綜合生理心理學上對情緒的研究，歸納爲三種方法：第一、損害動物腦神經的某部分，而觀察其情緒行爲。第二、以物理或化學刺激，觀察其情緒行爲。第三、衡量生理的變化，如出汗和心跳等而觀察情緒行爲。史特龍蔓認爲情緒與生理上的血液循環有密切的關係。因爲循環系統是心臟的壓縮和血管的收縮活動。這些活動與交感、副交感神經系統有直接關係。循環系統的問題，立卽會影響到情緒的問題。還有從皮膚反應的研究（galvanic skin response），雖與情緒有關，但到目前爲止，仍未建立理論。至於肌肉的緊張也未能顯著地與情緒建立理論關係。目前許多學者正研究腦波反應和刺激的各種關係。當一個人休息時腦波在每十秒卽出現一種亞里法（α）波，但經刺激後，亞里法波卽消失。林斯雷（Lindsley, 1970）研究腦的活動與情緒的關係時，會出現腦波的不同形狀，他稱之爲情緒的活動原理（activation theory of emotion），但這只是一個假設而已。拉西（Lacey, 1958, 1970）使用各種心電圖和測驗腦波儀器，不斷地研究情緒的反應，他雖然發現一大堆零碎的資料，而到目前尚未建立一個完整的體系。

至於情緒與病態方面的研究，如施但巴（Sternbach, 1966）所說的，疾病大部分是心身（psychosomatic）原因的。諸如過份依賴和憂慮會導致潰瘍；憤怒和憂慮會導致過度緊張，分離的恐懼會導致氣喘等。過度的憂慮會積成行爲的紊亂和胃活動的紊亂等現象。目前許多研究的焦點：情緒和神經系統的關係，情緒和體素的關係，情緒和各種病態的關係，情緒和行爲的關係，情緒與刺激的關係等等。謝克達（Schachter, 1972）指出情緒和出現在認知前之認識（cognition）有密切關係。凡認識能激發個體的，都能刺激情緒的流露。所謂認識也是個體與該認識情境有關係的，才能導致刺激。

三、情緒行爲的生理基礎

人類的情緒大部份決定於個人對認知情境的反應。恐懼和忿怒從其象徵方面來看是相似的。當一個嬰兒在困擾的情況中，很難決定他究竟是害怕或生氣。假如嬰兒所處的情況，如果使他哭的原因是聲音的衝擊，即我們可以假定引起情緒的是由害怕；假使是在餵食時從他的口中移去奶瓶，則我們假定他的情緒是由生氣而來。無論如何，其情緒的發生乃是對情況認知的反應。一般的研究指出在忿怒的情境下所引起的情緒，其徵候爲心跳緩慢、心臟擴大、血壓增加；但在害怕的情況下，心跳和呼吸增加。在恐懼和忿怒兩種情境下，肌肉緊張和皮膚濕度都會增加。還有在緊張的情境，卽有三種反應型式：一者爲外怒（anger-out）：其感情大部是忿怒、煩擾和苦惱。二者爲內怒（anger-in）：其感情大部份是生氣，把忿怒情感轉向自身。三者爲焦慮：其感情爲憂慮、害怕或恐慌。這三種不同的反應型式，其內在生理機能的變動，卽焦慮最強，內怒次之，外怒最低。

在情緒緊張下血液的化學變化相當顯著。在內怒和焦慮狀態下，血液中腎上腺素或髓質素（adrenalin）增加。腎上腺素是一種化學物，刺激新陳代謝的活動，使心跳增速、肌肉拉緊、呼吸加速等。外怒卽伴隨著副腎素（noradrenalin）的放泄，使新陳代謝活動減少。傅金斯汀、金氏、杜羅里特（Funkenstein, King, and Drolette, 1957）的研究，凡依靠侵略以求生存的動物，如獅子、鯊魚等，經化學分析後，其副腎腺素濃度很高；而對於依賴逃避以獲生存的動物，如兔子，其腎上腺素的濃度很高。對於人類的研究，胎兒和新生兒的副腎上腺素濃度很高，但隨著生長，腎上腺素增加。由此可見人類情緒的發洩，與年齡有關。

情緒的發生，會使生理產生變化。以往，心理學者對情緒與生理的反應關係，有甚多的研究，所以在這一方面的資料比較豐富。情緒的生理變化，採用兩種主要的方法來研究：卽由受試者的報告或陳述經驗，或採用各種儀器，包括與腦神經、皮膚、血液循環或內分泌腺等等之測量儀器之協助，而進行測驗。夏華（Shaffer, 1947）所做的研究，則屬第一類研究。他研究美國空軍飛行作戰人員四千餘人，要他們陳述遭遇空戰時，所感受的情緒狀態，作出經驗報告。其報告指出心臟、脈搏的跳動、肌肉的緊張、容易激動、口乾、冷汗、反胃現象等等，均爲情緒狀態的反應。

情緒的變化會導致自主神經系統的變化；自主神經系統源自於腦部與脊髓神經系統，分佈於身體各部分器官。自主神經系統不受意志或思想所指揮，而以具有自主功能而定名。自主神經系統中有兩大部分，一爲交感神經系統，另爲副交感神經系統。交感神經系統分佈於心、肺、肝、腎、脾、胃、腸等內臟及生殖器官和腎上腺等處。其主要功能爲興奮各內臟器官及體素的分泌。當器官興奮時，血壓增高、呼吸加深、心跳加速、瞳孔放大、腎上腺分泌等。此等生理變化與情緒激動時所呈現的現象相同。副交感神經系統的功能恰與交感神經系統相反，使激動的狀態恢復平靜。所以，在情緒激動時，血的循環增加，亦卽血壓增高，使肌肉在緊張狀態中，準備行動。

恐懼的情緒會影響交感神經系統，使瞳孔自行放大、口中乾燥、呼吸量增加、以及胃腸內部的變化。在強烈情緒下，胃容易停止或倒轉、肌肉鬆弛，而無意中會排泄大小便。當交感神經系統受情緒的激動而變爲興奮狀態時，腎上腺卽分泌腎上腺素，浸透注入血液之中而循環。腎上腺素會使肝臟流出更多的血糖入血液中，使神經系統和肌肉更具有活力，並促進心臟跳動率的增加，肌肉的緊張程度也增加。可是腎上腺素的分泌會抑制唾液和胃液的分泌，並使胃的活動反常。

另外，當情緒激動時，皮膚表面的細胞活動，會產生微弱的電流。這種現象早在十九世紀被達加諾夫（Tarchanoff）所發現。到今天所使用之皮電反應（galvanic skin response）是使用電流計測量皮膚電流，因為情緒激動時，汗腺分泌增加，而皮膚因濕度增加，電阻減少，所以電流增加。此種由於情緒激動所引起皮膚表面的電流變化，為皮電反應的主要原理。所以，賴松（Laison, 1921）就利用這個原理製造測謊器，該器是利用情緒狀態和自主神經系統的關係，所引起的生理變化原理而設計。一般測謊器測量受測者的血壓變化、呼吸量變化及皮電反應變化等。因為這三者不受意志和思想所控制，而受自主神經系統所支配。此儀器對疑犯的測驗，僅可作為案情判斷的參考，不能做為判決的依據。

心生性的反應是情緒影響到生理的過程。長期的緊張和憂慮，所帶來生理上的不舒適，這種狀態叫做心生疾病（psychosomatic disorder）。長時期的心臟跳動快速、血壓增加、腎上腺素分泌過多、消化器官血液供應過少，可導致生理組織和器官的損害。即使長期使內臟緊張而不導致傷害，亦會使個體的精力耗盡。最近有一派的醫學研究指出情緒問題為各類疾病的原因。諸如：消化器官的潰瘍、氣喘、偏頭痛、心臟病、多尿症等等。

為治療嚴重的焦慮及情緒的困擾，有時候醫生會使用鎮定劑一類的藥品，使病者服用而鎮定。不過鎮定的效果是暫時的，鎮定劑會使神經系統產生安靜，使身體不感到痛苦和疲勞，並減少心臟跳動、血壓降低、肌肉鬆懈。但臨床的經驗指出，鎮定劑並不能減低焦慮。所以，使用何種方式來處理情緒問題，是現代臨床心理學和精神醫學的努力之一。

情緒的反應，可以直接觀察而鑑別其情緒狀態。我們從動物的行爲可以觀察出，牠在情緒激動時所顯示的姿態。狗在咆哮時擺出一種姿勢，即示出牠在發怒。我們就可以識別其友善和憤怒的區別。當我們看到某人在憤怒、恐懼或快樂時，都可以從他的行爲來判別其情緒。

情緒有其最基本的情緒反應型式。一般來說有吃驚型式（startle pattern）、面部和聲音表情（facial and vocal expressions）及姿態和動姿（posture and gesture）。

吃驚型式是情緒型式中最基本的。這種反應型式在許多人的情緒表現上趨於一致。如果我們思考某些事，忽然聽到鎗聲，則許多人所反應出的吃驚型式是差不多一樣的。此種反應是：先迅速閉住雙眼，然後稍微張開嘴，而露出牙齒，再就是頭與頸向前彈出。這是一種與生俱來的吃驚反應動作，而少受學習與經驗所改變。

面部和聲音的表情，各個體間的表現不甚一致。他們因文化、社會、教養而差別。行爲科學者將這情緒分爲兩個大類：一類爲喜悅，另一類爲不悅。一般來說，在不悅時嘴角下彎，在喜悅時嘴角上彎。眼睛的表情也同：揚起爲愉快，下垂爲憂愁。只有從臉部卻不容易看出其情緒是屬於悲傷、恐懼、憤怒或苦痛。人類的聲音也是表現情緒的工具：如嘆息是悲傷，狂笑是高興，聲音顫抖是極度的悲哀，大聲又尖銳則表示憤怒。

情緒還用姿態和動姿來表達：在恐懼時就逃跑或呆住；在憤怒時顯出攻擊的姿態；在悲傷時將面部向下；而快樂時頭部高昂，呈出胸部。這等都是我們社會中所公認的。還有在不同的社會中，可以看出情緒的不同表情，這是說情緒來自學習方面。我們吐出舌頭表示驚訝，拍手表示失望，搔頰表示快樂。

情緒的表現有面部的、聲調的、姿態的。如果我們要對情緒作準確的判斷，不僅表現的型式可作為判斷的依據，還要看到刺激情緒的情境，才能作正確的判斷。亦即表情和情境的相配合才能道出其情緒。

四、情緒的社會心理方面

傅、金和杜氏也注意到情緒行為的社會心理因素。他們研究大學生，分析其背景後，從被研究者與其雙親的情緒表現的關係，發現在緊張下所表演的情緒行為頗有關連。凡外怒反應的人，趨於形容其父親為專制人物或權力人物，並形容他們為容貌嚴肅、難以取悅、常發脾氣、少有親情。他們的母親被描寫為在家無權力，但有較多的親情和諒解。外怒的人雖與其父親難以共處，但其羨慕父親多於母親，並描寫其父親的態度和情感與他們自己相同。內怒的人對父親的看法與外怒者相似，但母親被認為比父親較多親情，但與其父親的關係也是一種親愛的關係。內怒的人視父母的角色任務，並無顯著的差別，如外怒者所形容的。內怒組對他們的母親被認為比父親較多親情，但與父親的關係也是一種親愛的關係。在他們的判斷中，父母的各別的角色並無顯著的差別，如外怒組所形容的。內怒組的被試者較認為父母間能平等地分享權力和愛情。所以，情緒的型態與早期的制約作用有密切的關係。

早期心理學的研究指出恐懼的情緒反應，可由制約作用而建立（Watson and Rayner, 1920）。當嬰兒伸手抓白兔玩具，而配合噪音時，會建立對白兔玩具的恐懼。嗣後，對白色的小狗，他也產生一種懼怕的表現，這是恐懼情緒的制約作用和類化作用。所以，任何刺激物，若經常伴隨著另一種刺激，足以引起懼怕的反應，則原來刺激物本身終會單獨引起恐懼的反應。以後習得的恐懼反應，並不限於制約刺激本身，而可以遷移到相類似的物件上，這稱為類化作用。制約作用和類化作用都是習得恐懼情緒的重要因素。可是習得的恐懼行為，會產生動機作用，而成為行為活動原因之一。譬如：恐懼懲罰、損失或失敗會成為一種負動機作用，而使個體持守社會秩序，遵從社會贊許的方向，維持身份和努力於社會目標的行為。於是父母利用懼怕的心理管教兒童，社會利用人人懼怕監禁的心理，維持社會秩序。

焦慮組的家庭關係特性是以母親爲權力和親情的主要來源，並爲個人的主要範型。因爲在此組中半數以上的人，父親已死亡、離婚或失踪。

忿怒係由挫折所引起，個體向目標進行的活動，受到挫折時，不一定會引起忿怒，但忿怒經常是挫折所引起的。忿怒可作爲社會努力的工具。譬如，一位主管向他的部下發脾氣，旨在促進他作有效率的工作，而增添主管的良好考績。假如他的忿怒沒有改變部下的作業能力，他會求其他更好的方法，改進他的領導，而達成目的。忿怒和恐懼一樣，受制約作用和類化作用所影響。

這個研究指出情緒行爲是生理的，又是社會心理的一個概念。生理方面，如前所述，當個體有緊張反應時，腎上腺素和副腎上腺素所分泌的數量有關。人類出生時大部份是受到副腎上腺素所影響。外怒類型的人也是受副腎上腺素所影響；然而內怒或焦慮的人，較受腎上腺素所影響。在社會心理方面，卽兒童與父母的互動，將影響以後情緒的反應型態。外怒的人是因爲學習發怒的父親而變爲外怒類型的反應。內怒的人以父親的行爲而塑造他的行爲，但是外怒的人描述與其父親難以相處；內怒的人形容他與家庭的關係頗爲平衡和合作，與父親保持良好關係，這種關係有助於自我克制的發展。一般來說內怒者的社會背景，屬於較高的社會階級。焦慮者較傾向於生長在母親爲主要的家庭，母親也被認爲是一個情緒上不安定的人，時常發怒或抑鬱。焦慮的人受母親的影響，視環境爲緊張的來源，而激發焦慮。

過去二十五年間，許多行爲科學家不斷地研究情緒發展的問題。這種研究都與孤兒院之嬰兒或兒童有關（Bowlby, 1951 1960; Spitz and Wolf, 1946; Yarrow, 1964）。他們均認爲剝削情況會危害情緒的發展。孤兒院的嬰兒或兒童，經常生活在智力上有缺陷，情緒上平淡無奇的社會心理環境中，使他們情緒行爲的發展受到阻礙。施特龍蔓認爲侵略是憤怒情緒的轉移，並指出情緒與個體心理特性有關切的關係。何樓（Harlow, 1962, 1970）的研究指出情緒發展和社會發展交錯在一起，而影響情緒反應行爲。情緒的社會反應有情愛（affection）、恐懼、侵略。何樓的研究指出，小猴子在出生一月內，會爬上鐵絲母身體上，欲求飢餓的滿足、安慰、溫暖和支持，從此滿足情緒發展的需要。小猴子到第二個月，就發展兄弟姊妹間的接觸和活動，由此行動而發展情緒反應行爲。到第四個月才顯出對性的興趣。

五、情緒行爲與成熟關係

情緒行爲與成熟有密切的關係。個體愈趨於成熟，情緒也趨於穩定。在嬰兒的行爲發展過程中，其情緒狀態的變化迅速；當他不如意或挫折時便哭鬧或發怒，但當如意時就立即微笑。嬰兒時期不愉快和愉快的情緒很自由地表現，毫不受文化或社會所抑制，尤其是他的情緒極容易受環境所影響而產生巨大的變化。自一九三二年布勵奇（Bridge）研究嬰兒情緒的發展，並以圖表指出嬰兒出生到十八個月內的情緒發展概略，為研究嬰兒情緒的基礎。他認為最初的情緒反應是籠統的一種興奮狀態。以後隨著年齡增加逐漸分化。分化循著兩個方向，一為積極情緒反應，一為消極情緒反應。積極情緒為喜悅、得意、喜愛等等之發展。喜悅約在嬰兒一個月半左右發展；得意約在六個月發展；對成人的喜愛約在九個月發展；對兒童的喜愛約在十五個月發展。消極情緒的發展，痛苦約在一個半月時發展；忿怒在四個月發展；懼怕約在七個月發展；嫉妬在十五個月時發展。嬰兒在兩歲時，已經具備了一個情緒的型態，預備對各種不同情境的準備反應。

情緒會受成熟和學習所改變。尤以自嬰兒至青春期這段時間，情緒上的改變最多。情緒表現的時間長短，與年齡是平行的，亦即嬰兒期情緒表現的時間較短，愈年長就愈久。兒童時期與青春期的情緒表現也不相同：兒童受到情緒的困擾後，情緒的反應，通常很快地就恢復平靜。兒童一旦忍受了恐懼或忿怒的情境後，似不再駭怕或生氣，其容忍的表現是明顯的。但青春或青年時期，忿怒的激烈情緒會變為憂鬱不樂，且久持的情緒會變為害羞的一種神經質。還有兒童情緒反應，不像成人，有程度上的差別。兒童情緒的反應，在強度上是沒有變化的。可是當他慢慢長大的過程中，才會學習情緒反應的不同等級，及對情況的重要性，而反應出不同程度。

在積極情緒的反應方面：嬰兒在舒適時，自然會反應出愉快的情緒。微笑和大笑是愉快的表現。嬰兒與大人的接觸，慢慢地發展一種探索的驅力，而由探索的活動，得到情感上的滿足和快樂。消極的情緒反應，通常由不舒適和陌生的情境所刺激而產生。當他漸漸長大，就駭怕孤獨、黑暗、甚至懼怕羞辱和譏笑的社會威脅。懼怕情緒的發展與⑴制約作用⑵學習作用⑶認知程度有密切關係。制約作用即刺激與情境同時出現時，對情緒會產生一種制約。學習即由父母的情緒直接模擬。認知程度即隨著知覺的發展和認知的發展，而漸改變其情緒狀態。到青年期引起情緒困擾的原因，大概是社會情境，如怕別人不理睬、怕失態、怕被人譏笑、批評、學業的挫折等等。成人後期引起情緒原因爲怕失敗及怕不能達成自己的目標。所以，人類情緒困擾的原因，係由個體導向目標的意欲和行動，受到干擾所致。任何需求或動機所進行的活動，受到挫折時都會引起情緒的反應。在嬰兒時期其行動受到約束，使其不能達成自由活動，即會發怒。兒童時期導向情緒困擾的原因，爲行動受困擾，或成人不理或不夠關心，以及自己想做的事，未能順利達成而表現情緒。到青春、青年期，忿怒的原因漸由驅力受限制的挫折，轉移到社會挫折和失望。成人的情緒大半受社會挫折所影響，但成人會忍耐，而不容易發現成人的情緒，坦率表現。表現情緒也隨著年齡而改變。青少年時期的情緒反應，多半是發脾氣、粗暴、咒駡、打架等方式；而成人不會表現得那麼率直，而表現出較技巧、間接、言詞化、譏諷、咒駡及陰謀等方式，其詳細發展分述於後：

人類的情緒正如與其他複雜的行爲一樣，是逐漸發展而成的。在發展過程中，受成熟和學習兩大因素所影響。一般來說，幼稚時期，情緒的發展受成熟的支配較大，成長後的複雜情緒受學習的影響較多。嬰兒在兩歲以後，情緒的分化相當複雜。不過還是受成熟的因素所支配。但隨著年齡的成長，學習的因素漸增，反應方式就較明確。二歲至六歲的兒童所懼怕的是醫生、動物、暴風雨、黑暗等等；六歲至十二歲所怕的是神秘、古怪的事物及身體的受傷害。所以兒童的年齡愈大，由具體的和實在的外物所引起的恐懼較少，由想像的、神怪的、預料的危險而引起的恐懼較多。到青年期，恐懼的對象又改變；此時的恐懼轉變爲憂慮：憂慮學業、個人名譽、個人的容貌及將來的職業。成人的恐懼與工作和社會生活的成敗有關。所以，從嬰兒到成人恐懼對象的變化來看，我們可以發現幾種趨勢，即恐懼的原因由具體的事物轉變爲抽象的事物。恐懼的表現由現實的威脅反應轉變爲對未來的憂慮。由全身的激烈反應轉變爲和緩的反應：由散漫的表情進而爲有效的適應。由直接情緒的表達轉變爲間接的情緒發洩，而達成熟圓通的境界。

忿怒情緒的發展，亦隨著年齡而不同。嬰兒忿怒的反應，是以叫、哭、兩足猛力撐踢、背脊挺硬向後彎曲等行動。三歲以後這種表現顯然減少，代之以惡言詬罵的方式來攻擊對方。兒童在四、五歲時情緒比較平靜，到了六歲又開始激動起來，對其周圍的人，無論在行動上或言語上，都採取強烈的攻擊態度。七歲時又是一個轉機，不再常發脾氣，態度也比以前溫順多了。過了八歲對周圍攻擊的態度漸漸穩定下來，身體方面的攻擊減少，而語言方面的反抗逐漸增加。過了九歲，對身體方面的攻擊幾乎完全絕跡，口角佔絕大部分。到青年時期忿怒行爲便有新的適應方式。如果忿怒，他可能在室內走來走去，或在室外散步，或從事劇烈運動，拒絕與其所怒的人交往。這種發展顯出青年的情緒漸趨成熟，對於忿怒的情緒漸具控制力。

情愛情緒的發展，可分爲嬰童期、少年期、青年期及成年期。依心理分析學派對情愛的解釋，認爲最初的性意識是幼兒自愛的慾望（erotic desire）與溫柔的感覺相結合的產物。在嬰童期對生殖區的感覺特別敏銳，這是情愛反應的起源。雖然由生殖區所受的刺激，而發生愉快的激動，或不安的心理狀態。嬰兒的嘴唇與母親的乳頭相接觸，並由擁抱的接觸，產生皮膚感覺的愉快滿意的經驗，經制約學習的過程，母親便成了嬰兒情愛反應的對象，又母親的照料給他溫柔的刺激，滿足他的需要和慾望，使他發生愉快和安全的感覺。

十三、四歲的少年，對自己的衣著和身體的暴露比以前關心，尤以女子爲甚。女子因爲性成熟的生理變化，對兩性的事情和經驗非常好奇和關心。這時候也會表現出對性的嫌惡及性的羞恥等傾向。這時期性的衝動比較旺盛，精神方面相當受性的影響。性意識會使她混亂不安。少年男子在發展上比女子較慢，約遲十八個月。男孩到十五、六歲時，對性的興趣加強，有強烈的性衝動感覺。到了十八到二十歲左右，情緒較能自主及自律。對兩性間情緒的刺激，能作延緩或審慎的反應。青年時期性衝動雖然很強，可是自制力增強，責任心加重。當性的衝動和精神的情愛，兩者間不能調和或互相矛盾時，多數青年能抑制性慾衝動，沈醉於精神的愛情，而轉向藝術、文學、宗教、道德、科學、體育等昇華活動。

二十歲以前往往視性慾為罪惡，否定性的要求，可是到了二十歲以後開始肯定性慾的價值。這時期因學業或職業關係，以及成熟的性的需要，企圖組織新家庭，實現良好伴侶的理想。總之，由情愛發展的過程來看，性愛是情愛發展的主要部份。一般發展的模式是由性愛而母愛，由母愛而友愛，由友愛而博愛的現象。

嫉妒情緒的發展，依布勵志（Bridges）對情緒分化的過程，嬰兒在十八個月時，便由困擾（distress）分化出嫉妒的情緒。嫉妒是由忿怒、恐懼和情愛三種基本情緒所結合，是一種對人表示情緒的態度或對人的特殊品質或關係反應出的痛苦感情。嬰兒的嫉妒是對於眞實的、想像的或有失去情愛威脅的一種正常反應。當他發現另一個嬰兒成為競爭的對手時，嫉妒情緒油然而生。嬰兒在家庭中的嫉妒不限於兄弟姊妹間，幼兒對父母的愛也會有爭奪。六歲以後，兒童生活的範圍，由家庭擴展到學校。所以，對家人的嫉妒就不像以前顯著。同學間及師生間的嫉妒應運而生。幼童會想獨佔老師，或獨佔友人。嫉妒是一種複雜的情緒，是三種基本情緒的結合，其反應形式變化多端。到了少年期，會對嫉妒者施以攻擊，如爭吵、詬罵、嘲笑、藐視、批評等方式，指摘其勝過自己之處的缺點，這是主動的反應。這種反應會伴隨著競爭。

第五章　認知行爲

一、認知行爲的基本概念

認知爲人類覺察到其周圍世界的門戶。人類依據這種覺察到的事物，經心理結構的修改而給予意義，根據此意義而決定行爲的方向。認知是一種非常複雜的身心過程，我們所體會到圍繞在個體周圍的世界，並不是單純的生理與物理現象，而是配合生理和物理以外的社會文化和心理的因素，構成錯綜複雜的認知行爲和認知世界。

認知與感官不同。認知乃接受環境刺激的變數，經其心理過程和經驗，而作出的反應。所以，認知不像感官那麼單純，只爲接受器的印象。譬如在政治方面，在野黨人士很容易看出執政黨人士的毛病，不論執政黨是否有毛病，在野黨人士已經在他們心理的結構中存著權力和腐化的關係，科層政治和缺乏效率的關係，並受其本身意欲執政的企圖所影響，對執政黨的政策和做法提出苛刻的批評。相反的，在執政黨對在野黨的認知行爲中，視他們爲一群陰謀者、政變者，所以對他們的批評或攻擊會認爲幾乎犯了嚴重的叛國罪。在經濟活動方面，勞方對資方的認知行爲中，視他們為剝削者，為他們自己的利益和幸福，建立在別人的勞動和痛苦上。相反的，資方對勞方的認知體系中，視勞方為條件較差的粗野人，計較工資和工作條件的能手外，似乎是無一技之長。在一個機關中，往往長官對部屬的看法，也受認知行為所影響，長官往往看部屬為不可信任或不負責任的傢伙；部屬也視長官為不學無術、官僚十足的人物。再以個體的生活經驗來說，晚上不安的心情下，很容易將老鼠的走動聲音，當作小偷的侵襲。因此構成這種認知行為的差異，原因很多，諸如：生活經驗的不同、剝削情況的不同，態度、價值、觀念的不同等等，都會產生認知行為的不同。個體對其環境、事件或事物之認知，也是他給予環境、事件或事物的解釋和意義，這些解釋不管正確與否，對個體來說有其主觀的意義。所以，認知行為不是直接受刺激所控制，而是受個體的心理假設所控制。因之，認知行為雖為不可靠，但對個體來說具有相當的主觀因素在內，個體會認為其認知為千眞萬確的眞理，他所解釋的，也會支持其需要和人格的完整。行為科學家認為，個體的認知與事件、環境或事物有深刻的接觸時，其認知行為趨於正確；若接觸不夠時，即以假設來作為解釋的依據。

認知是一個錯綜複雜的物理和心理過程。我們所察覺到的世界，幾乎都是認知行為。認知開始於事物對個體刺激，經由個體的感官系統輸入神經系統和人格體系中，再由這兩個系統相互影響後，產生對該刺激的輸出，則是對該刺激給予意義。自刺激變為意義，其輸入和輸出的數量，是不等量的。關於認知的研究，早期心理學者費克奈（ Fechner 1860 ）寫一本心理物理學要義（ Elements of Psychophysics ），是心理物理學方面的先驅，其中論及在物理刺激的變化與心理狀況的變化，其間所存著的量化關係，所以心理物理學在今天的實驗心理學中，佔非常重要的地位。

認知不只是接受器（ receptors ），受到物理刺激或化學刺激的直接反應。蓋因個體的經驗和心理結構，將刺激輸入以後，還要經過過路（ coding ）、變換（ transforming ）和重組（ reordering ）的過程，才能將刺激輸出，轉變爲意義。人類感官所接受的刺激從社會方面來說，有情況、事件、象徵等等；從物理方面來說，有視覺、味覺、嗅覺、運動感覺和觸覺同時存在於一個刺激體上。譬如我們要選擇一盒蘋果，即必須運用所有的感官系統來輸入我們所看到的蘋果：顏色如何？香味如何？皮質如何等等。這些因素經感官系統輸入神經系統和心理體系的修正後，輸出對該盒蘋果的認知行爲，供爲選擇的依據。

林克蓮和拜因（ Lindgren and Byrne,1975 ）指出「認知」和「看見」不同。因爲認知包括聽覺、味覺、感覺、視覺和心理運作的綜合。認知的過程是由輸入（ input ）、過程（ process ）和輸出（ output ）的三個依序要素給予認知對象的意義。「看見」即是出現在視覺前之影像。過程即由各種管道輸入個體之後，還要經過其心理體系的修改或增添；而輸出的不一定與輸入時相同，是因爲對輸入的資料，給予主觀的意義，而使輸入和輸出間產生變化。認知與感官作用也有差別：感官作用卽有接受器傳至腦神經的作用；然而，認知的過程包含了注意、覺知（awareness）、比較和對照等認知過程中的內涵。所以經過認知後，一種認知對象可能會變形、變質，而符合於個體的需要。

行爲科學者對認知行爲的研究，已經有相當的成果。紀布遜和俄爾克（Gibson and Walk, 1960）、以及巴爾和杜魯尼克（Ball and Tronick, 1971）等之研究，均認爲深度的認知是天生的。設使嬰兒對深度的判斷，不經學習，也會有相當的正確性。但大部分的學者卻指出，認知相當地受學習和經驗所影響，尤以個體對運動或情況的認知，更是受學習和經驗的影響。林克蓮（1975）指出動物在實驗室中，頸部帶著一個較重的木環，這時候牠對動作的判斷，顯然比不帶木環的猫不正確。但是帶一個木環能否影響到猫的認知，仰或帶了木環之後，影響到猫注意力的集中，應再作深入的研究。

人類的認知行爲有其恆常性，因爲在我們的認知經驗中，周圍的世界環境是穩定的，又我們對於各種型體和事件，均受經驗所影響，在人類的生理結構中，已有定形的架構，所以，人類認知的恆常性是非常明顯的事實。假如我們爬上高樓俯視馬路上移動的人群和汽車，雖然人比螞蟻大一些，但是我們不會把他們看做一群螞蟻，而還是把他們看爲人；也不會把汽車視爲玩具，而把它們當做眞正的汽車。這種認知行爲顯然是受學習和經驗所影響。

㈠絕對閾度（absolute threshold）

人類每一種感覺或認知都有其閾限。所謂認知絕對閾度是一種界限的分別，能夠引起一種反應的刺激。絕對閾度是表明在某點上的反應可能，也是引起反應的最低刺激值（the minimum stimulus value）。絕對閾度在聲波和光波方面有不同的意義。在光線方面由暗淡至光亮的界限中，在什麼程度的亮度，將會使我們看見光線而反應。此種能引起個體注意的亮度爲最低絕對閾度，但亮度卽無所謂最高絕對閾度，因爲光線亮度增加，能使網膜受傷。在音波方面卻不相同。音波的最低絕對閾度爲每秒十五週波左右，最上閾度隨人而異，但一般來說，每秒在一六、○○○至二萬週波以下。超過這限度，人類不會聽出任何聲音或有聲音的感覺。人類個體對高週波的聽覺，隨年齡而減低。凡人的聽覺不斷地受到震擊者，如炮手或槍手，其最高絕對閾度在每秒五千週波以上。

在絕對閾度以外，如何意識到某種刺激的最低差別，這就是差別閾限（difference threshold）或稱爲最小可覺差別（noticeable difference）。譬如兩棟房屋相差數寸，卻顯不出其差別，兩支原子筆相差一公分卽可看出其差別。韋伯（Weber）貫將這種關係，以符號表示出：ΔS/S。ΔS爲"deltas"代表要加於用作標準的刺激數量，S代表標準或比較刺激。假如我們手中放一百公克重量的物品時，再加上一公克會使個體覺察到，則Δs／s是1－100或百分之一。韋伯的公式，對感覺中的距離很適當。但此公式在愈小的物體愈會有銳利的反應，但對較大的物體卻不容易感覺出，同時在刺激極端值上也不能適用。所以，這個公式缺乏科學法則所要求的準確性，但它只有某種預測和形容的功用。當我們決定感覺閾度時，就是個體在經驗閾度時，每次都不會有相同的反應。因此，閾度之決定要經多次測量，而後取平均值，才算可靠。另一方面量度閾度的困難在於個體在各種情況下，其生理與心理不斷變化，使量度上也發生變化。

關於認知閾度的實際方面，可以從閱讀報紙的習慣看出。當人們拿起報紙，各人所注意到的標題和版面不盡相同。有人從國家大事先看；有人從社會新聞先看；有人從股票行情表先看；有人先看運動；有人先看副刊，這說明了各個體對同一刺激，所注意到的項目不同。心理學上研究注意這個題目時，包含了「注意的變動」（fluctnation）、「認知的變動」、「注意的幅度」和「認知的幅度」。注意是認知的前提和預備階段，使認知者接近認知對象之選擇和識別的作用。刺激認知的因素出現時，認知者不能全部吸收該刺激，而根據個體本身的注意而選擇刺激的部分。

注意有其特性，因為注意有其焦點（focus）和邊緣（margin）。當刺激體出現，而對某部分產生注意時，該部分就特別的顯著。譬如我們看兩人在吵架，這時候會忽略圍繞在這兩人旁邊的觀衆。這兩個人爲焦點，顯得清楚；觀衆爲邊緣，顯得朦朧不清，只能含糊的覺察到他們的存在。注意有更替（shift）的性質。亦卽焦點和邊緣的變換。有時候我們注意刺激體的甲部份，一會兒就轉移注意焦點到乙部份。決定注意的因素有刺激體本身和認知者本身。刺激體方面：(1)刺激的強弱和大小，(2)對比（contrast）如鐘的嘀嗒聲，有時會聽得清楚，有時卻聽不見，(3)反覆：卽反覆的刺激，會引起更大的注意，(4)刺激體本身的變化，(5)刺激體本身的新奇，(6)刺激體本身的優越條件等等，都是決定刺激體能否引起注意的重點。在認知者本身方面：(1)個體的需要和動機，(2)興趣和價值，(3)心向和期待等等，都是決定注意的程度。

㈡**形狀、型體和構圖**（form, pattern and configuration）

格式塔心理學派對認知的研究，卽從形式（form）、形狀（shape）、形態（pattern）和構圖（configuration）來說明。早期德國心理學家：魏沙馬（Wertheimer）、柯拉（Kohler）、柯福卡（Koffka）等爲格式塔學派的創始者，均認爲認知是對全體的認知，所以，不論研究心理、行爲、人格或認知均應從全體來觀察，不能以分析的態度來瞭解行爲。假如一種行爲經分析成爲衆多的小單元，再將這些小單元湊合在一起時，已經不等於原來的行爲。認知行爲亦然，不可就小單元的分析來瞭解認知行爲，而必須從全般的認知組織和認知過程來瞭解認知行爲。在認知行爲的輸入、過程、輸出的公式中，輸入的感官資料，經神經系統和心理過程的修改或增添，便是受經驗的修改或增添。經驗不是人生的部份或是行爲的部份，而是行爲的全般。所以，認知行爲對認知客體的反應也是全般的反應、全般的認知。

格式塔心理學派對認知行爲的研究相當深入。其主要的認知行爲的內容有：(1)狀基關係（figure-ground relationship）吾人對認知客體卽受相對照的形狀和基礎的關係所影響，亦卽是事體本身與其立卽的背景所構成的關係。假如一位歌星在唱歌，有吉他的伴奏，往往從吉他伴奏的節奏，我們可以聽出他是在唱搖滾曲，可是只有從歌星的音調卻很難聽出他是在唱搖滾曲。魏沙馬早期研究認知群組的過程時，指出認知行爲卻受類似原則、接近原則、連續原則和連結原則（closure）的支配。

認知行爲和感官適應有密切的關係（sensory adaptation）。我們白天走進電影院，或從電影院走出來，都對光度或暗度有難以適應的感覺。假如個體對暗度有適應上的困難時，從生理上而言，他是缺乏維生素A，對味覺的判斷也有類似的情形。譬如我們吃了苦的東西，再喝檸檬汁——卽檸檬汁是非常甜的。假如我們吃了餅乾之後再喝檸檬汁，卽檸檬汁是很酸的。所以味覺也有適應上的問題。

心理學方面對認知的研究，除德國的格式塔學派外，還受行爲主義學派的影響。格式塔（Gastalt）之德文原意爲原型、形式或型態。倡導這派的心理學者反應十九世紀心理學者將人類各種行爲分析爲細小的因素。行爲雖可以分析，但把這些分析的因素湊合在一起時，並不再等於該行爲。十九世紀的心理學者把認知特質分析爲組成部分（ components-parts ）的總和，每部份有其自身的法則。格式塔學派認爲這種分析，忽略了行爲基本的整體性，而主張認知是全個體的歷程，而不是其組成因素的歷程。格式塔學派主張整體是不同於部份的總和。此派非常重視各種行爲的總和，這種狀態也是人類經驗的一個特質。

格式塔派的基本資料是現象（ phenomena ），並重視經驗的報告，這種方法在最近有部份的人格理論和治療心理學者，採取格式塔學派的方式研究行爲，並在心理治療中加以運用，並推崇其實際價值。格式塔學派認爲認知組織的一個基本原理是形狀與背景的關係（figure-ground relationship ）。吾人對一個物件所認知的形狀，是由背景而顯出的。格式塔學派也設計許多形狀與背景可顚倒觀察的圖案，如「人面和花瓶」的錯覺，則爲明顯的形狀和背景的關係。所以，吾人的認知則以輪廓以外所認知的區域爲基礎，也可以說由背景來認知形狀。

當感官輸入刺激，經神經系統和心理過程的修改或增添，輸出認知的某種意義。認知的特性有：(1)認知是選擇的。個體接受到刺激以後，他會選擇刺激的部份，作適當的反應而給予意義。(2)認知是有群組性的。我們的認知會把散亂的刺激，看成爲一個整體，而不把他們看成雜亂的線條、斑點或顏色。(3)認知是恆常的。當我們慣於刺激體的出現時，一再的反映到感官系統之後，我們會感覺到它的大小、形狀、光度及顏色是恆常的。譬如我們看一個一元硬幣，在眼前一公尺和五公尺前所看到的大小都一樣。這不合乎物理原則，但這是認知原則。

認知的群組性

人類的認知過程，經類化和分化以後，逐漸對刺激體開始作群組和組型，將雜亂的刺激體，以認知過程使之成為完型，而構成我們所認識的世界。因為我們的神經系統和心理運作，傾向於組織或修改刺激體，使其成為簡單的型態或物體。格式塔學派對認知的組織傾向的研究，重點在於：(1)形基（figure and ground），(2)群組，(3)封閉，(4)輪廓等等。形基是基本認知的組織。形狀是一個刺激體的特徵；而背景不具有特定的形狀；形狀呈現在感官的焦點，而背景即在邊緣；形狀為最明顯的，而背景是含糊的。但是形狀和背景能更替而轉換。群組原理：認知的另一個組織傾向是組合。當一片的刺激物體出現在我們眼前時，認知過程會把它們分成幾個組。格式塔學派將群組特性歸納在：接近性（nearness or proximity）、相似性（similarity）、連續性（continuity）。封閉原理（closure）：格式塔學派認為認知還有一種傾向是封閉。認知會把刺激體缺乏的部分，以認知程序來補滿，使其完型。

此學派對認知的理論，提出認知群組的原則（Perceptual grouping），這個原則在今日心理學界都普遍地接受。其內容為：

(1)刺激相似性影響群組特性（stimulus similarity influences grouping）我們觀看圖一，則會把這個排列視爲垂直線的排列，而視圖二爲橫線的排列。我們把這些「點與圈」

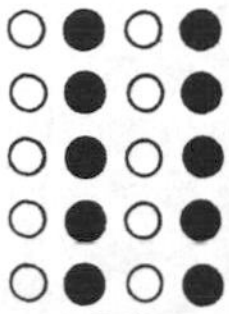

圖一

圖二

視爲垂直或橫排，乃根據其相似的性質。這種現象在人類生活上影響甚巨，諸如：我們以皮膚顏色、宗教信仰、政治信念、社會階級等等，分類人的特性。

(2)連續影響認知（continuity influences perception）：我們會把左邊兩個酒杯視爲一個破裂的酒杯；而它們其實是無法湊在一起的兩個物體。由於左邊上方的酒杯可以湊合，這種認知的現象，延伸到左邊下方兩塊破裂的酒杯，而造成我們上述錯誤的判斷。

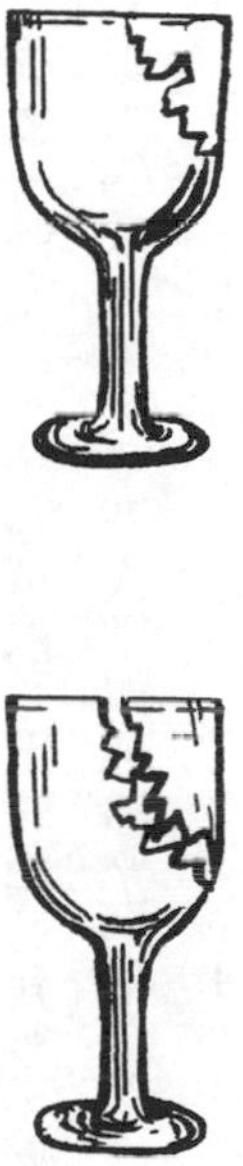

圖三

(三)封閉（closure influences perception）

吾人在認知過程中，對互相接近的物體，都會做關連的看法，或作一個整體的看法，或彌補其缺陷部分，使之成爲一個完型。圖四可以看出一個三角形，圖五則視爲兩個角度，圖六則視爲一個圓形。圖四和圖六的缺欠部份，吾人則以經驗來彌補其缺處，使之完整。所以，其缺口部則以經驗加以補足。這種認知的習性，影響人類的政治判斷、經濟判斷、社會判斷和人際判斷等等，使本來的實體更加複雜。

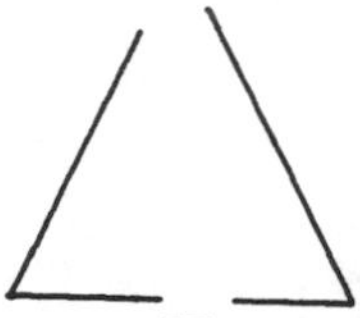
圖四

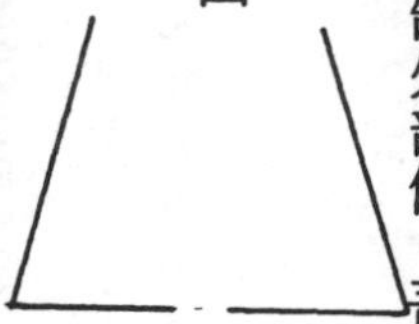
圖五

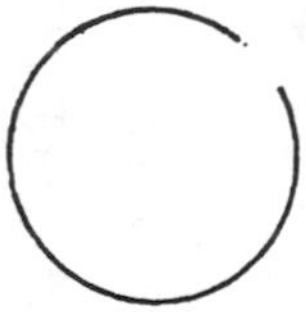
圖六

(4)接近性影響群組（Proximity influences grouping）：圖七視爲五點正方組羣，下面三個小點則似不能符合於這五點正方形，另成爲一組不能歸類的團體。

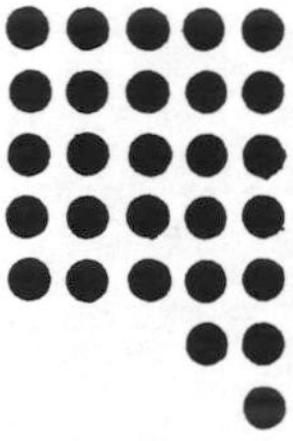
圖七

認知確實是複雜的心理歷程。從個體認知行爲來說，大半是以他的心理狀態爲基礎而構成認知意義，並根據這意義調節個體對外界接觸的規範。

認知是恆常的。在人類的生活經驗中，對各種刺激體或物體，在不知不覺的經驗中，構成相當穩定而統一的物理特質，亦即認知刺激的大小、形狀、亮度和顏色是相同固定而不變的。認知恆常性特別強調在網膜的物體影像的大小、形狀、顏色等更接近於眞實的物體的固有特性。又認知恆常性也指出，我們從不同的距離和角度來看一個物體，其大小、形狀等大致相同。所以在認知恆常性中有：⑴大小恆常性，⑵形狀恆常性，⑶亮度恆常性，⑷顏色恆常性，和⑸位置恆常性。

認知的差異性

認知是對感官所攝取的資料，賦予意義的心理歷程。但賦予何種意義，即根據客觀環境、個體經驗、個體需要、個體期待等等。所以，不同個體對同一事物的認知就會有差異的原因即在此。同時，同一物體在不同時間和不同空間，認知結果也可能不同。因爲，我們的認知是不完整的。人類行爲間的種種問題，都是發生在認知的主觀性而產生爭執的。

㈣錯覺

錯覺是對正常的認知，作不準確的反應。錯覺似乎是根據於生理和心理因素而發生的，而非學習經驗的結果。當兩個靠近的燈泡，以迅速輪流的方式閃現，看來好像是一條光線向前向後移動，這個原則稱為霏現象（Phi phenomenon）。這種錯覺運用於霓虹燈，在燈光的閃熄動作後產生錯覺上的旋轉動作。霏現象也是電影的基本原理：一大串靜止的圖畫，迅速放在銀幕上，我們的運動知覺便會產生運動的錯覺。還有許多錯覺，基於生理和經驗因素的交互作用而產生錯覺。

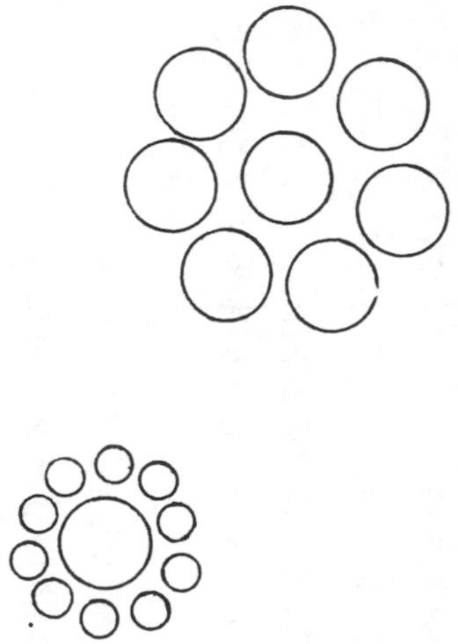

圖八

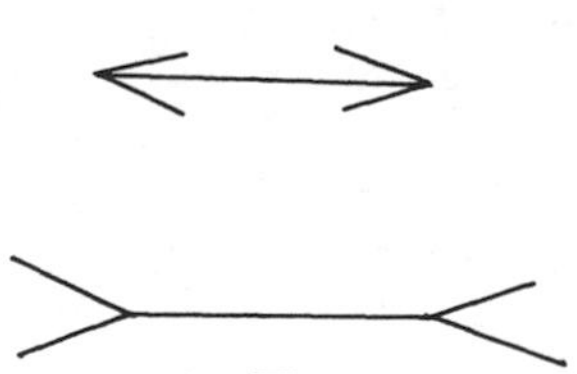

圖九

當個體有了特殊的心理定向，他對所認知的對象很容易發生錯覺的現象。錯覺的發生，可以從兩方面來解釋，即客體本身和認知者本身。客體方面如光度、位置、背景、干擾等都是發生錯覺的原因。個體本身即如態度、信念、學習、經驗、需要、期待等，都很可能使認知曲折。黑斯和波爾特（Hess and Polt, 1964）研究男女兩性對數張圖片的觀察，當他們觀察嬰兒的圖片時，女性的瞳孔變化較大，男性沒有變化。第二張爲母親與嬰兒的圖片，還是女性的瞳孔變化較大。第三張爲半裸的男性，女性的瞳孔變化亦大。第四張爲半裸的女性，男性的瞳孔變化較大。可見，生理與認知行爲也有密切的關係。

錯覺（illusion）的外在原因：⑴環境的陌生：當個體處在一個陌生的環境、不規則的環境狀況和不尋常的處境下，會令人發生錯覺。傳統的繆氏錯覺（Muller-Lyer illusion）、梭羅錯覺（Zollner illusion）及赫林錯覺（Hering illusion）都強調由刺激體本身的外界因素而構成錯覺。

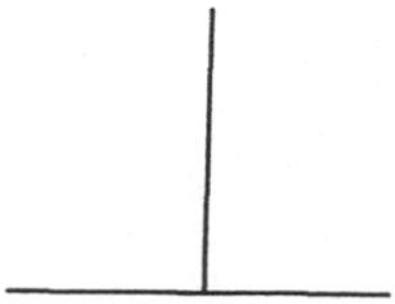

圖十

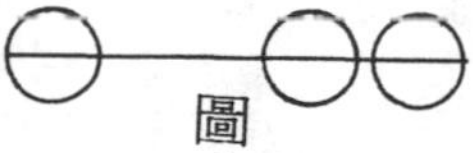

圖十一

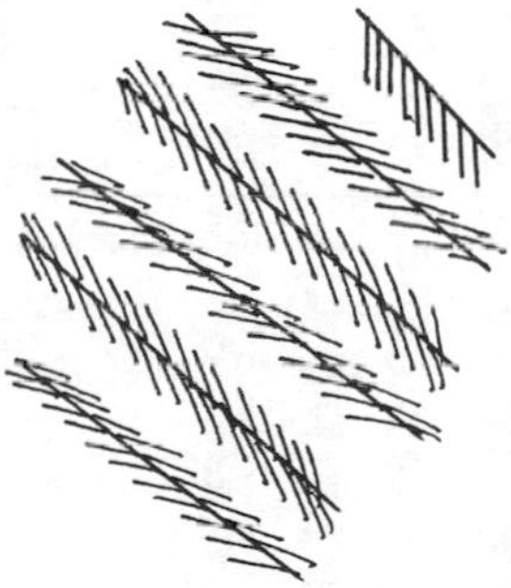

圖十二

圖十三

⑵運動錯覺：感官的刺激傳至腦神經的速度是有一段時間的，又刺激反映在網膜的一剎那間，雖然刺激立即消失，但網膜似乎還會留下影像，而構成運動錯覺。電影是運動錯覺的最好例子。銀幕上人物的動作，實際上是不動的，而是反映在網膜的一連串影像，使我們認知到物體的運動。

又如一排燈光閃照，我們會看燈光在走動的霏現象。還有，靜止的物體往往因背景的移動，而認知到焦點的運動。這等都是錯覺的原因。

二、環境與認知行爲的關係

(一)刺激豐富（stimulus enrichment）

心理學者也研究環境因素與認知發展的關係。所謂環境乃指刺激較多和刺激貧乏兩種。吉布遜和歐克（Gibson and Walk, 1961）研究老鼠在兩種環境養大。在刺激較多的豐富環境中裝置數個黑色的三角形和圓形之物品，使之可以爬進爬出。養育在控制環境中的只有牆壁外，別無他物。經三個月的實驗後，豐富環境組的老鼠，顯然能區別三角形和圓形，而另一組則不能。一般來說，在豐富環境養大的，其學習速度顯然增加。人類在豐富的文化環境長大的，也有較優的學習速度。加州大學的一隊科際研究組，在一九六九年曾組合了心理學、化學和神經解剖學等專家，曾做了好幾個研究，指出在環境豐富的刺激下，腦部產生變化。養育在充滿玩具和迷津箱中的老鼠，和養育在普通箱中的老鼠，前者的大腦皮質區較後者又厚又重。這也就是大腦皮質和神經鍵之數量有了增加，其原因或許由於豐富的經驗使然。加州大學的這個發現，建立了一種事實，那就是腦在環境的壓迫感應下，使學習與認知建立生理關係。人類生活在都市環境或農村環境，其思考、觀念和行爲都會有顯著的差異。兒童心理學者肯定，在豐富的環境中養大的兒童，其心智的發展，遠超於在剝削環境中養大的兒童。不論刺激是物理性的、化學性的或文化性的，都必須使我們的神經系統和心理結構產生運作，而增其經驗和反應能力。工業心理學家的研究指出，在單調的環境中工作，能削減個體的創造能力和積極的工作態度。

㈡認知的歷程

心理學者希爾嘉（Hilgard，1951）認爲認知的一個主要目標是對環境穩定性的尋求。人類不能適應搖動不定的生活，他需要穩定。雖然如此，他在認知行爲中，能容忍某種程度的變動和不穩定，但是在認知的覺野（perceptual field）內，太大和太快的變動，會引起不安、焦慮、混亂和緊張。譬如：我們住區的變動，從一鎭遷移至他城，附帶地會經驗到若干不同的文化和陌生，這種情況會使一個人產生不愉快和不安的心理狀態。人類對一個完全不習慣的認知世界的反應，會體會到觀念和價值的混亂以及沒有意義的感覺，令人煩惱。這也就是人類不太歡迎變化的緣故。實驗指出，人類在燈光變化的情況下，吃綠色光所照射的牛肉；紅色光所照射的馬鈴薯；黃色光所照射的青菜和藍色光所照射的牛奶，吃過以後，會覺得非常難過，並且嚐不出食物的味道來。

認知環境的穩定，對人類的生活和活動有相當密切的關係。環境的穩定性係由兩種方式而取得。一者乃根據認知的常識，告訴我們周圍的世界是固定的、穩定的。另者是通過認知事件，可從許多不同的角度，看出個體固定的形式、大小和顏色。從斜角度觀看架子上的圖書，反映在我們網膜上的是一個梯形的形式，但我們卻把它視為長方形的書本。一個硬幣擲在空中，對我們呈現各種形狀，但是我們仍舊認知它是圓形而非橢圓的。至於大小的穩定性也是協助我們維持一種穩定的認知覺野。從相當距離來看一個人，他不是什麼奇怪的矮人，而是和正常人完全一樣。不論在光線明亮度不同的市場裡，或在暗淡的厨房裡所看到的蘋果，都是紅色的，而並不顯出物理原則的灰色。所以，認知的恆常性是根據我們的學習經驗而來的。

㈢認知的適應（Perceptual adaptation）

心理學者的研究指出，認知的結果會漸漸趨向於習慣，這種程序是感官上的一種適應。當我們剛進入電影院時，一片漆黑，看不見座椅；然而經過一會兒，逐漸地會適應黑暗，這種現象稱為光線的適應。在黑暗中的適應，瞳孔會擴大，網膜對光線更敏感，同時會伴隨著暫時的痛苦感。在聽覺方面，刺激發生後的適應，也是由於耳朵已習慣了該種聲音。如鬧區的喧嘩、工廠的噪音、鄰居新生嬰兒的哭聲……等，當第一次聽到時是相當感到困擾的。不過經過了繼續的刺激後，便發生了適應的功能，而不再為其所擾。我們的嗅覺適應也是如此；個體對相當刺激的氣味很快地會適應。例如，母親開始動起厨房的工作時，可以嗅到香味，但經幾分鐘後，就不再嗅到這股香味了。同樣的，皮膚也有適應作用，尤以冷或熱的空氣，很容易產生適應作用。

四認知剝削

假使把一個人放在一種情境中，使刺激減少到極少量時，會有什麼心態產生呢？心理學者研究人類行爲在早期所受到的剝削，會對成人後的認知有相當的影響。早期辛田（Senden, 1932）研究盲目兒童，經手術後能見天日，這些人與一般常態的人的認知有所差異，蓋因對形體的認知，有賴於長期的、辛勞的學習，甚至對顏色和運動的認知，也須在長期的學習下，始能正確。李森（Risen, 1950）實驗人猿，使之完全在黑暗中養大，而喪失各種視覺的經驗，以後牠在任何需要視覺的活動中，所表現出來的動作相當的差。另有一些人猿在黑暗中養大，但每天有九十分鐘暴露在光線中，牠們的活動與正常的人猿差不多，不過遇到與光線有關的活動時，卻顯得較差。

貝克斯、何侖和施可特（Bexton, Heron and Scott, 1954）研究認知的剝削，被測驗者與正常認知刺激完全隔離，即被關在一個隔音的房中數日夜，除吃飯和大小便外，他睡在床上不作任何事。每個被試者也帶上失去光澤的玻璃眼鏡，阻擋其正常視覺。他們的耳朵被海棉塞住，手帶手套。像這樣安靜而沒有刺激的環境，理應使人鬆弛下來，好好做計劃和思考。但實際上，由於缺乏刺激，反而產生莫大的困擾。他們對解決問題的能力減退、不能集中注意力、不能集中思考、不能專心做事、心態十分零亂。人類要發生正常的功能，必須暴露在許多刺激下，才能有正常的心理運作。洗腦就是利用這種原理來進行的，先把犯人隔離，使之獨居於黑暗的小室內，和正常的刺激來源斷絕，其後才加以各種教育。上述的實驗完畢，有些被試者到後來，思考上相當混亂，離開實驗室之後，回家數日也發生適應上的困難。爲何認知的剝削會發生行爲的擾亂？其原因是缺乏刺激會使組織紊亂，因爲它置有機體於一種不熟識的情境之下，爲他從未應付過的。另一種說法是人們已經與各種刺激建立關係，或爲生活的必須。當刺激物完全停止時，他們的組織就紊亂，精神就受到創傷。人類要發生正常的功能，就必須暴露於各種刺激，使他產生行爲的各種反應。

(五)認知不一致

認知不一致或認知失調（cognitive dissonance），便會在個體認知上發生矛盾或衝突的現象，而以其它某種方式來解決認知中的矛盾。通常個體遭遇到這問題時，以交互替代的方式選擇其中之一，或試圖避免或忍視其矛盾衝突的存在，亦即在兩個衝突之外另取第三種反應方式。若選擇一經決定，在行爲中某種有興趣的變動繼之發生。認知失調的理論，對改變個體的態度有很大的用處。因爲在兩種矛盾、衝突的觀念之下，個體不許它同時寄存在他的心理體系中，他必須減少失調的傾向。

人類相互間之相處，對自我方面和對方之認知有差距時，就很不容易推行合作關係。尤以各社會中佔有優勢的團體和少數團體的份子，共同生活和工作都會成爲問題。如回教徒宣稱不能與印度教徒相處；而印度教徒也宣稱不能與回教徒共處。美國的白人反對與黑人做鄰居、做同事、做同學。凡強烈拒絕別人的人們，總會說出一大堆理由支持他們。甚至訂定法律來幫助他們這種不合理的觀念和作爲。關於這一方面的研究，美國陸軍在第二次世界大戰末期所採取的措施，有新的啓示。在戰爭初期，美國陸軍在種族隔離的原則上，不混合黑白士兵。但是戰爭末期，人力缺乏，迫使參謀本部將黑人士兵放在白人營中。當初陸軍新聞和教育兩處，詢問白人軍官的意見；起初三分之二表示不贊成的態度。但當他們領導黑人士兵一段時間後，百分之七十七表示贊成，且認爲種族間的協調和關係愈佳。這是一個明顯的認知失調的例子，因爲一般的白人不贊成黑人會有效率，以及軍中的種族問題可以解決。因此，他們面臨著解決此種認知失調的需要，大多數的會改變他們原來的態度。

三、影響認知的因素

認知行爲不是十分正確的，他的反應也不是對全部刺激的反應。個體的活動不是一件順利無阻的機能；是一個容易犯錯誤的有生命機體。個體對其來自外界或內在的刺激，在認知行爲的運作上，常常會發生錯誤。人類個體的生理機能大致相同，但其對刺激的閾度或刺激本身所反應出來的意義不盡相同，又個體的生理機能或神經機能，不能完全概括刺激體，因此個體的認知不是絕對的，而是部分的。至於影響認知的因素略述如下：

㈠注意的幅度與內涵

個體的接納器在衆多的刺激中，似乎有某種刺激最能引起注意，這也就構成了個體的特殊認知。

當一個人與他的朋友坐在樹下談論某事，他只注意對象的談話與表情，而忽略其周圍的同學、汽車、石椅或氣溫等。這時候他的注意只集中在狹窄的刺激。在廣告學的範圍內，注意是非常重要的事，有了認知的選擇，才能預備購買心理。假如一種廣告刺激，不能引起消費者的注意，則此廣告消息就被忽略了。一般的原則，刺激量大的比刺激量小的更易引起注意，蓋因刺激強度會影響注意，諸如很亮的光、有刺激性的氣味、很響的聲音。重複的刺激也比單一的刺激會引起人的注意。刺激中有對比（ contrast ）性質的，比單調的更會引人注意。

㈡心理定向

個體心理體系中的期待、意欲和需要都會影響認知。知覺上的刺激與心理定向有關係時，會引起注意。假如，我們對一位敵對的人，與他交談時，我們的言行舉動會格外的小心，並由於心理上的敵意，處處可以看出交談對象之陰險行爲。又如學生時常錯讀考試題目，答他們所期望要有的問題，而非那個眞正的考題。西波拉（Siipola, 1935）的字幕測驗，分成兩組進行；一組講述有關動物與鳥類，另一組講述有關旅行和交通等，然後在幕上示出六個錯誤的字（chack, sael, wharl, pasrort, dack, pengion）。因爲兩組各別的講習，已經在他們心理中建立定向，使他們寫出上述六字。聽述動物和鳥類的一組，將這六字寫爲：chick, seal, whale, parrot, duck, penguin 等，都爲動物與鳥類。第二組寫爲 check, soil, wharf, passport, deck, pension 等，都與旅行交通有密切關係。所以，心理定向容易導致錯誤的認知。

(三)環境性質

人類日常生活都會體會到生活環境的改善或裝飾，都會對愉快的心情有所幫助。家庭的設備，餐廳和咖啡店的裝璜，會議場所的佈置，甚至工作場所的舒適，都是很仔細的設計和裝飾，頗能引人入勝。馬斯樓和明茲（Maslow and Mintz, 1956）曾研究背景的美醜，對人的行爲所產生的影響。在美化房間組的被實驗者，住在很美麗又柔和的環境、高雅的傢俱和地毯、以及種種的高貴雕刻品等等。醜陋的房間裡，燈光在頭上直照、破爛的燈罩、破爛又直背的座椅、煙蝶是用罐頭蓋子、又髒又破的窗簾等等。還設中級房間組，是一間乾淨樸實的辦公室。被試者分組進入這三種氣氛的房屋後，產生對周圍環境的一種反應心態。嗣後，進行測驗：各組判斷十張底片上的面孔，並請他們對這十張底片的人物作精力和健康的分析。他們全不知實驗用意。其判斷或分析的結果指出：主試者和被試者在醜陋房間中，經驗到單調、疲勞、頭痛、想睡、不舒服、煩燥、敵對和急欲離開房子的願望。在美化房子的感覺是舒適、愉快、享受、重要性、有精力和希望繼續留在房子工作的願望。所以，環境影響認知以及人類各種行為是一件明顯的事實。所以，各種不同的政治環境、工作環境、文化環境和社會環境，會形成各種不同的心態和認知，從而影響其行為、思想和觀念等等。

㈣興趣與價值

當刺激對某人有特別的興趣和重要性時，他較能認知到該事件的顯著性。假如某人持有各種股票，他對報紙上股票方面的消息，會顯出特別的刺激和興趣。波斯特曼、布倫納和馬克基尼（Postman, Bruner and Mc-Ginnies, 1948）研究價值體系與認知選擇性的關係，使用奧爾波特、巴崙之價值量表（Allport-Vernon scale of values），測量二十五位學生的價值取向，其方法是將一組有價值的字彙，在銀幕上閃現，被試者對這些字彙的認識，都與其價值體系有關。換言之，被試者認為價值愈高的，愈容易認識出來。類似的實驗，布倫納和魏特曼（Bruner and Goodman, 1948）也測量出貧窮兒童和富裕兒童，對一堆硬幣數量的判斷，結果顯出貧窮兒童在認知中所估計的數量多於富裕兒童。還有心理學者馬克勵蘭和愛金遜（Mc Clelland and Atkinson,1945）曾研究經十六小時飢餓的人，對銀幕上閃現的微弱圖片，隨著不進食時間的增加，認知出食物的次數也跟著增加。黑斯和波爾特（Hess and Polt, 1960）研究個體對某一物件的興趣和價值，影響瞳孔的大小，被試者對某件事物有高度的興趣和價值出現之時，瞳孔的直徑顯然增加。經四年後，他們再研究出，當被試者在討論有興趣和有價值的問題時，瞳孔也能增大，再則，問題愈困難，瞳孔亦愈擴大。可見瞳孔的擴大與緊張的心理活動有密切的關係。

㈤同意證實

個體在認知過程中，有一種方式，乃是求得別人對其認知的核對，而確定此認知的實在性。此種過程稱爲同意證實（ consensual validation ）。當個體主觀中形成某種認知，他便會從他的同伴中，尋求此種確證。假如一個人的感覺缺乏實證，組織就紛亂，且與人隔離，因而不能與別人核對其認知。個體的認知，在某種驅力下，不斷地尋求同意證實，這種心態，使社會的各種因素，滲入個體的認知中。社會心理學者謝爾夫（ Shrief ）在早期研究中指出，數人在暗室中可見到一個不動光圈。經過一段時間後，大多數的人，表示他們看見光線的移動。他們的研究指出，一群人估計光圈直徑的大小，比個人估計光圈直徑的大小，來得正確。一般來說，群體中各個體的感情深厚，友誼溫暖，很容易支持認知的同意證實。若互相間是陌生或敵對的，則較容易實行其獨立的認知。

歐秀（Asch，1956）的研究指出，認知與性格有密切關係。許多被試者發現他們的認知與其他團體的分子有差異時，他們將這差異歸咎於他們本身的問題，亦即本身的缺點或缺陷。所以認知行為很容易被其他的人所改變或決定，但個體本身並未覺察此事。個體的認知會形成他的態度、意見和動作的基礎。我們的認知是自己的，是獨立的自我決定，但我們時常追隨著圍繞我們的人們所有的行為型態。

第六章　學習行為

一、學習行為的基本概念

人類要適應現代蛻變的社會環境，學習是唯一適應的工具。一般人對學習的看法，認為學習是兒童和青年的事，與成人不太有關係。這種看法顯然錯誤，是把學習當做學校的事務，而忽略人類整個的社會環境是學習的環境。學習是有意的安排情況，以便於技能和知識的獲得。這種環境如學校的課室、學徒的制度、體能的訓練、在職的訓練等等。從心理學上而言，學習不止於此種經驗。如非正式的學習，所得到的習慣、看法、態度、性格、情感、恐懼、不安等，都是一種學習或制約的型態。學習能使有機體的變化或行為的改變，發生於生命歷程中，使生命的適應能力更加堅強。所以，學習具體的表現，乃發生在有機體的變化；有些變化發生於有機體的神經結構，則為成熟。人類行為的差異是學習的結果。所以學習是指行為的變化，經由練習或某種經驗或與環境互動後所產生的結果。在這定義下所學習到的行為，有正負兩面：正面即為社會所接受、所認可的行為，有利於個體的社會化；負者為社會所不許、所反對的行為。目前行為科學家研究學習的主要過程，並可通過學習的過程而瞭解人類的行爲。尤其是人類對象徵方面的學習，確實有異於其他動物。以往心理學者對學習的定義不外於以「反應」、「技巧」、「習慣」和「解決問題」等方面來作定義。

(一)刺激與反應

我們詳論各種學習概念和學習過程，從此瞭解學習是一種行爲改變的歷程，並瞭解行爲改變的歷程是由制約和認知的心理運作促成。學理的理論大致可分爲刺激反應理論和認知理論。刺激反應理論強調行爲的形成是刺激和反應的聯結，兩者的接近，而形成行爲的某種反應型態。認知論者也是強調刺激和反應間所產生的認知作用，爲其學習理論的依據。

(1)刺激反應理論：此理論所使用的其他名詞，諸如聯結理論（connectionism）、接近理論（contiguity theory）和增強理論（reinforcement theory）。聯結理論爲美國動物心理學家桑戴克（Thorndike, 1913）所倡導，對學習的理論貢獻至鉅。他早在十九世紀末將動物的研究，歸納爲動物的智慧，尤以他的學習過程中的試誤法（trial and error），至今在學習心理的領域中，佔相當重要的地位。他認爲學習過程是試誤過程，亦卽從較多的錯誤，慢慢地轉變爲較少的錯誤，終於達到無錯誤的境界。這也肯定在刺激和反應間，經過多次的練習，形成牢固的聯結。桑戴克也認爲動物的學習，卻受三個法則所支配。第一、爲反應的效果，他命名爲效果率（law of effect）。他認爲學習能帶來滿意的效果，則會加強刺激和反應之間的關係；不滿意的會削弱刺激和反應之間的關係，所以不容易形成聯結的關係。這和後來施金納所使用的增強有相同的意義。第二、練習的次數，他命名爲練習律（law of exercise）。學習是刺激和反應間，由練習的次數而獲得聯結。第三、準備的程度，他命名爲預備律（law and readiness）。此定律說明機體本身的成熟程度與該學習事件之關係，亦卽學習事項和生理發展間的關係。

(2)接近理論：此理論強調學習是刺激和反應間的接近結果；兩者的接近學習卽成功；兩者的疏離卽不易建立學習關係。這個理論的倡導者爲葛斯里（Guthrie）和華特生（Watson）。葛、華兩氏同爲美國早期行爲主義學派的學者。葛氏早著「學習心理學」（1935）。他強調一種刺激和反應間，若趨於一致時，學習卽告完成。由刺激和反應的接近而形成行爲，卽引起某種反應的刺激重複出現時，將再產生該種反應。華特生是行爲學派的倡導人，他認爲刺激和反應間，經多次的練習，卽會聯結，構成行爲系統。人類各種行爲都是由刺激和反應的聯結而組成。他指出刺激和反應間的次數（frequency），亦卽次數愈多，則該刺激的聯結愈牢固。

(3)增強理論：施金納（Skinner）和赫爾（Hull）強調學習的完成在於增強。施金納將傳統的制約反應，帶進動物實驗室，而發現制約反應的成敗，卽繫連於增強因素。他認爲學習行爲卽爲反應性行爲和操作性行爲（operant behavior）。但他認爲在實際的學習情況中，反應性行爲不多，在學習情境中，絕大多數的行爲都屬於操作性行爲。他將刺激和反應間之所以能發生關連，在於增強的因素。惟在個體先做反應後，施以增強，行爲始能出現。施金納研究老鼠壓動槓桿的行爲，係是由刺激情況所引起的，經壓下槓桿而得食物的報酬，亦卽獲得食物的增強後，繼續壓動槓桿的反應行爲。所以，經反應後予以增強形成的行爲，稱爲操作性行爲。操作性行爲的歷程爲操作制約作用。操作制約作用的成敗在於增強之有無。

赫爾的刺激反應的學習理論，乃綜合許多先驅者的意見，再加上他自己的創見，而強調「學習的強度」。他主張學習是滿足個體需要的心理活動歷程。個體因需要而產生驅力，驅力使個體處於緊張不安，並爲解除這緊張不安的狀態，而產生行爲。所以，驅力的消失，便是增強該反應和刺激間的聯結。這種刺激反應的重複，便形成習慣。赫爾也進一步探討學習的歷程；認爲學習歷程中，不可缺的四個因素爲驅力、線索、反應和報酬。驅力爲從內在或外界的刺激而產生的心理狀態。線索爲外界刺激物能暗示或指使個體反應的原因。當外界刺激物能發動個體的活動時，這狀態稱爲「興奮」，當個體達到興奮狀態時，卽依循該線索的誘導而活動，並指向有報酬的目標而進行，這活動也稱爲「反應」。如果反應後能獲得報酬，卽能夠滿足驅力的要求，消除緊張，而反應與刺激也建立聯結關係，形成習慣行爲。赫爾的學習理論的歷程，是改變行爲以滿足需要的過程，所以他的理論也稱爲需求遞減理論（ need-reduction theory ）。

⑷認知理論：德國系統的格式塔心理學派主張領悟理論、場域理論（ field theory ）及符號學習理論。領悟理論由柯勒所創。他主張動物的學習有賴於領悟，而非試誤。動物必須瞭解整個情境中各刺激變數間的各種關係，而突然達到領悟後的手段，才有學習的可能。所以，學習與認知組織的變化有密切的關係。柯勒只強調領悟的重要性，而沒有具體說明領悟的成立過程。

場域理論爲蔘因（ Lewin ）所創導。他的理論重點偏重於動機、人格和社會心理方面。他使用場域理論來解釋人類行爲，並以空間觀念來說明心理活動的特性。所謂心理活動卽指個體與外界環境所構成的力量場域（ field of force ）。力量場域是意識的、動態的、隨個體而不同的。譬如；一群人在歡宴中，有人想如何做些公共關係；有人卽想達成某種託事的目的；有人在宴樂中取樂。所以，同一個歡樂的環境中，出現各不相同的心態，卽爲各個體特殊的生活空間，個體行爲就在這個力量場域裡活動和反應。他又進一步說明生活空間所包括的區域。蔘溫對行爲的解釋，其公式爲：B＝f（P・E）。此一行爲觀念的模式，成爲他理論的核心。總之，由場域理論來解釋學習，卽動機結構或認知結構的變化就是學習。學習是使個體適應生活空間的一種發展。

符號理論由杜爾曼（Terman，1932）所提出。他認爲人類會對刺激反應。此學習理論強調行爲和目標的聯結，並認爲學習是符號刺激的認知歷程。杜爾曼主張學習過程是「由什麼引導到什麼」（what-leads-to-what）。所謂什麼卽指情境中的刺激或符號。個體的學習，卽是這些刺激和符號間的關係。

筆者認爲學習行爲應是刺激和反應的聯結。其中的增強、動機、認知及人格特質，加強或削弱刺激反應的聯鎖關係，而形成反應的特質。

(一)制約反應

心理學者將學習分爲古典的制約學習（classical conditioning）及工具或工作制約學習（instrumental or operant conditioning）。在本世紀初，俄羅斯生理學家派夫多夫（Pavlov, 1927）開始作制約實驗，從這實驗的結果推出學習行爲的理論，獲得後來心理學者和教育學者的承認，而結構學習的過程，有利於學習的進行。派夫多夫的實驗，是把一隻狗縛在一個簡單的實驗桌上，有儀器可以測量唾腺流出的數量。我們知道把小量淡薄的酸性物質放在狗的嘴裡，就會刺激唾腺的作用。當口中的刺激物是酸性的，唾液的分泌反應很高，這可能是先天的反應。在實驗進行中，每次酸物質放在狗的嘴裡，就打一下音叉，響一下鈴聲。這種舉動反覆若干次後，學習行爲就發生。以後只響音叉也足以刺激而分泌唾液，於是一個新的刺激和反應聯結。在未實驗前，音叉與唾液不能發生關連，但經過數次的練習後，兩個因素便發生密切的關連。其模式為：

非制約刺激（US）———————非制約反應（UR）

制約刺激（CS）- - - - - - - - - - → 制約反應（CR）

非制約刺激（Unconditioned Stimulus）簡寫為US；在此實驗為酸性物質，而對非制約刺激的反應為非制約反應（Unconditioned Response）簡寫為UR；在這實驗中是唾液。非制約刺激與非制約反應之間的關係是自然的關係，是非學習的自然反應，是經久不變的。制約刺激（Conditioned Stimulus CS）為音叉的聲音，只有這個聲音不能引起分泌唾液的反應，惟有將制約刺激配合於非制約刺激，並經數次的重複後，酸性物質與音叉聲音便建立關係，而這叉聲代表食物的刺激。以後只有音叉的聲音也會流出唾液的現象，此為制約反應（Conditioned Response CR）。

布朗（Brown, 1975）研究制約反應時指出制約前、制約中和制約後的構圖：

布朗指出傳統制約和工具制約的構圖的關係模式：

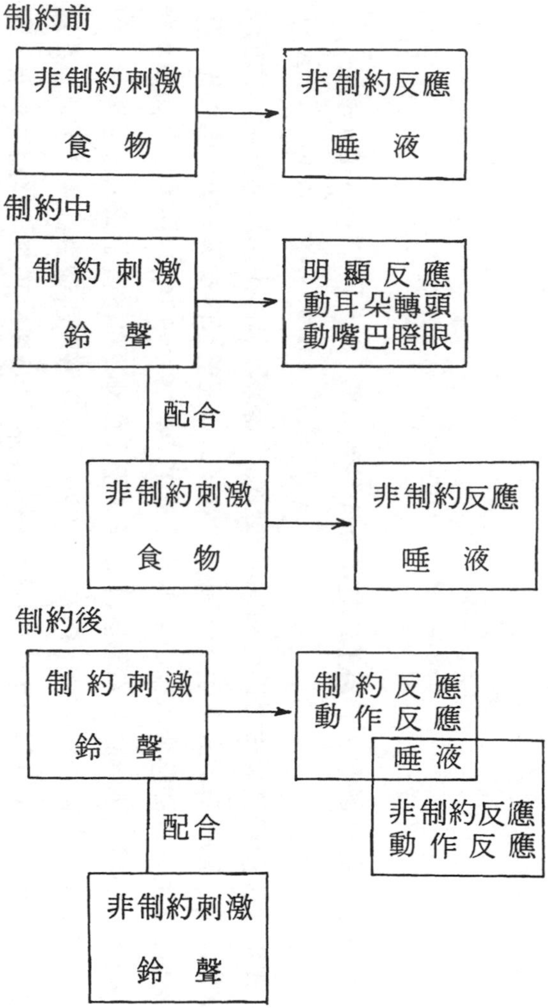

傳統制約

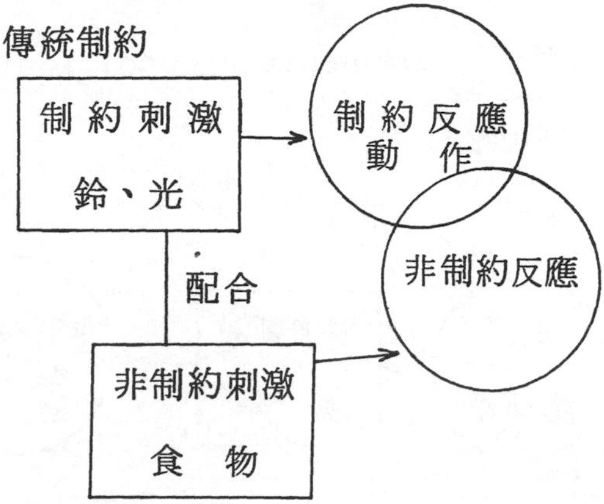
制約刺激
鈴、光
制約反應
動作
配合
非制約反應
非制約刺激
食物

工具因素

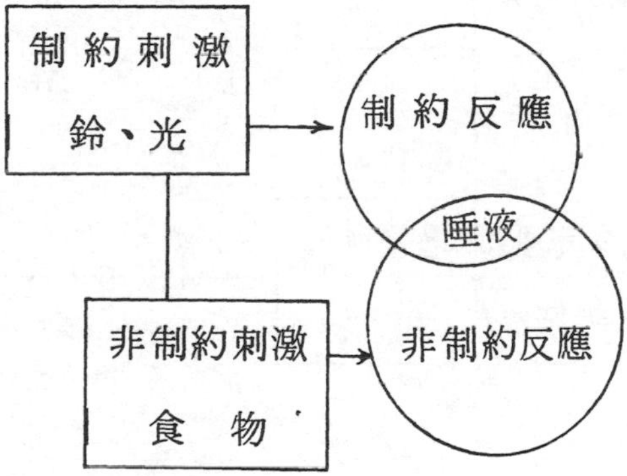
制約刺激
鈴、光
制約反應
唾液
非制約刺激
食物
非制約反應

工具制約（instrumental conditioning）

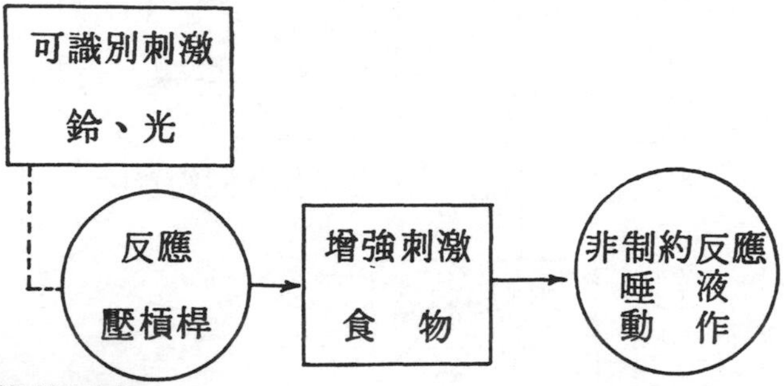

傳統因素

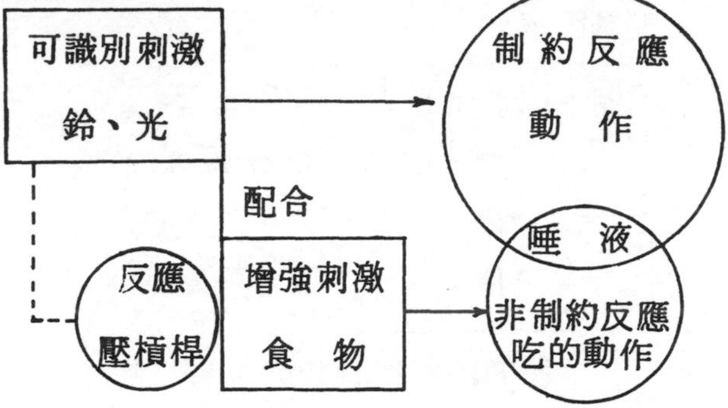

布朗認爲傳統（派夫多夫）的制約理論中有工具制約的因素在內；工具制約（施金納）的理論有傳統派夫多夫的因素在內。

許多學者提出疑問，在實際情境中，究竟有多少學習是屬於制約反應之類目。賴茲蘭（Razran, 1961）研究制約反應在心理機能所發生的事件，如血管的膨脹和收縮，與制約反應有密切的關係，這種關係之建立緩慢，但建立之後卽不容易消滅。還有心身性的疾病（psychosomatic disorder），如皮膚過敏症、氣喘症、胃潰瘍等，是由制約作用而產生的疾病。至於許多行爲型式，如強烈的情緒、嚴重的焦慮、恐懼、厭惡、憎恨等等，也可能由制約反應而建立性格的問題。米勒（Miller, 1963）研究制約反應在實用學習行爲上的價值，他比較兩種學習語言的方法，一種語言配合姿勢動作；另一種只鼓勵記憶，結果他發現語言的學習行爲過程中，配合姿勢動作的，對語言的記憶較能持久，又以後使用該學習語言的適當性也較高。他的研究指出各種學習行爲中，假如能包括全機體的介入，學習效果更高，若只限於經驗和知識，或抽象的範圍，則效果較差。

㈢工具或工作的制約

制約學習始自俄羅斯後，美國方面的行爲科學者也開始研究學習行爲的內涵。最常研究的題目是工具的或工作的制約。這種學習行爲必須包括機體在學習過程中之反應，爲產生一種效果的工具。其效果可能是爭取獎勵，避免懲罰，或獲得成功的榮譽感等等。因爲美國文化是取向於實用主義或現實主義的文化，所以它主張實際目標的獲得，似是生存的哲理。這種趨向也影響行爲科學者的研究。工具的或工作的制約行爲，其研究的方向和內容有實質的結果，不會陷入哲學上或概念上的論斷。工具或工作制約行爲的研究，始自施金納的迷津箱和槓桿器。施金納所說的工具或工作學習爲：由於安排一種增強的因素，增加一個反應的發生速度。工具或工作制約學習的設計，有機體必須在得到獎勵之前，完成所期待的反應。因之，學習者必須先有積極的動機，才能做適宜的反應。這也就是說，獎勵對學習者來說，必須是滿足其潛在動機的來源。所以，實驗者或教師若向學習者呈現一些獎勵，而學習者視爲毫無價值或是一種懲罰，那就毫無意義。還有獎勵或增強物（reniforcer）的呈現，在時間上必須與所欲反應的行爲相接近，俾使有機體覺察到反應和獎勵的一種關係。正確的反應必須在學習者的能力範圍內。因此，工具或工作學習，有機體必須在非制約刺激或獎勵呈現前有某種反應。

工具或工作學習的實例，以施金納的實驗模式爲：

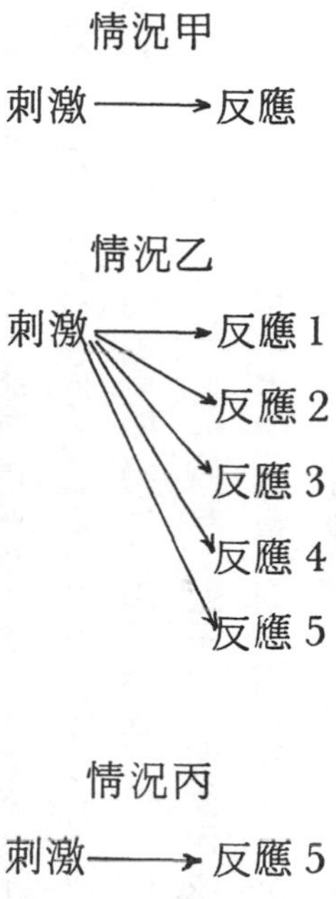

實驗的情況是一隻飢餓的猫，放在迷津箱中，必須按箱中的槓桿，才能打開箱門而引至食物的門，這是情況甲的內容。在情況甲裡，刺激是猫的飢餓，刺激的情況或飢餓的感覺，會使猫想從迷津箱中解放出來的刺激複合體。猫在這種刺激下產生的非制約反應或反應是叫聲；這種叫聲不能得到所欲的結果，於是立刻代以另一個反應2，此爲乙情況的開始。假定反應是抓那個引至食物的門，企圖逃離這個箱，這種反應也不能得獎勵，因而又被另一個反應取代，如反應3、反應4，一個一個過去，直到猫碰到正確的反應5，按下槓桿，箱子的門打開而達到目標。在此種情況連續多次，猫還會更正確地在箱中遇到飢餓的刺激時，作出很正確的動作，按下槓桿而達到目標。

施金納將工具或工作學習的原理，發展各種學習計劃，則爲教學機器（teaching machine）的設計。他將設計好的教材放入機器中，使學習者看一連串的問題，一步一步地深入瞭解問題，最後學習者發現自己對於相當複雜的問題，能給正確的答案。教學機器使用過程中的一個主要的特色，就是引導學習者由最簡單的、部分的、容易的步驟，而進入全部的教材，所以學習者在學習過程中很少錯誤。這對容易錯誤或智力不高的學習者，具有鼓勵其學習的熱情和信心，但其缺點爲學習者不能由錯誤中學習。因爲試誤說（ trail and error ）是學習中的一個重要的因素。

工具或工作學習其過程中最重要的，是要配合各種獎勵。爲制約其學習工作起見，當學習者作正確的反應時，獎勵他，不正確的反應不予獎勵。獎勵的種類有：㈠繼續獎勵程序（ continuous reward schedule）：假如學習者每次作了正確的反應，獎勵他一塊糖。這種獎勵開始時具有高度的刺激動機和興趣的作用，不過時間一久，會發現到很多困難，因爲兒童積了太多的糖，也許想坐下來吃糖的緣故，不想繼續練習下去；也許因爲得到太多的獎勵，而冲淡其誘因價值。㈡固定比例程序（ fixed-ratio schedule or reinforcement ）：爲彌補繼續獎勵程序的缺失，將獎勵間隔分散至每第五或第十個正確的反應。這種方法產生高度良好的反應。一般在工廠裡計件付資的鼓勵，就是運用這種程序。㈢變異比率程序（ variable ratio schedule）：在學習中還能得到更高的效果或反應速度，給予不定間度的獎勵；有時第十五次反應獎勵他，有時在第十八次或第二十六次反應後獎勵，因爲學習者不確知何時會得到獎勵，他會繼續以高速度且有耐性地學習。賭錢機器是用此方法而設計，效果相當成功：只要一個人操作機器賭錢，此種賭具可以引起高速度的興趣和動機反應。㈣固定時距程序（fixed interval schedule or reinforcement）：此種程度乃先在決定的時間內，所作的第一個反應得到獎勵。例如：我們決定十分鐘內不給任何獎勵，到十分鐘時才給獎勵。應用這種方法往往發現有機體得到獎勵之後，停止反應，而後又在一定時距將屆的短期內開始反應。

㈣行爲的獲得

人類行爲的獲得有非學習行爲和學習行爲兩種。任何一種的學習都有其途徑，這種現象在動物的實驗中都可以發現到。在人類的學習過程中，有某種學習曲線（learning curve）。由這曲線的形狀指出，工作種類或有機體所面臨的學習情境或學習趨勢。人類在某種工作情境下，其有機體面臨情況而工作，經一段時間的練習後，所得來的學習曲線，似乎呈S型的扁平和伸長型態，或成爲梯型曲線的狀態。

在學習比較複雜的技能，如打字或彈琴，練習的結果，大概是一連系累進S型曲線。每個S型是學習者技術的獲得。在S曲線峻急上升後，又恢復到扁平的部分，這叫做平頂期（plateau）。若繼續再練習會出現第二次平頂期的曲線。故複雜的練習，終會出現梯形的曲線。在技巧上的學習，其學習曲線會出現平頂期。因爲在技能上的學習，可能有許多不同的習慣，或者有許多不同階段的習慣；在學習之某一階段已告完成，而下一階段尚未開始時，學習曲線即發生平頂期的現象。例如一個人學習鋼琴，在開始學習時有一個期間進步迅速，其基本動作甚易獲得。但此後即緊接著一段相當久的時間，進步甚少，甚至沒有進步。很多人在此時感到沮喪而放棄。平頂期的發生還有其他原因，即爲動機的消失。前述學習鋼琴的小孩，學過一段時間後，完全喪失對鋼琴的興趣，此後，即使強迫他繼續學習，則在學習曲線上會顯出平頂期的趨勢。在學習過程中平頂期並非時常發生，如果發生此種情形時，應即改變練習方式，或完全停止一段時間，則對於消滅此現象，將有實際的效果。

㈤增強

心理學上使用增強這個名詞，指出增強爲對任何事物加強重複反應的趨向。一個有機體受到刺激後，依以往的習慣而反應，這反應是增強的現象，則同樣的反應很可能在下次的刺激中重複反應。一隻飢餓的狗，因聽慣了鈴聲與食物的關係之後，現在只聽到鈴聲，也會反應流唾液的重複行爲。增強與學習的關係，心理學者雖在爭論，但其在學習上的影響與效果是相當顯著的。杜爾曼（Talman）主張學習的發生與增強有密切的關係，尤以動物能夠從環境學到一些東西，都有賴於增強的效果。他將老鼠分成三組，給予十七日經迷津箱的訓練，第一組爲不給予獎勵組；第二組爲給予獎勵組；第三組頭十天不予獎勵，後七天予以獎勵。實驗結果第二組因受到獎勵，錯誤率有規律地減少，第一組也有進步，但比起第二組，錯誤率仍然很高。但第三組在頭十一天與第一組相同，從第十一天起給予獎勵後，其錯誤率也極顯著的減少，到實驗結束時，第三組的成績最優良，錯誤率降到最低程度。杜爾曼解釋第三組的現象爲，在初期十一天中，建立迷津環境的認識圖（cognitive map），十一天以後有獎勵時，則根據這個認識圖而學習，所以其學習速度甚速。這種現象在人類的學習過程也有極大的作用。

施金納（Skinner, 1957）的動物制約行爲的研究指出，增強物是養成行爲的必要因素。在施金納的實驗中，食物是增強物。如果動物在渴的狀態下，增強物當爲水之獲得。只因該動物能獲得增強，故其方始學習適當的手段反應。凡與食物或與生理需要有關的增強，稱之爲主要增強（primary reinforcement）。鈴爲次級增強物（secondary reinforcement），是由學習後養成的制約刺激。所以，任何一種刺激，與非學習增強相配合，而獲得增強的力量時，即稱之爲次級增強。次級增強對於瞭解學習行爲非常重要，因我們很多學習都是次級增強的結果。父母乃是最先與嬰兒建立關係，又是嬰兒知識範圍內的次要增強物。父母的增強力量，因經常與食物、溫暖和解除痛苦等相聯繫。

(1)次級增強：當一個刺激常與一個獎勵配對，可爲其本身取得一種積極的價值，用以作爲第二次增強。烏爾夫（Wolf, 1936）研究人猿如何使用撲克籌碼，作爲代用貨幣，從自動售貨機中取出食物的實驗時指出，人猿一旦學會此種動作，縱使在不飢餓的情況下，也會爲籌碼而工作。因此，籌碼就有了次級增強的性質。次級增強對人類的學習行爲來說，金錢就是次級增強。人類學到了各種行爲會引至金錢報酬，金錢可以換取食衣住行、社會地位及社會影響的各種條件。所以，金錢本身就成爲獎勵，爲金錢而追求金錢。在人類行爲活動中，次級增強似乎還比原始增強佔重要地位。假如次級增強能與原始增強配對，會顯得它更重要的地位。

⑵增強傾度：心理學者對學習行爲的興趣，著重於反應與獎勵相隔時間的間隔問題。凡有機體在一連串的行爲中，最後做出的反應，能獲得報償，對後來同樣的刺激，會反應出行爲的重複。增強傾度（gradient of reinforcement）雖然有顯著的用途，但偶然也會引起一種對行爲不利的事端。烏爾夫研究對鴿子施行不規則獎勵，鴿子在隨機的獎勵下，發展一種常套行爲（stereo-type）。這種學習行爲，與人類固著於迷信的行爲相同，假如我們迷信於某種對象，機會的出現將會增強迷信行爲的重複。譬如說，某人爲他生病的牛禱告，牛的健康或死亡，機會各半。假如他認爲其禱告使牛恢復健康，他會加強禱告的靈驗，而加強對禱告的信心。縱使在大多數的時間是無獎勵的，他也會繼續相信下去。

⑶間歇增強：在增強的過程中，建立一種習慣，使它充分地抵抗消滅，其最有效的方法是以間歇增強（intermittent reinforcement）的方法，使反應和獎勵間建立間歇的關係，亦

即對正確的反應，間歇的獎勵。上述迷信或固執的原因，其形成過程乃由行爲和獎勵間有隨機聯合之現象。當行爲和獎勵間，有隨機聯合而建立的行爲，設使在多次缺乏獎勵的證實情況下，行爲也會堅持下去。社會心理學者惠斯丁嘉（ Festinger，1961 ）進一步解釋，爲何學習在無獎勵時仍然會堅持下去，他認爲行爲堅持力的增加，是由於過去的無獎勵或不適當獎勵的間歇增強所引起的後果。施金納又研究先給予每一隻鼠一百次的增強，然後再記錄其消滅曲線。另一隻鼠在每四次反應中，給予一次食物的增強。此種僅對於一部份的反應給予增強，而非對全部反應予以增強，稱之爲部份增強（ partial reinforcement ）。施金納的研究指出每四次反應，獲得一次增強，較之每次反應均獲得增強，在行爲上不容易消滅，故部份增強使反應之消滅較爲困難。這個原理對人類行爲的形成，具有相當的意義。行爲科學者認爲部份增強，對某種行爲的養成，或養成比較永久性的行爲，都運用部份增強的原則。

(六) 消滅

一種學習得來的反應，不再得到增強或獎勵；它會逐漸變弱或被淘汰，此種現象稱爲消滅（extinction）。不過一個反應已經清楚地被消滅之後，並不是完全根絕，稍後這種反應行爲會自然地恢復到某種程度。

布朗（Brown，1975）也研究消滅的過程和消滅以後的構圖：

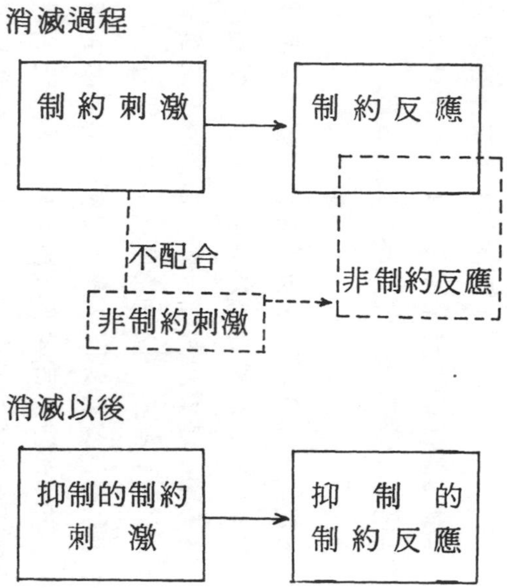

制約刺激而不配合非制約刺激，亦即僅搖鈴而不給食物，經數次制約刺激，狗的分泌唾液的反應逐漸減少，而最後終於停止。這種與養成制約反應恰好相反的程序，稱為消滅。要養成制約反應，使其繼續維持有效，必須有某種增強物（食物），用以養成制約刺激和制約反應的連鎖。

處罰乃是用來作爲消滅不良行爲的手段，或是用來制止破壞各種規範的方法。處罰是用一種不愉快的或負價值的因素，來消滅某種行爲。處罰能否消滅某種行爲？關於這問題，行爲科學者所重視兩件事爲：第一、被處罰的行爲能否產生阻止產生該行爲之動機？第二、受處罰的行爲能否產生另一種可能的反應。處罰本是一種負增強，而用負增強來取得所期待的行爲反應。

施金納對處罰學來的工具反應的效果，會做實驗來指出處罰的問題。他從已經養成制約反應的兩隻老鼠，使其推動槓桿，而獲得增強。這兩隻鼠都已經習得這種反應。嗣後他作消滅的實驗，即在推動食物的槓桿上，裝置電擊；另一隻鼠則以通常的消滅方式，結果發現消滅兼有電擊的鼠在最初的過程中，反應次數減少，但經一段時間後，其反應次數又增多。結果在施以處罰期間，對於消滅的反應並無影響。所以處罰對於行爲反應的制止，似乎並不如我們所想像的那麼簡單。亦即處罰在某一段時間內，可以減低行爲反應的傾向，但不能完全消滅此種行爲。行爲科學者大都有一致的看法；假如某種行爲有強烈動機，處罰可能帶來一連串的副作用。假如不是強烈動機，即可以緩和反應行爲。人類許多行爲反應，受到懲處後，會轉移到其他方向，以求滿足。

所以，在制約行爲或消滅行爲，處罰的效果並非簡單而易於斷定。處罰容易導致行爲的擾亂。譬如，一個兒童因爲想要得到某些東西而受到處罰時，則受到挫折或痛苦後，可能引起惱怒或採取暴行，或產生退却的被動心理，而阻礙正常心理機能的發展。但這並不是否定、處罰的行爲制約的意義。溫和的處罰，可以用做一種暗示，使其明白何者可爲，何者不可爲。當兒童受過點火柴的燙傷，或玩電流插頭而受電擊，從此以後卽可能遠離玩火或電流。這就是說，要使被處罰者瞭解爲何被處罰，並在其心理體系中接受其處罰，才對行爲的制約有意義。還有使學習者預先瞭解處罰的威脅，譬如，駕駛超速有被罰款的威脅，不用功讀書有考試不及格的威脅，賭博有被罰款或被關入監獄的威脅等等，預先警告及限制我們的思想和行爲。這些規範對常違犯者似乎並不生效，但在大部份的狀況下，處罰的威脅是沒有任何不良的結果。處罰的威脅乃爲現代社會廣泛運用的一種維持秩序的方法。處罰並不是不可以施用，但施用處罰時，應加以鑑別其可能產生的不良後果。

(七)概化

學習行爲有一個重要的特性，就是對一切刺激有作類似反應的傾向；此種刺激就是類似於已經學習到的反應之刺激。一隻狗已經對鈴聲學習到某種意義而分泌唾液，故對與鈴聲相似的樂器聲，也會產生分泌唾液的現象，不管其音調略高或略低；均會產生反應的現象。一個小孩子經過制約而懼怕白色兔子後，也會對白鬍子的聖誕老人表現出懼怕。假如人類沒有概化的能力，則每遇稍有不同的刺激，就要重新學習其反應過程。人類有概化（generalization）的能力，對直寫的文字看得來，但橫寫的文字也看得來。然而概化作用也有其缺點，就是產生些不合理的概化作用。譬如：我們認爲勞工階級的智力較低，就此概推到所有的勞工。

概化的學習作用，亦即學習中所能產生的轉移有密切的關係。學習均有轉移的現象。青年們進入大學，亦即社會對訓練轉移的一般信仰，在學校中的學習，其所得的主要價值，在於將其應用到學校以外的社會情況上。我們用很多時間在學校裡學習，而這些學習到的東西，只有在學校以外才能加以應用，因此，學習或訓練的轉移，乃是學習中最重要應用問題的一項。

學習或訓練的轉移有正負兩種（positive transfer and negative transfer）。以往學習的所得，對於新情況的學習或執行有幫助時，即發生正轉移的現象。反之，以前所學習而得的東西，對於新情況的執行或學習發生阻礙時，即產生負轉移的現象。學習或訓練的轉移，其原則爲：(1)刺激的近似性：正轉移隨著刺激的近似性而增加。兩種刺激情況愈相似，即會從一種情況到另一種情況的正轉移亦愈大。一個人學過一種型式的汽車以後再改駛另一種汽車時，其所遭遇到的困難並不太大，兩種車輛之間還有很多小差別，但兩部汽車所出現的刺激情形大致相同，因此轉移的情形良好。在學習拉丁文時，對學習英文或意大利文都有幫助，因爲兩種語文間有許多相似之處，而相似的刺激狀況，產生了正轉移的現象。(2)反應的近似性：上述汽車之說明，兩部車的各種儀器或操作之相似爲刺激相似；然而，操作的相似，如方向盤之轉動、剎車、離合器之操作，都有相似的反應。

㈧識別

識別（discrimination）與概化是相反的心理歷程。假如個體對相似的刺激不產生概化作用時，則對原學習的刺激增強，因爲個體對此一刺激能作適當識別的緣故。諸如，母親學會認識她孩子的哭聲，以別於其鄰居的孩子的哭聲。一個孩子學到可與父母討論三餐的問題，而不與祖父母討論此事。空軍飛行員在空中作戰時，會識別友機和敵機的輪廓，而作適當的處置。

㈨銘刻

銘刻（imprinting）係羅連茲（Larenz，1935）研究小動物，尤以鳥類出生後的活動現象。小雞在孵卵器中孵出後，留在黑暗處數小時，將在此後會跟隨它所看見的第一件慢慢移動的東西，不管它是一個畫的假鳥、一個球、一塊木頭、或一個人。從此時起，牠們就不跟隨別的東西，甚致不跟隨母雞。這種現象叫做銘刻。銘刻必須在小雞孵出後三十六小時內行之，而銘刻感覺度最高點發生在孵出後十三至十六小時。當銘刻發生後，小雞就對他種動的物件，發生懼怕的反應。羅連茲對銘刻具有深入的研究，認爲銘刻一經發生，不易消滅或改變。這種現象指出，在適度的成熟階段，銘刻的印象，將影響相當久的時期。

㈩學習基本概念的運用

個體的行爲所表現的方式，在同一時間和空間上，只能發現出一種傾向，即在興奮時，不可能有平靜；在平靜時不可能興奮。因此，行爲的平靜和興奮相互抵制，不可能同時發生。這個原理叫做互相抵制原理（reciprocal inhibition）。烏爾布（Wolpe, 1962）首用此種原理，作爲行爲治療法的依據，而治療神經質焦慮的病者，因爲神經質焦慮（neurotic anxiety）是一種習得的制約行爲，可以統配一種行爲，而對相對立的行爲予以抵制。神經質焦慮是情緒性反應，來自交感神經系統的反應。其表現出來的外表症狀，如呼吸急促、血壓升高、筋肉緊張等等。所以，他設計一套能完全鬆懈肌肉的活動，來當作「不兩立行爲」（incompatible behavior），逐漸利用此等活動來抵制足以引發焦慮反應的情境，結果在治療神經症方面收到相當效果。羅巴斯（Lovaos, 1965）曾經矯正過一位九歲而具有自毀行爲的女孩，其行爲是用她的頭或手來碰牆壁或碰撞有稜角的傢俱。他採用的不兩立行爲是配合音樂的節奏，拍手搖擺或是唱歌。當案主參與這種韻律活動時，就給予社會贊許，結果參與韻律活動的時間愈多，自毀行爲的表現愈少。米契爾（Michael, 1967）研究改變行爲的初步原則：(1)驗明行爲結果：假如要瞭解正負增強物對某一行爲的影響如何，必須要衡量施與正或負增強物後，其行爲改變的程度。假如施行某一正或負增強物，對付某一特殊型態的行爲而不發生效果時，立刻查明這一項刺激是否適合於做爲增強。訓練之成功與否，要完全針對受訓者的個人條件，對其行爲發生顯著的影響力，方可認定已選對了有效的增強物。

(2)設計行爲反應的自動性：增強對行爲的影響，要依據個體內在驅力或生物機能的自動反應，而不必完全依賴受訓者的報告，亦能觀察出個體行爲的改變方向和程度。如制約反應的實驗，從動物的行爲反應就可以斷定動物的行爲是否確定地受到增強物的影響。最近在特殊教育裡強調復健工作（rehabitation），利用各種機會來協助特殊兒童恢復或增進其生活適應能力，促進其動作技能和生活行爲的自立自主性。復健工作也借用行爲改變的技術來推行。

(3)訂定適切的成就標準：在訓練上運用正負增強的目的，卽爲實現訓練目標的工具。在訂定成就標準時，不能過高也不能偏低。最適當的標準，應從訓練方案中的目的，及受訓者的程度來訂定。

(4)保持變數的恆常性：在訓練期間所處的環境變數要保持恆常狀態，且要隨時注意學習者行爲變化的情形。假如自變數不能保持恆常的狀態時，有其他變數的干預，卽對自變數的認定會發生錯誤。所以在實驗情境的控制下，應考慮到單一變數的原則，務使其他變數要盡量保持固定，亦卽是使訓練情境的單純化。爲了使行爲變化較有成果，設使想改變自變數時，也必須緩慢進行，才不致引起激烈的干擾作用。

(5)適時施用正負增強：當學習者需要某種制約行爲，訓練者要給予適當的增強。假如增強的時間延誤，不僅對行爲的影響效果削弱，也容易產生不相干的行爲出現，譬如在家庭裡，常常聽到母親恐嚇正在搗亂的孩子說：「你再搗亂，等你爸回來，就叫他痛打你一頓」。假如兒童的不適合行爲發生在早上，等到晚上來處理時，不容易收到積極效果，反而增加負效果。

⑹增強物要因人因時而異：選定增強物是訓練或改變行爲成敗的關鍵。選擇增強物時，訓練者應考慮到個體個別的差異，因爲某種增強物能增強甲的行爲，卻不一定也能增強乙的行爲。所以，何種增強物在何種情境，對何種機體的、何種行爲較有增強的效果，這是改變行爲的關鍵問題。

⑺適時適用增強次數：假如我們發現所使用的增強物有效，增強次數的增加，則行爲愈將牢固。可是依部份增強的原則，太多的增強或每次增強，對將期待的行爲不一定有良好的影響，所以，增強要因時制宜。根據實驗的結果，在訓練的初期，每一次正確的反應，均應立即予以增強，俟訓練中期可改爲間歇性的增強，因爲在動物的實驗裡，用間歇性增強方式訓練出來的行爲，最不容易消滅。

⑻共同訂定明確又公平守信的合約：在任何一種訓練方案，訓練者與受訓者商訂的行爲合同，要符合於明確、公平和守信，方能發揮其功效。在個體行爲改變過程中，訓練者與受訓者間之人際關係，是一項強有力的社會增強物，所以其間的人際關係，必須建立在一個明確而有信用的合同上。連特（Lent, 1970）訓練二十七位智能不足者的生活習慣，在訓練開始前公告：良好

行爲和不良行爲之介說及評價標準，並明定達到何種行爲時，可以獲得何種增強物或社會榮譽。這一份合同，可使訓練者明白各訓練階段的工作重點，並對受訓者提供具體的行爲目標。因此，公平的合同乃指訓練者對受訓者的行爲標準的要求，以及受訓者接受增強物之必要條件。如果所訂定的標準太高，增強物與受訓者的努力，不相配稱，這時候這一份合同形同虛設，並不會發生作用。

二、有效學習

(一)練習的分佈

早期心理學者尤里克（Ulrich, 1915）研究老鼠在迷箱的動作：一天一次練習，十七次學會了工作；每天學習三次，二十五次學會工作；每天練習五次，三十三次才學會工作。這個研究啓示了到底要如何分佈學習的時間，就出現了學術上所謂密集練習（massed practice）和分散練習（distributed practice）兩種。前者卽一日或整個下午或晚上學習一項事；後者卽如上課分節學習。就一般的實驗來說，分散學習比密集學習之效果爲佳。何佛蘭（Hovland, 1940）發現，學習材料的數量增加，宜取分散學習；複雜而困難的材料也宜取分散練習，在精熟語文材料時不宜用分散練習。若所學習的材料是運動習慣，則分散練習較有效果。

學習最重要因素之一，乃是學習者對於某種學習之練習頻率。在許多情況下，較短時間的練習，間以短暫的休息，較之以長時間的繼續不斷的練習，能得較佳的效果。一般的原則是對於簡單的工具或手段的養成，和像打字一類的複雜技術，短時間的練習較有效果。至於解決問題或思考問題，雖是複雜，但宜以長時間的使用，較有顯著的效果。

在大部份的工作中，都有適宜的方法，將練習時間和休息時間，交錯分配，以獲得最大的學習速度。對於某一特別工作，必須配合學習時間的長短和休息時間的長短，亦卽學習過程中休息時間的配置。一般而言，練習時間不宜拖長。學習時間過長，學習效果因而降低；學習時間過短，會把該學習的成分破落成爲幾個小階段，休息時間愈長，學習速度亦愈快；進步的速度，隨休息時間的長度而增加，但休息時間太長，對學習速度的增加，無甚幫助。因此，適當的時間長度，將由實際的學習而規劃出。

㈡有意義的感受（the feeling of meaning-fulness）

早期的學習非常重視記憶，並以記憶爲學習的全般，因爲記憶的經驗，可以在新情況的出現時，運用其原則而解決問題。現在對記憶方面雖不如前期那麼重視，但是在每種學科中，仍有相當的資料需要熟記，如專有名詞，外國語文字、歷史人物和日期等等。有些學習者以機械方法死記材料內容，此種學習的效果不佳。假如學習者能體會到他所練習的材料，是相當有意義的，並瞭解其原理時，練習的效果卓著。尤特（ Judd，1908 ）早期實驗兒童對水底目標的射擊，一組用試誤法進行射擊練習；另一組先學習視像在水中的折光原理後再進行練習。當水的深度改變時，第二組能擊中目標的比率，顯然比第一組為佳。

人類在整個社會化過程中，要不斷地學習。當其遇到新的工作需加學習時，即會發現其中有許多與過去所學習的頗為相似。過去所學習的，對於學習新工作極有幫助。凡新工作、新課目、新資料，因其與已經學習過的資料有關，而較容易學習者，稱之為有意義關連的工作（meaning-ful task ）。學習有意義關連的課目、資料或工作，較之學習一種陌生的自較容易。

學習有意義關連的課目、資料或工作，比起沒有意義的來得容易。我們要記一段文章，總比強記字典中隨意找出的同等數量的字句，而意義不相連貫的單字，要容易得多。因為有意義的課目、資料或工作，是有關連的。

㈢**知其結果**（ knowing the result ）

學者研究學生在考試後，知或不知其成績能否影響學習，發現立即知其練習的結果，有較好的成績表現。領悟學習（ insight learning ）和符號學習（ sign learning ）均屬於認知方面的學習。古典制約和工具制約學習，屬於制約學習。領悟學習由格式塔心理學派和柯勒（ Kohler，1925 ）所提出的學習理論。柯勒對猩猩做過許多學習實驗後，發現猩猩的學習並非盲目的試誤，而是領會到解決問題的一些內在關鍵。亦即由瞭解刺激情況中各種變數間的關係，而突然表現在解決問題的行為上。柯勒認為這是一種領悟的學習。學習的成就是領悟的結果，就是個體能夠領悟到情境中各個變數的關係，才能有解決問題的反應。領悟過程似是一種假設活動，這些活動的終局，推出一些正確的結論。領悟學習可以保持很久的時間，因為領悟學習可以使個體瞭解各種變數間的關係和意義。

(四)學習轉移

在學習過程中，轉移（transfer）是一件非常重要的事。人類學習的過程中，有轉移的可能，所以，幼兒在家庭中的學習，轉移到幼稚園的學習；幼稚園轉移到小學；小學、中學所學習到的轉移到大學；並且在大學裡的學習，能轉移到成人的生活、工作和活動。學習轉移的可能，在於刺激和反應的概化作用，就是在一種情境中的學習，可以使另一種情境的學習更加便利。在某一學科所學到的技能自動地轉移到另一學科。轉移成為可能的因素為：在兩個情況中具有相同的因素而轉移，以及對某件事能瞭解其原則後的轉移兩種。傅魯斯（Bruce，1933）研究學習開某牌子的汽車，也很容易轉移到開其他牌子的汽車。所以，當新的刺激和舊的刺激相類似，而反應仍舊相同，則有積極的轉移。但新舊兩刺激相似，而所欲的反應不同，則會發生消極的或相反的轉移。

三、訓練的內容

現代社會日新月異，在變化和進步的過程中，務必要求個體具備有新的適應和反應，來因應新環境的要求。訓練是改變行爲，使行爲能達成新要求的措施。訓練的對象是人，其目的在於發展個人身心的潛力，使個體的人格和能力趨於健全。教育訓練的目的，不外於輔導學習者能增進其知識、啓發其思想、熟練其技能、強健其體能、充實其經驗、養成其習慣、形成其態度、陶冶其情趣、培育其理想等等。從行爲科學的概念來說，知識、思想、技能、習慣、態度、情趣、理想等等，均屬行爲的範疇。如果要發展這些行爲，必須以系統和科學的方法，加以適當運用，而培養適當的行爲。

行爲的改變（ modification of behavior ）不外於運用學習的原則與心理治療的法則而爲之。改變行爲的基本觀念：⑴由學習形成行爲：行爲改變的一項基本概念是強調不完善的、不適當的、不良適應的、病態的等等行爲都是習慣行爲。各種行爲既然是習得的，當然可以再藉學習而予以改變。⑵由環境制約行爲：行爲的形成有其因果關係。個體受到刺激情況的制約，而反應出某種特殊的行爲，形成行爲的外在模式。因此，以往及現在的刺激情況乃是解釋和分析現存行爲的一種主要資料，所以，以往的經驗和現在的刺激可以影響行爲，也可以用來預測和控制刺激的變數。⑶改變行爲的理則是依據行爲的後果：某一行爲能在特定的時間內發生，係受該行爲發生時之環境因素及個體的經驗所影響。這個原則的環境變因，即爲自變數；而行爲變化則爲因變數。兩者的相互關係是行爲形成的原因。行爲改變的實際措施，即從自變數著手，適當地安排自變數，使行爲在自變數的刺激下，產生預期的行爲反應。

㈠個體的基本需要

行爲科學家致力研究人類行爲的動力。蓋因行爲的改變，其主要依據爲增強原理，而增強原理的應用，則須瞭解人類的基本需要，否則增強物就不能發生增強行爲的作用。從心理學上的立場來看，增強與動機密切相關。就動機來說，凡有關需要、願望、期待、希望、慾望、驅力、本能、目的、理想、價值等，均具有行爲的動因。動機的定義爲：凡是任何一種機體內在的需要或外界的誘因，驅使機體準備去活動或取向於目標的活動，稱之爲動機。故動機行爲有三個特性：一是需求，二是有效的活動，三是特定的目標。

心理學者不斷研究能引起動機行爲有那些需求。因爲這些需求的闡明有助於分析行爲的動因，進而可以安排有關的自變數，來誘導行爲的形成。可是人類的需求遠超其他動物的需求，是因爲人類的需求是沒有止境的；一種需求獲得滿足之後，另一種新的需求接踵而至，使個體在需求的驅力下，不斷地追求新的滿足。馬斯樓的需要層次理論，已在行爲的發展中詳論。需求能激發新行爲的產生，所以，需求便是一種增強物。又增強物卽是足以改變行爲，或能刺激反應的次數。假如，一位受訓者的某一項行爲受到激勵或限制，結果其行爲反應次數或增或減，這時候受訓者所受到的刺激稱爲增強物。因而，在行爲改變的過程中，「什麼增強物」在「什麼時機」對「什麼性質的機體」較能增強「什麼樣的行爲」，是訂定改變行爲方案中，必須愼重加以考慮的。譬如：金錢和玩具對兒童較容易發生增強作用；而金錢、地位、名譽對成人較容易發生增強作用。

在各種改變行爲的方案中，常用到的增強物大略分成：⑴非社會性增強物（ non-social reinforcers），⑵社會性增強物（ social reinforcers），及⑶次級式概化增強物（ secondary or generalized reinforcers）。非社會性增強物分爲可食性增強物和可操作性增強物。前者如食物和飲料等；後者爲玩具、工具、故事書、電視、音樂欣賞等等。社會性增強物係發生在人際間的互動過程，諸如言語的贊許，拍肩膀等具有社會意義的都是社會增強物。對兒童來說，父母或老師所表現的愛護、關懷、讚美、支持、擁抱、閒談、共遊等等都是非常重要的社會性增強物。社會增強物在表現上看來都是微不足道，但兒童在社會化過程中，每日承受這些增強物，逐漸地累積其成果，完成其社會化的歷史，樹立其獨特的人格。因此，對兒童行爲改變的方案，都特別強調父母、老師或同伴所給予的社會增強物之重要性。亨利克遜（Henrikson, 1967 ）從實際的經驗指出，用社會性增強物來訓練智能不足兒童的用餐習慣，經使用社會增強物後三個月，不合規範之用餐習慣顯著地減少。最近許多心理學者和教育工作者在實地的經驗中指出，凡情緒困擾的兒童，加以社會性增強物後，對行為的變化有顯著的功效。格雷和何斯拉（Gray and Hastler, 1969）在一項行為改變的訓練方案中，雇用年紀較大的男女，扮演祖父母角色，照顧智能不足兒童，給予特別的社會性增強物，結果顯示出這些孩子都有較優的社會生活的能力。

次級或概推增強物方面的研究，華特遜（Watson, 1968）認為智力不足兒童，使用食物性和操作性增強物，對長期訓練的方案中，很難維持其增強的效果。以食物性的糖果來說，兒童在訓練初期很喜歡吃它，經過一段時間後就厭膩。再以操作性的玩具來說，也很容易干擾到實驗的進行。克服這一類困難的問題，最好是使用次級及概推性增強物。當使用次級和概推增強物時，必須與主要增強物（primary reinforcers）發生關連。如學校所慣用的「分數」、「獎狀」、「畢業證書」、「錦標」等均屬之。次級或概推性增強物之特性：(1)不受不同訓練環境所影響，機體也較能接受這種增強物。(2)次級或概推增強物，在增強價值上比主要增強物有力量，因為概推增強物的增強價值是由主要增強物的價值累積，易言之，次級增強所以能發生增強作用，是與主要增強物相關連，所以，次級增強物的力量，往往比主要增強物大。

在行為改變的增強措施中，常常運用次級增強物，如分數、符號、籌碼等。當受訓者得到這一類增強物之後，還得有機會換取本身所需要的主要增強物或社會增強物，方能繼續發生增強作用。諸如可以換取吃的、玩的、或是受到榮譽讚許的。許多次級增強的實驗，已經肯定其在學習過程中所發生的效果。譬如：對訓練優良的行為給予一個可以換取食物、飲料、裝飾品、自由活動的特權等等，結果次級增強物的效力維持相當久；受訓者也在長期的訓練中，仍然保持對於次級增強物的興趣。另外一種常常使用的次級增強物是「積分辦法」，就是在長期的訓練方案中運用，其效果相當優良。這種方法在使用之先，必須給受訓者瞭解積分辦法和標準。在受訓過程中受訓者可以使用其積立的分數，換取他所需要的東西，從此制約其行為。

(二)行為改變的程序

行為科學家，對研究改變行為，均認為是對心智異常者，或是正常者應施行的措施，都要從他們以往的生活過程中的資料，與目前與環境互動的實際措施相配合而形成訓練方案。在訓練過程中先要改變個體所處環境的有關變數，才能預期修正其有關行為。但是在安排有關變數之先，要具體分析個體行為的現狀，探討所要增減行為的有關因素，並控制這些具體因素，而達到改變行為的目的。改變行為的策略有積極增強、消極增強、懲罰、隔離、消滅、相對抵制等等方法。這些策略各有其特點，可以單獨使用，也可以混合使用。但是執行一套完整的行為改變方案時，宜配合有效的科學步驟，才能收效。因此，一般學者在擬定行為改變方案時，其先後依序，可因時因地因人制定，具有相當的彈性。

改變行爲的程序：(1)確定終局行爲（terminal behavior），訓練方案的第一步驟要確實指出擬予改變或養成行爲的最後目標，就是預期什麼樣的行爲，同時還要有適當的工具，衡量這一行爲。終局行爲有學業上、行動上、技能上和觀念上的指標。學業上所需的增進，如能讀出幾個詞句、算出幾位數的計算題、背幾行詩句、寫幾段文章等等。在行動上的矯正，即如打架、過分吵鬧、不合作、咬指甲、不整潔習慣等等的具體改變。所列出終局行爲必須要具體，其主要特徵是可以觀察，可以評量的，同時還要做受訓前和受訓後的比較。技能上的進步即爲操作行爲的程度，也必須可以觀察和評量訓練後的行爲變化，或行爲的正確性和速度。觀念上所需要的改變比較困難，因爲一種觀念或態度，是經日積月累的經驗過程中形成的。這種改變必須經過較長的時間，與實際情況的配合，始能奏效。

在各種訓練方案中，列出終局行爲，藉以核對訓練的過程，務期達到訓練的目標。在一般學校的教學方案中，列擧具體的教學目標，標示出其自我表現的程度，或經濟效能的程度。教學目標的標示，雖有極高度的哲學意義和價值，但未能具體的表現出教育目標所需的行爲，如智識、技能、態度及習慣的量化標準，這些目標形同虛設，永難達成。訓練目標若過於抽象時，就變爲空洞，不僅在施訓時含糊，且不容易觀測其訓練成果。具體的訓練目標，則達成此一目標的可能性較大。一種混淆不清的目標是難以推行和實現所預期的效果的。譬如：「加強民族精神教育，提高民族素質」，這個終局目標非常含糊，教學者和受訓者也無所適從，因此，我們就排幾門課程，幾次集會，而結束此方案。具體而確實的終局目標為：⑴受訓者實際訓練的操作情境裡，能以百分比或適當的數字標示其變化，並能配合數字和文字說明其間的關係。⑵完成訓練目標必須選擇完成其目標的邏輯，切勿跨越改變行為的邏輯而陷入反效果。⑶適當安排時數，配合於達成目標的量化標示，把握行為改變的方向。⑷確定成功的標準，及每一階段可量化的次級標準。訓練方案中的終局行為或訓練目標，若能敍述愈明確而具體，重點愈明顯，愈易遵遁，訓練結果自然也愈容易收到預期的效果。最近心理學者主張訂定訓練具體的行為目標，必須選擇或安排完成預期行為的邏輯依序。為便於訓練的進行，心理學者和教育學者通力研究行為組型，並已定出行為的三大領域，然後再分別排列更具體的行為類目。此等作法在行為科學上已普遍地受到重視和應用，尤以是在訂定行為目標時，極具參改價值。

㈠認識領域（cognitive domain）：在訓練過程中，往往偏重於智能的發展，學習的事實及解決問題等行為的型式。柏侖（Bloom, 1956）等人，將認識方面的訓練目標分為六大項：⑴知識：包括對所學習的基本事實資料、術語、公式、學說及原理原則的記憶。⑵理解：即把握對材料的意義，如能對所學習的材料，做適當的解釋或做摘要的簡述，則學習者已經進入理解的範圍中。⑶應用：將所學的知識應用於新的情境，亦即觀察其轉移的程度。⑷分析：將所要學的知識分爲幾個單元，並指出其各構成要素間的相互關係。⑸綜合：將所學的片段知識、事實、要素合成爲一套新的整體。⑹評鑑：著重於價值判斷，如根據精確度、熟習程度、科學邏輯以判斷其訓練前後的價值或差異。

㈡情感領域（affective domain）：學習或訓練的成就，與情感有密切關係。學習者的情緒行爲，如好惡、愛恨、態度、價值觀念及各種信念等等，都有根深蒂固的情緒內涵。柯拉斯荷(Krathwohl 1964)等人提出情感領域的層次：⑴注意和接受情報：分爲意識程度、願意接受和選擇注意等。⑵反應：分爲心中的默許、自願自發的反應、滿足的程度等等。⑶價值：分爲接受一種價值、偏愛一種價值、固執守著於一種價值等等的表現。⑷組織：分爲價值的概念化、價值體系的建立等等。⑸特質化：分爲心向、態度及信念等等的形式。以上情感領域可以看出，情感是人類行爲中最複雜的一面，也是人類生活中重要的一面，它具有崇高的社會價值及精神力量，促進行爲的各面向。

㈢動作領域：動作領域乃指技能與神經系統的協調，如教育上的「說」、「寫」、「手勢」、「運動技藝」以及動作等均屬此一領域。紀浦拉（Kibler, 1970）將動作領域分爲四個類目：⑴粗大身體運動：即手肩運動、腿部運動、全身運動。⑵精巧協調運動：即手指動作、手手眼協調、手耳協調、手眼腳協調、四肢與感官協調等等動作。⑶非語言溝通行爲：即面部表現、姿態、手勢等。⑷言語行爲：即發音、聲字聯結、控制音量、聲音與姿勢協調等等。

㈢行爲基準線

當訓練者決定訓練的終局行爲或訓練目標後，繼之，要評量和記錄受訓者的行爲基準（the baseline of behavior），並以圖示方式，表明受訓者有關的行爲現狀，評量受訓者的行爲現狀程度，即是所謂行爲基準。訓練者透過這項步驟，才能明瞭受訓者目前能做什麼？行爲出現的次數如何？目前不能做什麼？行爲基準資料，將能告訴訓練者宜從何處著手，或從那一方面協助受訓者。總之，任何性質的訓練，不論是補救性的、信息性的、新知性的或技能性的，最基本的工作是先研討有關行爲的長短處，藉查閱其過去的個案資料，實施現況的診斷，進行科學上的觀察，都是獲得行爲基線的有效方法。

行爲基線的分析評量，要注意下列幾點：⑴客觀性：行爲科學上的所謂客觀性係指受評量行爲必須是可觀察到的和可記錄的表現和資料。⑵穩定性：即行爲的基線描述，要能適當地及量化說明受訓者的行爲現狀。⑶信賴性：指兩位觀察者在同一時間評量同一行爲時，所得到的評價或結果的相關性，亦即是兩位評價者的評價，應當是相同的。信賴性也涉及到所要評量行爲的客觀性及穩定性。如果評量是不可信賴時，訓練不但不能獲得眞實進步的情形，也不能確定其所測出行為的實在，以及改變行為的方案的可靠性。

㈣改變行為的措施

改變行為必須佈署有利於個體的情境，而達成終局行為的條件。這種設計一方面要提供有效刺激，促進終局行為的出現，所謂有效刺激即指訓練過程中所用的變數，亦即適合於個體特性的訓練方法。另一方面又要排除訓練進行中的各種干擾，所謂干擾即指受訓者個體有關的，以及訓練環境有關的干擾。在訓練過程中干擾到終局行為的完成，則決定於受訓者的現況或條件。施金納的動物實驗來說，要訓練鴿子啄不同形狀的標示，而獲得基本需要的目標。鴿子在訓練環境中，各種儀器的設置，其高低及位置必須適合於鴿子的高度。如果想要訓練鴿子用翅膀打槓桿，槓桿的高低也必須適合鴿子的身材，並槓桿所需的操作壓力，必須適合於鴿子的體力所能壓得下的。在動物的實驗情境裡，要盡量排除其他不必要的刺激或裝置，以免增加訓練情境的複雜性而分散學習中的注意和干擾學習活動。學習環境中，無關的刺激太多，容易分散注意，使訓練過程紊亂，而到處操弄或探索，增加錯誤行為的出現頻率。這些錯誤行為對於終局行為來說，即屬於一種對抗行為，抵銷有效行為。所以，在實驗情境裡宜盡量減少其出現機會。

設計有利的學習情境，除物質環境的設備外，尚要考慮人的因素。因為人類行為的改變，要在和諧的人際關係中逐漸進行，所以，訓練者的信心、愛心和耐心是非常重要的一件事。尤以是對生心缺陷個體的訓練，這些因素更加重要。並要事先考慮何種增強物，亦即配合刺激變數的制約物，對受訓者確實有效。因為個體的生理需要、社會需要和心理需要不盡相同，他們對增強物而言，也有不同的吸引力，而反應出不同的行為強度。所以，考慮個體的增強物，必先考慮個體的需要和個體的所好。亦因時間和空間的改變而發生變化。甲種物能增強張三的乙項行為反應，但不一定增強兩項行為。馬托斯（Mattos，1969）研究以音樂來改變女孩童吸吮姆指的不良習慣，但對於改變其慢性的顏面痙攣，並未收到預期的效果。在使用增強物時，值得注意的是增強物只有在所期望的行為，發生優異的改變時才能給予。受增強後的反應，應是受訓者所要學習的態度，習慣或技能。同時施加增強物，必須隨著所期望行為的發生立即給予。因為延誤增強物的時間愈長，不相關的反應愈易發生。增強物的給予份量，也是值得注意。

第七章　社會行爲

人是社會動物。個體不斷地反應別人的經驗和動作，而發生互相間的互動關係和互動行爲。社會互動（ social interaction ）是一種社會過程和社會關係的型式，也是形成個體特性的主要因素。個體生存在社會中，也是一種互相依賴的關係，這個關係決定個體發展成爲一個完整個體的主要條件。

一、個體和團體

行爲科學家研究的焦點就是人類的行爲；心理學即以討論個體的行爲，其重心就是自我。自我的形式不是屬於自然或個別的發展，而是屬於交互關係中的發展。這就肯定了個體和團體間的重要關係。因爲個體任何一種行爲模式，都與別人的行爲有直接的關係。當我們討論嬰兒和兒童的行爲或人格的發展，我們必須了解這個孩子的家庭和學校中的重要他者（ significant others ），是個體情緒環境主要因素。所以，自我也是個體與其他個體的互動產物。人格形成的基礎也在於互動。這就是說，我們可以從個體在兒童時期與其父母兄弟姊妹在家庭的互動關係中，形成成人的基本態度、情感和價値體系。這種概念上的形成，也卽是自我的形成。當自我出現並定形後，卽很難受其他自我的影響，而改變自我的結構。因此，我們就喜歡接近或接受與我們態度、觀念和價値體系相同的人，以免我們的自我受不同體系的自我所威脅。

自我形成的過程，是社會化過程。社會化過程是形成社會行爲的關鍵；也卽社會行爲是在社會化過程中養成的。社會化過程包括人格發展的許多因素：(1)情緒的成熟：嬰兒和兒童時期的情緒，較受生理條件所支配，但隨著社會化過程，由於自我的發展，而會節制情緒的表現，以符合社會的要求。(2)群性的發展：在社會化過程中，嬰兒和兒童乃以自我中心的性格而反應。這種唯我中心的生理特性，必須由學習而與別人維持良好的相處，發展群性，增進社會關係。(3)認識能力的增進：個體誕生在一個特殊的文化社會，他必須學習該文化中的要素，始能適應該社會而生存。這些要素包括運用語文、符號和概念系統的能力，以保證人際間情意、經驗和知識的溝通。(4)認知的客觀化：個體在社會化過程中要能淸楚認識現實和意義，並發展適當的經驗，才能使其認知體系趨於正常，並維持正確的社會認知。(5)行爲的合理化：個體發展必須求自我、本我和超我的平行發展，才能使行爲符合於社會規範和社會期待。(6)動機的培養：在社會化過程中，必須培養適當的社會動機，使其符合於社會生存和有意義生活的功用。這種動機亦稱爲成就動機。(7)自我觀念的發展：個體在社會化過程中，其周圍的人物不斷地反應個體的行爲，促使他的自我發展。如何協助個體，使他對本身有正確的認識，和體會自我的價值及認同體系的建立，是社會化過程中的重要措施。

二、自我的概念

人格理論學者均認為人格的結構分本我、自我和超我三大部分。本我是屬於生理性的；自我是屬於心理性的；超我是屬於社會文化性的。人類初生後，是一個本我的特質，這種依生理需要而行動的特質，不一定能符合於人類既有的社會和文化規範，所以社會和文化的力量就通過家庭、學校、宗教等機構中的人物和其信念，將規範加壓在嬰兒或兒童之本我之上。本我為適應超我的壓力，自我逐漸長大，藉以調整本我和超我間的關係，使個體能適當地生存下去。在這個過程中，會出現幾個與自我有關的重要現象，諸如認同問題（ identity ）、非所欲自我（ the unwanted self ）、自我概念等等。

㈠認同問題

自我在發展的過程中，最簡易的保護自我安全，乃在於模仿別人的行為，從而減少可能出現的困擾或傷害。個體為延續其生存，必須要與其他的人發生某種關係，以攝取生理、心理和社會的需要。因而，保存生理歷程的需要和心理歷程的安全，其最有效的應付方法是將我們所有的資源，與別人結合在一起，免得招來非議。尤其是在文明的複雜社會裡，所有個體之基本需要的獲得，必須學習和接受既有的規範，才能與其他的人共同生活、共同工作。

(二)非所欲自我

個體為了與其他個體聯合，不能完全憑他自己的立場或特性而行動，或要求別人遷就他。社會是有文化的、有歷史的、有傳統的、有既成規範的，個體在這種社會中生存，必須損失其部分的獨立性或自主性，去迎合生存於團體的條件。此種過程發生於不知不覺之中。有時候團體強制個體鄙視其自我身份，而這種壓力與個體的自我概念不吻合時，則會引起個體的注意。如一個兒童因移民的緣故，置身於一所不同種族、宗教或文化的新環境中，他可能受同班同學的嘲弄，接受一個「非所欲自我的身份」。

(三)自我概念

自我概念早在哲學和神學的研究中，就提出這個問題。到十九世紀心理學剛發展時，對自我的研究非常流行。因為心理學開始之初，主要的工具是以內省法為主，又重視心靈的探討，所以自我就成為最好的題材。一八七九年溫特（Wundt）在德國萊布希大學首創心理學實驗室，稍後實驗方法漸漸取代內省法，對自我的研究就受到漠視。其間雖有詹姆斯（James）、巴德文（Baldwin）、柯勵（Cooley）在心理社會方面提出對自我的討論，終因不合時潮未能普遍引起重視。這種冰凍的情形，一直到一九三〇年以後才溶解。先是新佛洛以德學派的興起，後有米德（Mead）和莫雷諾（Moreno）等人類學和社會學的興趣，再使社會自我的論調風行，到最近歐爾波特（Allport）、馬斯樓（Maslow）、羅傑斯（Rogers）等人格心理學的提倡和討論，才使對「自我」的研究日益受學術界的重視。「自我」涉及的領域非常廣泛，舉凡人際關係、認知理論、心理病態、價值觀念、偏差行為、心理治療、學習心理、青少年問題、學習動機、社會控制等，都與自我理論有關。因之自我理論就與社會心理學及人格心理學發生深切的關係。

自我所涵蓋的意義：其一專指個體對他自己的態度、看法和感情。因之自我是一種對自己的意像（image），也是把自己當作認知的一種對象而言。另一個意義是指個體的思考、感受和認知的運作，而根據此運作與外界發生互動關係。自我是代表協調內在需要和外界的要求，保持人格的完整和指揮生活適應的一組心理活動。因此，自我是個體對他自己的反應方式，其反應有對自身的認知、對自身的評價以及對自身的擴展和防禦的獨特方式。從上述的理論來看，自我是由一套態度和價值所組成的，因為自我包括其自身的生理條件之外，還與對外界的事物、人物和價值觀念有關。自我不是先天遺傳的品質，而是在後天的環境中習得，在生活過程中逐漸發展而成，是個體和環境交互的產物。

自我的功能包括：⑴個體對自己軀體的認知。⑵個體的自我認同。⑶自我的滿足感、自重感、卑賤感等自我增值（ self-enhancement ）的功能。⑷自我擴張（ self-extension ），即自我所擁有的諸種屬性的觀念和關係：如父母、家庭、同學、衣物、社區、信仰、價值觀念、國家等等。這些屬物因接觸日久，而帶有感情色彩，使人視之如己，有切身之感。是故自我介入的程度愈廣，也與自我擴伸有同樣的意義。⑸自我形象（ self-image ）：包括對自己的能力、身份、角色等形象的認知，以及對將來的理想的影像而言。⑹自我實現（ self-realization ）：即人格發展至自我擴伸的階段以後，個體開始有自我形象的存在，並企求實現其理想。在自我實現的情形下，個體能維持推動目的性之各種活動。

三、社會化的過程

社會化是一種傳播文化的方式，使個體能接受該文化的規範，而能適應於一種有組織生活的過程。社會化在這一種意義上，即包含全人生的過程。這種過程開始甚早，最初在家庭中學習團體生活。由於個體的生存必須參與某種社會型式與制度，從其過程，他就會體驗到遵守和實行紀律的重要，並在其過程中發展新的價值。從個體方面來看，社會化爲實現個體成長與發展的可能。通過社會化的措施，將生物體或有機體的人性，賦與社會和文化意義，而將有機體變成爲一種自我，或一種自我意識，而表現出有紀律和有秩序的行為，並在整個自我的活動中，延伸其活動到超越現實的境界，使自我充滿理想、價值規範和目標等。自我價值藉此提高，自我表現也藉此實現。所以，社會化有傳播文化與發展人格的雙重意義。

人類嬰兒如同其他的有機體，具備有動物的需要和衝動。這些性質必須加以社會化的措施，予以修改，使之成為社會文化可以接受的機體，譬如人類生來就有發音的能力，但唯有社會化後才能表現出使用言語的能力。人類的生存必須靠著需要的滿足。當需要產生時，隨即產生一股強有力的衝動或驅力，這是人類生存本能之所據。假如這一股衝動和驅力，不加以規範化時，人類群居的秩序就會破壞，合作的可能就會消失。如果人類為了緩和衝動和驅力、互相侵略，任憑個體所需而行動時，就無法生存。所以，既存的文化規範或經驗，用來輔導人類的活動，使這種活動能適合於既存社會的安定和發展。

人類社會化的可能在於人類的羣居性，以及幼兒、兒童及青年期中的依賴性而來的。群居和依賴必然發生互動作用。動物心理學者研究動物在幼小的時候，不與同類的動物發生身體的接觸和互動時，長大以後會造成行為的錯亂；尤其是在找配偶的行為會造成極大的困擾和問題。設使這些被隔離的動物懷孕至生產，也不能表現出母性的行為，而經常虐待牠所生的小動物。何樓實驗將小猴子與生母隔離，而餵養在一個裝有兩個假母的籠子裡；其中一隻是用鐵絲編成的，而另一隻則用軟布做成。這兩隻假母都裝上瓶子的食物，使小猴子吸食。這兩個假母都備有相同的食物來餵食。但是那些吃鐵絲假母的小猴子，大半的時間都依偎在軟布假母的身上。這個研究指出，在動物的生長和發展過程中，似乎有一股生物的驅力，要作身體的接觸，以滿足其心理需要。當這些小猴子遇到可怕或陌生的東西時，都跑到軟布假母那邊，並抱緊它。如果移走軟布假母而只有鐵絲假母時，遇到陌生或恐懼的情況，就只嚇得發抖。當其恐懼減退之後，牠們又開始探究陌生的東西，後又回到軟布的母親那邊去。軟布假母有鎮驚和安全的作用，使小猴子獲得滿足。行為科學家觀察人類生長的過程中，幼稚的個體與其母體的接觸，是生長和發展過程中，不可缺乏的心理營養品。從接觸中獲得及證實心理上的安全，使其順利生長。

人類比起其他的動物，有長時期依賴和接觸的需要，此種需要使人類的嬰兒能學習社會生活的技術，以及與父母兄弟姊妹建立永久的感情。因為嬰兒不能自立，小孩並不懂事；但是在經過社會化後，社會控制的各種措施，使生物的各種因素納入家庭制度。又長期的身體依賴和接觸，使孩童與成人之間發生深刻的感情關係。社會化過程也是學習的過程。人類學習的能力與其語言的能力有直接的關係。人類有語言的互動，才能有系統的知識性的互動，互相分享經驗和知識。語言也能表現出感情、價值、態度和事實。語言是人類社會生活很重要的媒介，促使人類互相間有效的互動。

社會透過社會化各種措施，教孩童了解他的需要和滿足，必須與其團體發生密切的關係，並在團體中發展其潛力，尋求穩定而有意義的生活。所以，社會化主要的目的爲：⑴教導基本紀律，其範圍從基本的衞生訓練到複雜的科學方法。孩童若缺乏紀律的行爲，其衝動將會使其不安。有紀律的行爲始能獲得社會的認可。⑵社會化灌輸期待和行爲規範，使行爲合乎社會的需要。假如一種行爲循著文化價值方向進行時，這種行爲會受到嘉許，而帶來自我的各種滿足。社會化也是教導個體如何去追求理想，獲得幸福的人生。⑶社會化是教導個體如何去扮演社會角色，使他在社會生活的過程中，從扮演角色而獲取需要和維持關係。⑷社會化是教導個體生存的方法，亦即教導個體去接受技藝，扮演工作角色，維持需要的水準，使個體能生存於社會。在傳統的社會中，教導技藝的方法是以世代相傳，並在日常生活中模仿與練習。但在科技進步的社會，要透過正式教育，教導各種技能。假如個體在社會化過程中學習不了智識技藝時，在經濟方面因爲他不是生產者，而被排棄到社會的邊緣。所以，正式教育也是有效社會化的機構。

四、自我的特質

社會化的結果造成自我；當個體接受團體的規範和價值時，則會在其自我結構中發生變化。社會化過程創造出自我有三方面的意義：⑴社會化創造一種自我形象：在人際互動的過程中，個體會體驗到他自己是個主動的「自我」，因爲其他的人對於這個「主動的自我」所表現的態度和反應，會發展出一種自我形象；亦卽他觀察其他的人對他反應的方式而接受自己的一種見解。造成自我形象大部份是由於其他的人所表現的感情態度：認可或不認可、接受或拒絕、尊重或鄙視、關心或冷漠的態度所定。臨床心理學已經發現案主的自我形像，已經在社會化過程中受到創傷，尤其是受父母、老師或朋儕的忽略，剝奪及拒絕的情況中，使案主的自我形象變形。⑵社會化創造理想的自我：個體根據別人的態度，創造出一種形象，卽他應該如何做才能得到別人的愛情和認可。為獲得愛情和認可，個體對他本身會造成一種理想的形象，把自我與理想中的價值、目標及角色視為一致。⑶社會化創造一種自我，使其扮演社會角色，並獲得所需的技藝，適應社會生活。父母對其幼年子女的行為，促使其自制和自立，孩子長大了則可望其發展內在的控制，建立其與世界的關係並確定自己的目標。因此，社會化的過程乃建立一種自我，並能夠控制和指導自己的行為。

個體在社會化過程中是扮演主動的角色，個體並不以消極的態度吸收社會化過程中所給予的各種價值，他可能順利地接受、拒絕或修改社會化過程中給予他的價值。自我是社會的互動結果，個體無法與其周圍的情況和環境互動時，自我不得健全，自我的發展只有在互動之下才能出現。並且最有意義的互動是具有情緒性的活動，因為在情緒的互動過程中，對人格的核心有一種更為持久的影響。因之，由社會化過程所形成的自我，其機能之適當與否，要視下表：

自我的機能

自我的機能	勝任的自我	無能的自我
忍受挫折	能以另一目標代替遭受阻礙的目標	有一種暴躁的脾氣
應付不安、憂慮及恐懼	能夠發展心理的「防衞機能」	只能逃避或攻擊
抵抗誘惑	爲了長期的目標而能抵抗最近的滿足	尋求希望最近的滿足
衡量實際	針對特殊的環境和人而調適行爲	可能把所有權威人物視同父母
面對犯罪	有犯罪感且能改過	很少有犯罪感且欲逃避犯罪
建立內在的控制	雖無外在的督導亦能從事內在的控制	如無外在的督導，很快淪爲放肆的行爲
抵抗團體的陶醉	慢慢的反應團體的興奮	在團體興奮的影響之下容易失去控制
實際的觀察規則與慣例	並不覺得爲規則與慣例所迫害	把規則與慣例說成對付自我
對付失敗、成功及過錯	能夠改過並以成功爲光榮	過錯表示毫無價值，成功表示絕對價值
維護自我的完整	表現而不失去自己在團體活動當中的價值	容易屈服團體的權威

材料取自Fritz Redl與David Wineman二氏合著Children Who Hate： The Disorganization and Breakdown of Behavior Controls 一書（Glencoe自由出版社一九五一年版）第三章" The Ego That Cannot Perform。

互動最重要的場所乃是家庭。父母與子女間的互動，使子女發展其情緒、智力、認識力等等。父母對其子女所使用的社會化措施，有兩種模式：一種模式爲指向服從，也可稱爲「約束的社會化」；另一種模式爲指向得到個體自願的參加，稱之爲「合作的社會化」。約束社會化強調懲罰錯誤行爲，強調服從，以及外在的控制。父母溺愛孩子，但也會使用體罰，羞辱及嘲笑等方式，來建立其行爲模式或使用命令的方式來約束兒童行爲的表現，使行爲在習慣性的反應過程中，趨於穩定。合作社會化乃由獎勵良好的行爲，以對話的方式促進意見的溝通，希望孩子說出他自己的需要和慾望，及對於成人世界的反應。合作社會化是以兒童爲中心，成人所負的責任是領悟孩子的需要，而非希望孩子領悟父母的希望。

角色是自我的表現。社會化的一部分功能是在學習社會地位和社會角色。一位醫生的角色是醫治疾病，減輕病者的痛苦，幫助病者和忠於職業。角色指明關係的條件，聯繫兩人或數人的互動關係，如醫生和病人，教師和學生，丈夫和妻子等等。角色與人格的完整關係至爲密切。通常角色可分爲性的角色、家庭角色及職業角色三種。當個體喪失其角色，也即喪失其自尊。角色的活動能滿足個體的需要，並通過角色表現出自我的能力和特質。

五、規範與角色

個體生活在社會中，受旣有的社會規範、文化特質等所約制。本段我們將討論社會規範、角色、參考群等等。

㈠社會規範

社會心理學者薛里富（ Shrief,1936 ）在暗室中光線的實驗。當光線照在黑暗的幕上，光線是不動的，但是被試者都說光線在移動，且移動三至四吋或六至七吋不等。這種移動的估價乃根據於被試者的規範作爲基礎。當被試者以二或三人爲一組，並且要他估價光線的運動距離，則會傾向於減少差別而趨一致。他們所做的估價即受團體的規範所影響。薛氏認爲團體規範常凌駕於個體規範之上。牛卡姆（Newcomb）也認爲團體有了規範之後，會產生標準，這標準限定了團體中的溝通和互動。團體的規範是行爲的準則，使行爲一致。就公車或辦事的排隊來說，英美國家的人，不敢隨便插入排隊行列之中，假如這樣做的時候，排隊的人就會責備插入隊伍的人。在我們的文化裡插入排隊的行列中也少有人去責備他。

團體規範不一定產生一種行爲方式，有時候會產生數種方式，都是可以接受的行爲。在美國慶祝聖誕節是一種規範，但是慶祝的方式很多：有人到教堂，有人送禮物，有人做裝飾，有人開派對。這些行爲對聖誕節的行爲規範都是相應的。

㈡社會角色

有關角色的研究，最早研究的是美國學者米德（ G.H.Mead,1934 ），他著有「心靈、自我與社會」（Mind,Self and Society），強調個體的社會行動中，扮演角色行爲的重要性。個體對角色的扮演，乃先取樣別人的角色。當他扮演角色等，不是在孤獨的環境中行動，而是在意識到別人的存在而行動。米德也研究兒童的遊戲，說明兒童在社會情境中扮演自身和別人的角色。角色理論的發展，受到社會心理學者、人格心理學者、人類學者的重視，迄今，使用角色的理論相當廣泛。

㈢角色理論

關於角色的定義，畢特爾和多馬斯（Biddle and Thomas, 1966）認爲角色是個體的行爲母型（Matrix）。其他學者的定義也認爲角色是一種互動行爲、規範行爲、人格行爲等特質。社會心理學者歐爾波特認爲角色是參與社會生活的一種行爲模式。所以角色不只是個體的行爲特性而已，也是行爲的互動特性。這種互動性的角色行爲，自然是基於社會文化結構和規範所約制。總之，角色是社會期許於某一特定類別的人所應表現的行爲模式。其類別乃指生理特性：如年齡、性別。文化社會特性：種族、宗教、職業、家庭、專技等等，所構成的角色。

角色理論係建立於角色有關的複合名詞上。這些複合名詞包括：角色期待（ role-expectation ），角色認知（ role-perception ），角色演出（ role-enactment ），角色技術（ role-skill ），角色接替（ role-taking ），角色衝突（ role-conflict ）等等。角色期待卽指個體所代表的一套固定的行爲模式，他置身於社會中應表現的行動，也是社會期待他表現出的行爲模式。因此，角色期待是被其他的人所期待的行動或特質。角色認知即指角色者主觀的自我觀。個體對他自己的認知不見得就是實際存在的，而不過是他以爲是存在的。個體對所行使角色的主觀想法與社會客觀的要求，可能不盡符合。如一位教師認爲善盡教學職責，愛護學生就扮演好老師；但社會也許除了有關做好教學任務外，還要求私生活的檢束，安貧樂道、生活嚴肅、任勞任怨等。若這些行爲與特質，未爲某些教師所認知，也即角色認知和角色期待間發生差距，那就會跟著發生不適應的問題。角色演出即是角色執行（role-performance），是指角色實際的行使。角色演出是個體行使其角色權利和義務的行動。其演出是否適當，要視其適合性、合理性或信服性。適合性即指其所表現的行動是否與其社會職位配合，是否合乎時宜，合乎情境，即是合乎角色的要求。合理性即正當性，意謂所表現的行爲是否符合規範標準。信服性即是使其周圍的人能相信和接受其所行使的角色。角色演出也可稱爲角色的扮演（role-playing）。角色技術即指個體要有效地、逼眞地演出其角色應具備的性質，亦即由學習和經驗，瞭解本身該演的角色，並能瞭解別人的能力，以及足夠的社會敏感性和各種正確的社會認知體系，使他順利地、適當地演出角色。另一方面角色的技術也包括動作技術，如適當的姿態、動作、表情、聲調等。角色接替即是透過別人的角色架構，設身處地去瞭解或預期此人的行動過程。任何社會適應良好的人，總是有角色接替的能力，此即爲個體在表達情意和行動時，必須設身處地站在對方的立場，才能有效地把意志、行動或語詞作有效的溝通。角色接替有幾種情形：一者爲採納別人的觀點爲己有。二者爲企圖瞭解別人的角色，還有從角色的互動結果來瞭解本身的行爲特質。角色衝突可分爲角色間的衝突（ inter role conflict ）和角色內的衝突（ intra role conflict ）。角色間的衝突卽個體據有兩個以上相互衝突的角色，無法加以協調。例如身爲家庭主婦和職業婦女的角色，很難兼顧，而形成一種心理衝突。角色衝突乃是兩個以上的團體對同一角色有不同的期待，使行使角色者無所適從。

社會行爲的解釋，以心理分析的自我觀念爲基礎，並以角色原理爲社會行爲的解釋。賴特蔓（ Wrightman，1977 ）認爲自我觀念和角色原理應爲社會行爲的基礎學問，因爲這兩個理論涉及人格的基本反應模式。角色是社會活動的工具，沒有角色卽納不進社會中的互動。角色是一組適合於個體處在特殊社會關連的行爲功能，進行社會互動。當個體在執行其角色時，由其周圍的人的互動和反應，而造成態度。

除自我觀念和角色原理外，對人類社會行爲的研究爲刺激和反應原理。金伯爾（ Kimble，1961 ）認爲不論由外界或內在的刺激，都會使個體產生某種反應。如果反應有良好的結果，則行爲獲得增強。賴特蔓根據刺激和反應的社會行爲，歸納爲：(1)摸仿的社會行爲：這種看法開始於米勒和杜拉特（ Miller and Dollard,1941 ）的研究，模仿是學習社會行爲的主要關鍵，因爲個體模仿社會中既存的行爲型式，是適合和順從於社會規範。⑵社會學習的理論也指出，刺激和反應是獲得社會行爲的主要途徑。社會行爲也是一種社會交換（ social exchange ）的交互型式。還有場域原理（ field theory ）也用來解釋人的社會行爲，因爲這個原理的重點在於行爲是人與環境的互動（ B＝f（P. E） ）。人即包括遺傳特質、能力、人格特質等等；環境即以生命空間（ life space ）中所產生的緊張，而推動個體在社會中的行爲。

㈣社會態度

態度是內在心理體系的特質，是內心的預向，是動作的趨向，是判斷或思考的導向，是先有觀念的傾向。態度是有組織的架構，內含思想、感情和行動的可能性；思想包括看法和想法，亦即有認知的成份（ cognitive component ）。感情包括個體對對象的好惡，也是態度的情感部分（ affective component ）。行動部份包括對某種對象的行動可能性，也是態度的行爲成份（ behavior component ）。既然態度是一種心理過程，在後天的學習或互動過程中養成的，所以態度持久不變，態度中還包含動機和情緒。何南蘭、羅森堡、馬基尼（Hovland ,Rosonberg McGinees ,1960 ）就態度是反應的預向提出的概念模式爲：

刺激 → 態度 →
- 情感的—交感神經反應情感的口述。
- 認知的—知覺反應，信念的口述。
- 行動的—外在行動，行動的口述。

刺激包括其他個體、情境、社會問題、社會團體及其他態度的對象。這些刺激到個體以後，經態度的過濾，而顯出情感的、認知的和行動的三種反應。可是這些反應不能直接觀察出來，需經測量儀器或測量表顯示出交感神經反應、情感的口述、知覺的反應、信念的口述、外在的行動和行動的口述，才能間接的推測。歐爾波特認為態度是對於對象與情境，在神經系統中，佈置好的反應預備。牛卡姆以態度是對某種對象做一個價值判斷，而由這價值判斷產生行動的預向。謝爾富認為態度不是天生的，而是一種社會驅力、社會需求、社會取向等，具有社會性動機的含義。態度的形成是在互動過程中習得。

早在本世紀三十年代，社會心理學者對研究態度，如沙士頓（Thurstone，1929）的態度測量法，賴卡特（Likert，1932）的態度衡量表等等，衡量態度的量表，而求態度的量表值。至於費斯丁嘉（Festinger，1947）和古特蔓（Guttman，1950）以尺度數值的方式，探求態度的特性，也是研究態度的一種方法。還有運用心理分析的原則而設計，研究態度的自由反應法（Free Response Method），重在測驗出態度中的認知性內容，而其實際的工具以開放式問卷（open-end questionnaire），讓受測者有充分的自由，轉移出內在的感情。還有開放式的協談，也是一種測驗內在認知性或情感性的反應，藉此獲知態度的內涵。此種自由反應的方法，所得的資料多半是語文性的，多屬於認知方面或情感性的反應。至於早期包嘉拉斯（Bogardus）所提出社會距離的測量表，配以各種先定的平均值，測出態度，也是一種方法。

態度的理論是由認知論或學習增強論而發展的。依認知論而結構態度的學者，認爲個體在社會環境中的對象所形成的動機、情緒和認知的過程。態度的形成由內部的因素，即爲已存有的態度，如對人、事件的動機及外來的因素的社會情境而形成的。基於態度形成的理論所擬定的改變態度的方法爲：溝通方法、接觸方法等等。目前發現：⑴教育程度愈高，愈接受印刷品的傳播效果愈大，教育程度愈低的人，聽講的媒介愈有傳播的效果。⑵企圖改變態度者的性格與被改變者對他的認知，決定態度的改變。信任爲改變態度的關鍵。⑶適當運用訴諸感情或訴諸理性都可能使態度改變。⑷將重點呈現的順序，比較重要的放在前面，即較能使態度改變。⑸參與討論比講解較能使態度改變。⑹團體的決定比個人的決定較容易使態度改變。⑺適當的接觸能改變態度。

六、參考羣與階級行爲

(一)參考羣

所謂參考群即指，凡團體的規範和標準，可用作個體的範型者，稱之為該個體的參考群。當個體開始行動時，將團體的規範作為他的照鏡，放在他的心理體系中，影響他的思想、判斷和態度。所謂參考群者，個體不一定要做它的份子或成員，只要個體對該團體的規範作為思想和行動的準則，則為參考群。因此，個體對某團體羨慕、崇拜，但不一定被這個團體接受為一份子。比如一個有名的運動球隊，為許多青少年所羨慕，這個球隊自然也是這一批年輕人的參考群。再如電視上的人物，被青年們所崇拜，也是青年們的參考群，因為他們在意識或下意識的運作裡，盡可能模仿他們的語言或行動，依照這群影星所供給的範行而行動。因此，我們可以說，有群中參考群和群外參考群兩種。

現代社會裡個體間的各種接觸，都與團體或社團有密切的關係。現代社會的功能也是社團或團體的功能，所以，個體寧願以他本身的自由和自主，交換別人可以給他的接受和支持。個體隸屬於團體，可以協助個體發展各種社會特性，尤以個體的自我觀念尤甚。假如個體接受一個團體時，這個團體就很容易變為他的參考群，可是這並非必然的，主要的是要看這個團體對個體的影響而言。

(二)階級行為

人類自有文化的開始，人們的行爲就依據其社會階級而行動。因爲階級本身是一種文化特質，這種特質根深蒂固地種植在人人心目中。一般來說，下等階級的人以爲他們是熱誠的、慷慨的、實際的、忠誠的、勤勉的；而對上等階級的人視爲腐化的、冷酷的、私利的、懶惰的、不實際的、不可靠的。可是上層階級的人卻自認是有教養的、有識別能力的、有自克能力的、進步的、聰明的，並傾向於視下層階級的人爲愚笨的、無禮貌的、汚穢的、粗俗的、不可靠的、無規範的。這些階級間的互相觀點有顯然的偏見。社會階級的各自評價有一種傾向，即視本身的階級爲有價值的、有貢獻的和完全的。

聞名的「洋客城」研究（Yankee City Study）指出，訂定階級區分不能只根據收入或財富來指認各不相同的社會水平或社會階級，而是要根據行爲型態來決定。收入不是區分階級的唯一標準；因爲有許多最高階級者，其收入不一定比中等階級多，並且在低級的操作機械勞工，其收入還比中層階級的教師、社會工作員爲多。華納（Warner）的研究指出洋客城的居民可以用許多效標來指出一個人的社會地位。其中的一個效標是工作或職業的性質，即以無技術的工人和長期失業者爲最低，至自由職業和經理工作的工作人員爲最高。在收入的種類上反映出他們各別的社會地位。在收入的型態方面，和社會階級的區別爲按時計資者爲最下層，然後以週、以月、以年計薪者，至由投資和財產收入爲最高。其他還有教育、家庭、社會關係、居住區域等等因素，也與社會階級有密切關係。階級影響行爲，諸如閱讀何種報紙、雜誌，參加何種教堂，以至如何取理或分配休閒的活動方式等等，都與階級有關。根據上述的效標，華納指出一個包括六個階級的社會地位，卽上上階級（ upper upper class 4% ），下上階級（ lower upper class 4% ），上中階級（ upper middle class 16% ），下中階級（ lower middle class 28% ），上下階級（ upper lower class 32% ），下下階級（ lower lower class 26% ）。謝爾夫（ Shrief, 1964 ）研究社會地位和休閒活動時發現，上層階級和下層階級的青年，花費在電視上的時間有顯然的差別；高階級青年對觀看電視的時間及興趣較少，而下階級青年較多，且有濃厚的興趣。上階級的青年由於教育水準也較高，其休閒活動都與金錢的消費有高度的關係。

傅農芬伯納（ Bronfenbrener, 1958 ）研究社會階級及其兒童習慣的關係時指出，中等階級和下等階級的父母，教育方式不同，中等階級的父母對其兒童比較寬容，但有高度的期待及希望子女的自立，參與家務，以及成績的進步。中等階級的父母，其教育方式趨於民主和接受，而下等階級則趨於保守和服從，並常施以體罰。在美國社會學研究的領域中，已經發現中等階級的家庭，對其兒童獨立性的訓練和期待他們的成就，比下等階級強的多。在智商方面的測驗也指出，智商較高的兒童，傾向於來自雙親的教育水準較高，在他們所住的社區中超過其他的住民等現象。

沈達斯（Centers，1956）研究下層社會中勞工團體的態度，指出下層階級的人士較趨向於一種權威主義，並對他們的子女要求較高的服從，及施以體罰等。雷牟斯在一九五〇年研究社會階級和權威主義的關係時指出，依父母的教育程度較低和收入數量較少，都與權威主義有關；相反地凡父母的教育程度愈高，收入較多的，都與平等主義、民主態度、寬容作風有關。羅樸（Loeb，1953）研究社會階級時發現中層階級是美國文化的「核心團體」；而下層階級的人向著達成「核心團體」的價值和行爲而努力；上層階級也以修正「核心團體」的文化而努力。所以，中等階級的文化可以說是美國文化的代表。中等階級的文化，其中心乃是家庭，因此中等階級的社會中，家庭對該文化的維持有相當的貢獻。

巴勵遜和施添拿（Berelson and Steiner，1973）指出任何社會都有它的階級，階級會產生階級行爲。社會愈複雜，階級愈多。尤以今日的社會，愈趨於專業化和高度的分工化下，愈產生更多的階級，這些階級均以政治性的、經濟性的、宗教性的爲基礎而發展。巴施兩氏認爲產生現代社會層次（social stratification）的原因：⑴社會變遷：社會變遷的速度卽由科技發展所導致。變遷愈快，社會層次愈多，而社會階級愈弱。⑵工業化：社會愈向工業化方向發展，社會層次的體系也愈明顯。⑶都市化：社會愈都市化，社會差異和社會層次也增加。

(4)社會理想：社會趨於接受平等主義的哲理，社會層次亦愈開放。(5)教育：教育愈普及，社會層次也愈開放。

巴、施兩氏綜合階級行為的特質：(1)階級愈高，流動性行為愈低。(2)階級和精神病有相關關係，階級愈低，精神病率愈高；階級愈高，神經病率愈高。(3)階級愈高生育率愈低。(4)低級家庭的父母對兒童督導較少，使用權威較多。(5)婚姻對象的選擇以同階級為主，在階級中地位愈接近，婚姻關係的適應愈順利。(6)社會階級愈高則愈晚婚，愈低則愈容易產生家庭的不穩定。(7)中階級者對社會的價值和標準，比較尊重。(8)低級的人對政治問題較容易取極端的態度。

至於階級的轉變，因為以往的階級所持的情感和態度、觀念和行為都附帶在人格體系中，所以階級的變遷也會成為適應上的困難問題。當一位下層階級的人進入中等階級的圈子裡，他大概要離開本來的住所，疏遠原來結交的親友，並在心理中產生矛盾和衝突。他對本來階級的忠誠，在一時之間要離開這個階級，使他產生罪惡感，尤以他的親友因為他的疏遠也會責罵。社會階級的轉變，亦即是社會地位的轉變，在這轉變過程中，他會遭遇到新的要求、新的期望、新的態度和新的行為方式等等。這種基本改變的前提，乃是要求自我概念的轉變。自我概念的改變，伴隨著價值觀念的改變。從心理學上來說，一個人的改變會產生不安全感，因為在轉變的一段時間中，他不能確定以何種行為來適應何種情境，也許他在一段時間內所扮演的行為，對該新階級來說並不一定合適。

第八章　適應行爲

現代人面臨著一些嚴重的問題，就是在高度變遷的社會中，如何適應各種不同的文化規範，日日加重的社會壓力以及應付複雜的工作和人群關係。人類體驗到大多數的心理困擾是由於個體不能順應或適應社會的生活和工作，而構成心理體系中，重大的壓力，使個體在行爲上的表現產生偏向。在快速的文化變遷或社會變遷的過程中，社會價值、社會規範、社會觀念和社會標準不斷地變動。因此，如何以和諧的情緒來適應現代社會的變遷和要求，是現代人面臨的課題。在本章我們將討論有關於適應行爲的諸問題。

一、心理機能和適應行爲

社會急激的變化，能使個體對急變環境之適應產生困難。這種困難的心態稱之爲學習失據（learning dilemmas），亦即不知從何學習，如何學習及如何因應。一個新情況的出現，不可能用以前有效的反應方式來達成。假如個體遭遇到一種新情況的發生，通常是以某種程度的情緒困擾來反應。這種反應就是一種挫折的心理狀態。

挫折會對自我概念和適應能力構成威脅或削弱。這時候自我需要和自我活動會呈現消極、不安、不滿的現象，有時候出現某種新情況，而個體缺乏先前的經驗，束手無策，不知如何去反應。遇到這種適應上的困難時，個體會以「外怒」或「內怒」的方式去應付它；外怒即是對環境或新情況的積恨或責備。內怒即是積憂於其心理體系之中。當個體遭遇到困擾的情境時，會反覆地出現憂慮、激怒、沮喪和茫然。可是個體不可以長期處在這種狀態來應付外來或內在的衝擊，他必須適當地運轉其心理機能，亦即防禦機能（defense mechansim）或自欺機能（self-deceiting mechansim），採取主觀上認為適當的措施，藉此緩和內在的緊張。防禦機能本是一種刻板的或標準化的行為反應方式，具有某種儀式主義的含義。所謂刻板或標準化乃藉此行為採取某種方式的態度、藉詞、姿勢、信念或習慣，來緩和或轉變各種困境。防禦心理與激發焦慮的環境並無直接關係，但對個體所產生的焦慮，以防禦機能的各種方式來應付之。因為個體處在焦慮中，他有極不舒適和痛苦的感受。防禦機能是個體適應的方法，藉此避免困擾情緒的發生。因此，防禦機能也是一種保護自我概念和自我尊嚴的心理運作。自我防禦機能的運作是沒有邏輯的，而是受個體主觀的情緒所支配，亦不考慮自我真實的狀態，不檢查自我行為的缺失。心理分析學者在實驗方面，依心理中之壓抑和敏感，將被實驗者分為兩組進行實驗。實驗的工具是以壓抑和敏感的量表，衡量個體在這種情況下的變化。壓抑者在量表中顯出低分，表示壓抑者傾向於運用逃避、否認、退卻的心理機能來對付情況；而敏感者得高分者是傾向於運用心理防禦機能，直接應付產生焦慮的情境。敏感者往往會誇大情境中的威脅的可能性；壓抑者傾向於忽視或遺忘他們的失敗或不適當的地方，並敏感者毫無困難地回憶其困境。

自我防禦機能的種類有：壓抑（ repression ）、昇華（ sublimation ）、反應構造（ reaction formation ）、替位敵對（ displaced hostility ），依從（ conformity ）、認知硬化（ perceptual rigidity ）和托詞（ rationalization ）等等。壓抑即對行爲之重要細節，會無意識地遺忘或加以否認，亦即將痛苦的經驗無意識地把它抑壓下來。當一種痛苦情形，不符合於自我認知中的自我意象時，由痛苦所產生的感情和記憶很容易被壓抑。因此，在人生歷程中的各種痛苦的衝擊，個體認爲不邏輯的和不現實的特質，都會運用抑壓的機能，無視事故的存在，這種心理歷程稱爲壓抑。壓抑雖有遺忘的作用，但非所有的遺忘都是壓抑。許多遺忘的發生，有時是由新學習資料的干預，有時也由於缺乏增強，有時也有本身價值觀念所不允許的資料。心理學者認爲有意的遺忘爲抑制（ suppression ）。凡促使不安和罪感的事件，很容易在意識中壓抑下來。但此種心理策略，並不一定能解除心理中的不愉快。假如罪感和不安，繼續使我們感到不愉快或困擾時，往往我們不知理由何在，不過不愉快和困擾的心境依然存在。假如不安和罪感嚴重地困擾個體時，會干預或影響生活的能力，遇到這種情形時，需要接受心理治療的協助來復元。

昇華作用：個體對其不相稱的思想、行為和感情，可以否認或抑壓。有時候個體不這樣做，而發展他種積極又社會所能接受的行為。假如我們對他人有敵意，此種敵意不能被社會所接受，而破壞的行為也是社會所忌的，我們就表現出明智的競爭方式，因為競爭行為是文化所能接受的。一位具有性慾望的人，由於禮法或規範所阻，或由於恐懼引起別人的批評，不能直接發洩性慾，而轉變為文化建設的行為。昇華為不適宜動機驅力的轉移方式，這也是無意發生的心理歷程。

反應構造：對於不相稱的動機，其行為的反應方式是發展出直接相反的行為。如對敵對的人發生一種極端友誼的行為，否認自己懷有敵意的感情。又如一位蠻有情感的青年，否認對於女性的任何興趣等，都是反應構造的心理運作。反應構造與昇華不同，昇華卽是其動機的代替行為，方向是同一的方向；反應構造的行為卽與原來的動機完全相反。

替代敵意卽為個體不能直接攻擊使他困擾的人或事物，或對該事物不可表示敵意的感情。他可能選擇抑壓憤怒或責怪自己或昇華或轉向他人、他物等，與刺激來源無關的行為。一位業務主任受到總經理無故的責備，他可能將這個懷恨轉嫁到一位推銷員。替代敵意是一種行為型態，尤其是在具有權威主義背景的個體和團體，都很容易發生此種行為。個人對其上司懷有敵意，不能直接報復而發洩他的挫折，其最可能的目標是他的部屬。以團體而言，一群依照權威主義的路線而行動的團體，會選出較他低級的人或團體作爲其代罪羔羊（ scapegoat ）， 轉嫁或遷怒這些團體。如美國南方的富農，當棉花的價格下跌時，都會遷怒於黑奴的工作不力。又如政客們把社會問題推到學校、政府、執政黨的不力所致等行爲。一如其他方式的敵意，代罪羔羊會使整個團體或個體對問題解脫一切責任，置問題於他人身上。

依從：依從也是個體行爲型式之一。依從行爲是被文化的規範所約制。有些文化教導人通過鬥牛鬥雞，間接地昇華其敵視；另種文化即鼓勵其份子參與各種競賽以發洩其內在的衝力。還有文化即規定以報血仇，怨怨相報作爲發洩敵意和侵略的方式。文化所規定的各種行爲規範，在該文化中是正當的。個體要學習文化所規定的而行之，這樣才能適宜地達到行爲的目標。可是文化所規定的行爲規範不一定是合適的。當個體行爲與文化規範有出入時，其行爲的結果會帶來焦慮的經驗，因爲不是所有的人都能適應其文化所規定的規範。另一方面文化規範也並不一定會適合於一切情境。依從性是一種學習的過程，當我們生長和發展的過程中，經幼兒期、兒童期、青年期和成人期，不依從則受罰，並且能夠由自願而依照別人對我們的期望而行動，以得到別人的接受和容忍。當我們進入一個新的情況時，我們能以模擬作用的歷程，學習或抄襲別人的行爲。由於模擬和依從團體的規範，我們就能保護自己，並能對抗由此而來的焦慮。

可是依從性除了給我們行爲的規範外，還會強迫我們對問題和情境，放棄以自我爲中心的獨立判斷和創見，而依循團體所規定的途徑而行動。所以，依從性由一方面來說，會減少摩擦、困擾、含糊和焦慮等所引起的因素。另一方面會損失自發、自動和創造力。所以，如何在現代社會中，基於合理的，和諧的的基礎上，參與團體又不犧牲個體的特性，這是一件值得考慮的事。可是許多人不能容忍正常的焦慮，而完全依循其團體的特徵、思想、感情和行爲，不敢作出小部份的行爲差異，極端依從，而變爲毫無個性的人。

認知的硬化：當我們面臨新的情境時，會產生某種焦慮的因素，因爲我們不能確定能否適宜地應付他們。爲避免此種焦慮，我們會否認環境中有任何新的事，而完全依照以往所遭遇的情境而行動。就家庭來說，父母往往不允許孩子們有獨立思想的行動，而嚴格的控制兒女的言行舉止。孩子長大以後，也對其上級長官的反抗，如同反抗他們的父母一樣。反抗的特質成爲人格的一部份，且認知每一位上級人物爲一種威脅，而合理化自己的反抗行爲。認知硬化會使個體對新情況缺乏適應能力，並減低學習的願望和學習能力，固著於既成的思想和觀念。認知的硬化源自於個體無法容忍刺激的含糊性和認知的恒常性而來的。一個成熟的人格或情緒，他能容忍相當程度的刺激含糊性，並能適當地處理其伴隨著的焦慮。

托辭：人類的行爲和人類的生存環境所發生的事，常常令有不合理的現象。當個體的行爲不合理，或環境的情況不合理時，他就會引至合理化的途徑上，而消除不合理的現象。有時候客觀的事實與自我想像或自我對世界之意像不相投合，則會發生「認知失調」的現象。個體就以說謊或自怨，將問題在不知不覺的過程中，虛構行爲的原因，作社會上可以接受的解釋。所以，托辭常採取他人取向的型態，而解釋行爲，維持個體對其周圍的關係不變。托辭作用雖然幫助個體避免面臨不堪的事實，但是過分的使用，個體就會損失面對現實的能力，其自我結構會發生變化，此種變化若是過激時，會引起嚴重的焦慮和失調。

二、人格結構與適應行爲

行爲科學者所謂之人格理論，是一種對人的理論的假設或概念結構，並非有其實體。金伯爾和加梅志（Kimble and Garmezy, 1970）將五十多年來對人格的定義和使用，歸納於一個概括的說明：(1)人格是特質、能力和經驗的組合，(2)人格是個體獨特的性格，(3)人格是人際互動和人際關係的產物。(4)人格是適應的機能，並有恒常性的特性。(5)人格是一種反應型態。

早期心理學者克勵馬（Kretschmer，1925）將心理疾病的人格因素與身體的結構，劃出一種關係。薛耳頓（Sheldon，1940）以身體的特徵與人格的趨向建立關係。他分爲內型（endomorphy），內臟器官發達而肥胖。中型（mesomorphy）肌肉和骨骼都很發達。

外型（ectomorphy），笨拙、脆弱、肥胖、肌肉不發達。當然，身體或腺體與身體的特性有關。但是以身體的結構，解說人格的理論，忽視行爲的文化因素、社會因素和心理因素。所以身體的結構作爲解釋行爲的依據，似不足解釋行爲的全般。

最近人格方面的研究，大部分來自心理治療方面的學者。自佛洛以特、耶奈（Janet）和柯可特（Chencot）在十九世紀末至二十世紀初，打破生理與行爲的界線，發展行爲與其他因素的關係：如動機、情緒、意識、下意識、兒童時期的經驗、挫折和衝突等等。對人格方面的研究以佛洛以特爲最健全。佛氏在心理疾病方面，爲最著名和最有影響力的創始人。他在維也納的臨床實驗中，導出人格結構的理論。他認爲神經病（neurosis）源自混亂的和不適當的親子關係和性適應所導致。

佛洛以特之人格結構以本我（id）、自我（ego）和超我（super-ego）所組成。本我具有原始的、本能的和兒童的驅力。自我是意識的、理智的、組織的和現實的機能。超我是良知的、內在化價值的、文化的和罪惡感的規範性驅力。本我的原始或野蠻的驅力，先由外界的規範所約制後，個體就漸漸的形成了超我和本我。佛氏的人格動力以下意識爲主（unconscious），下意識是遺忘經驗的儲蓄庫，由於壓抑的作用，從令人難堪的記憶或意識，被迫進入人格深處的下意識中。壓抑作用也是在下意識的歷程中進行。從佛氏的人格理論來看，行爲的問題乃出於人格結構的型態或份量而定。所謂型態或份量即指這三個因素交互形成的比率。假如一個人的超我份量過份時，他必然是個道德型的頑固人物；自我過強時，趨於一個理性型的人物；本我過強時，即屬於一個衝動性人格。

歐德拉（Alder，1870-1937）和楊格（yung 1875-1961）也是人格理論方面的先驅者之一。歐氏從心理發展的概念，亦即由自我發展的觀點，來談論人格。自我的發展與個體爲補償自卑感或不充分感（feelings of inferiority and inadequacy）所作企圖的結果。楊格即從人格特質來說明人格理論。他將此種特質分爲內向和外向兩種（introvert and extrovert）。內向的特質即是猶豫的、深思的、沈默的、和謹愼的；然而外向的特質爲調適的、公開的、輕鬆的、冒險的、自信的和友誼的特質。楊氏不認爲這兩種人格特質對一個個體來說是分開的，而是兩種的混合，不過在內外向份量的比例上所佔的不盡相同。

佛氏以後出現新佛洛以特學派，以何尼（Horney）、傅洛姆（Fromn）和蘇里夢（Sullivan，1892-1949）等爲代表者。他們的人格理論以自我爲中心，並且重視文化的力量。佛洛以特認爲人格中存著心理動力，但後來經人類學者的研究，卻認爲在各種不同的文化體系裡，會產生人格發展的不同型態。蘇里夢認爲人格在互動中所產生的自我系統，它是一種心理結構，保護自身，以抗焦慮，使自我得以發展和穩定。

李溫（Lewin，1890-1947）的人格理論即以自我和社會環境間的交互，而擬出場域原理（field theory）。場域原理是以物理學的觀念導入心理解說中。與李溫相類似的人格理論爲柯姆斯和施尼格（Combs and Snygy，1959）。他們的人格理論立基於人類認知的途徑，以作爲解釋人類行爲的依據。他們認爲行爲的發生乃根據一個人如何認知其自身和其周圍，個體對其自身的見解是他的自我觀念（self-concept）。圍繞著自我觀念的即是現象環境（phenonmenal environment）。即個體和其周圍環境的互動，而產生各種行爲。

目前，我們對人格的基本特性所涵蓋的項目有：心智力量、情緒成熟、情緒穩定、敏感、焦慮、經驗、社會化、文化規範、積極性格、完整性格等等來描寫人格理論，據此解釋人類行爲。其他，還有個體的適應，社會的適應、自信程度、社會規範、個體價值感、社會技能、個體自由感、群屬感、家庭關係、職業關係和社會關係等等，作爲人格理論的說明，對人類行爲的瞭解，已達到相當深刻的地步。

三、敏感型態的機能（Sensitizer-Type Mechanisms）與適應行爲

敏感型態的心理機能，乃個體對現實的情況，與壓抑類型一樣地加以曲解。不過，敏感類型的機能，傾向於贊成其各種心理企圖，去應付威脅的情境。其所採取的行爲屬於符號的型式。敏

感機能可分爲：幻想、補償作用、投射等。

幻想：當個體遭遇到一種困境，他可能借助於幻想，解決他所面臨的問題。幻想有愉快的性質，個體常藉著幻想，而乘機逃避日常生活中之冗長、乏味又迫切的事務。在愉快方面的幻想，常常打如意算盤，它雖然不如眞正的愉快或令人滿意，但也可以暫時減少目前的困擾或痛苦。幻想也可能採取計劃的型式出現，處在困難之中，常常幻想作解脫的構圖；如以旅遊來代替。此種計劃只是一種目標的替身，但有時也會成爲我們實現所欲目標之行爲的初步。夢也是幻想的一種類型，有時可作爲所欲目標的代替物。一個人很需要錢，他可能因此而夢到中了愛國獎券而快樂。夢也會採取類比的想法；一個人長久生活在怕失業的邊緣而緊張，因而可能夢到從山上跌落，在山壁掙扎，滑到絕壁邊緣，將滑落而驚醒。今日心理分析學者對夢及其幻想的分析，而研究人格和情緒問題，因爲在夢中出現的主題，往往是我們的情感、需要、態度和衝突的反映和投射。

補償：當個體有某種缺點，其心理傾向是以某種方式來補救其缺點。個體常經驗到的缺點有社會的和心理的兩種。如一個矮子也許太矮，於是發展出一種好鬥和侵略的行爲型態；一位身材高大的人，也許覺得他的身高令人注目，就會培養一種安靜而謙遜的態度。一個教授的兒子也許覺得招牌太好了，而故意以粗言穢語或粗暴的行爲，使他的同伴對他有深刻的印象。

投射：投射是個體自己的特質，將需要、態度和價值等等，所發生的問題，歸諸他人的趨勢。如性慾強烈而受壓制的人，以為別人是縱慾的。一個難以說服的人，往往都認為別人是頑固的。這樣將自己的不適宜的品質歸諸別人，而取得心理上暫時避免焦慮，但不能幫助他從其不適宜的個性解脫。

退化（regression）；當個體處在緊張和困擾之下，而避回到早期所經驗到的滿足和有效的行為型式，此種行為在目前的發展水準來看，毫無意義。一個六歲的小孩已經三、四年沒有咬指甲了，當他入學的第一天，在緊張和焦慮的壓力下，又咬起指甲。一個十二歲的孩子，已經五、六年沒有溺床，當他的父母談及離婚時，又溺床了。挫折會使孩子的行為退化約一年半左右。一個青年在學校裡遭遇到學業上適應的問題時，他會開始與比他年輕的胡鬧孩子來往。

退化作用在兒童時期比較普遍，但在成人時也會發生。如我們生病時，喜歡有人像媽媽來看護我們。與退化相似的一種適應方式，叫做固着（fixation）；固着的特徵是個體人格不能進展至更成熟的行為。如一個婦人常常依賴他人，不能在成人的水準上有所作為，繼續要求丈夫的保護和照顧，並且不能同時照顧別人。所以她好像是一個未長成的女孩子。一個正常的人偶然也會退化，暫時回到兒童的行為；若暫時性的，則對適應較有價值；假如是長期性的，則已經超過了適應行為的正常限度。

無選擇的行為（behavior without choice）：神經質病態的人，有一種無選擇的行爲的傾向，卽爲無選擇的感情。其無選擇感情行爲的出現，乃是被迫而爲的行爲。當個體遭遇到不適應的情況時，有一種傾向，就是再三地重覆某一種行爲。一個人遭遇某種情況時，常常會表現出孩子氣，也是一種無選擇的行爲。甚至某種習慣性行爲也包括在無選擇行爲的領域中。吸烟是被迫無選擇行爲之一。因爲有吸烟習慣的人，並不利用吸烟以應付日常的焦慮，而是不吸烟時就有焦慮的感覺。在吸烟初期，是一種選擇性行爲；它也許是一種交際方式，或者是獲得成人地位的情感，當個體受香烟所制約以後，身體上和情緒上已經變成無選擇行爲，於是減少或戒絕抽煙會增加緊張。

酒精中毒：酗酒的行爲也是一種無選擇行爲。一個沈溺於酒的人是被迫在一種無選擇餘地的情境中，需要酒精來減少或解脫緊張和焦慮。人類受酒精中毒，其生理基礎還沒有得到理論上的支持，也不能證實對酒精的嗜好是由新陳代謝所致。爲何一個人能嗜好酒精？從社會學上的研究指出，愛好酒精的人，其早年的家庭背景顯然是一件重要的事。在美國酒精中毒的人，以愛爾蘭爲多。小文化團體的成員，對酒精中毒也是決定因素之一。

吸毒：吸麻醉劑的嗜好，也是一種無選擇的行爲。凡沉迷於某種藥劑，尤其是鎭靜劑和含有鴉片的麻醉劑者，在心理上對此藥劑有高度的依賴性，而酒精中毒和依賴性似乎是以情緒爲主。吸毒有如酒精中毒，因爲人格和文化在吸毒者身上充分表現出來。有毒隱的人，傾向於溫和及推托的性格，通常對其環境壓力下，不顯出其反抗衝動。今日吸毒的人的比例中，男性多於女性，其教育程度也高於一般人口，並以城市爲主。許多研究指出在美國社會中，以猶太教和愛爾蘭背景的人，有比較高的吸毒傾向。易言之，有些人由於其背景和人格，較其它的人容易成爲吸毒者。

賭博：賭博也是一種無選擇行爲，其行爲型態與沉迷於酒精和毒品相同，支配患者一生。賭博雖然是社會問題之一，也是嚴重的心理問題；凡沈溺於賭博的人，其對家庭和工作的責任，相當不可靠和難以預料。賭博的人染上了這惡習，他的行動好像除賭博外，毫無其他選擇的途徑。賭博者的生活是非常不安和緊張的，他常常帶著一副安然的假面具，但絲毫不能輕鬆，因爲他不斷地在下注，或設法還淸賭債。

四、超常活動（Hyperactivity）與適應行爲

在人類行爲中並非所有的無選擇行爲都是病態的。一般來說，超常活動也是一種無選擇行爲，因爲超常活動也是一種活動，可以在社會或人格上引至積極的貢獻。超常活動與其他無選擇行爲類似，它可以保護個體以抗焦慮。超常活動的人，常常參加許多活動，而避開他所怕的事件及不能解決的問題，以及他心中存著的衝突和自卑感。超常活動的人常常感覺到他參加太多的活動，並且在其工作未完成之前，又無法拒絕新活動的吸引。好像他非過緊張生活不可似的。他很容

易在超常活動中，染上酒精、吸毒或賭博等行爲。

強迫行爲（ obsessive behavior ）： 強迫行爲是一種無選擇行爲。此種強迫行爲在動作上和思想上無法控制自己；不能將某種行爲的型式或某種行爲從其心中驅逐。譬如：喜歡清潔的強迫行爲者，每天洗手數次或擦洗地板傢俱數次。假如情況不允許他這樣做的時候，他就產生煩惱。比較嚴重的思想上的強迫，即幻想有人要毒害他，而產生極端的懷疑和恐懼。

心身性的失常：大多數的人有心身性的困難；凡人受焦慮的困擾，其適應之能力會減低，尤以在人際關係上的能力爲甚。這些失常的病症爲睡眠的困難、神經敏感、心跳迅速、頭痛昏暈、咬指甲、呼吸短促、手掌出汗、反胃等病狀或身心性的疾病。當有機體過度緊張，不能應付焦慮時，通常都容易發生象徵性的疾病。心理學者蘇雷和魏茲（ Sawrey and Weisz，1956 ）。以及傅拉廸（ Brady，1958 ）對動物的困擾實驗裡，都有同樣的身心性病態出現之報告。尤以傅拉廸的「執行的猴子」（ executiue monkey ）的實驗非常聞名。執行的猴子的實驗，即兩隻猴子都被綁在禁制椅上，只允許牠們的頭和四肢活動。每隻猴子在每隔二十秒中，在脚上接受輕微的電震。有一隻執行的猴子可以壓下一槓桿而防止電震，另一隻的槓桿亦可壓下但無作用。那執行的猴子就很快地學會了壓下槓桿即可防止電震；另一隻則因槓桿不發生作用而放棄不用。此種實驗操作六小時後，休息六小時，如此持續二十三日之後，那執行的猴子死了。經解剖後發現其十二指腸之壁有穿孔。而另一隻無執行而只遭受電震的猴子則健康良好。從這實驗中指出了胃潰瘍的各種因素，似乎與控制環境之少許自由，增加情緒的緊張程度有關。

五、病態行爲

我們已經討論各種防禦機能，對個體應付日常的焦慮和挫折。我們也討論個體以各種行爲應付焦慮的方式。本段我們將討論以出現病態行爲來防禦焦慮、挫折、痛苦和各種心理問題。病態行爲會阻礙個體的適應能力，因爲病態本身也是一種適應的方法。行爲的病態可分爲精神病態和神經病態兩大類。精神病態本身含有高度的情緒擾亂，並其自我意識也有紊亂的現象。患精神病態的人，其心態已經與現實脫離，很容易受不實際和不邏輯因素所影響。他已經不會太管理自己的事務。他需要特別的照料和督導，或加以特別的保護和治療。神經病態的行爲乃是在嚴重或長期的緊張下，自我的結構趨於瓦解而發生適應功能的問題，並需要予以適當的協助和治療。從心理學上的觀點，正常與病態之間，並沒有嚴格的界限，只有程度上的差別。所謂正常並不是說個體完全沒有病態，而是個體能在現實界保持良好的接觸，對日常的事務也有相當合理的成就，且在各種緊張和衝擊下也能維持下去。神經病態的人對現實界也能保持接觸，但是他對其周圍的情況有錯誤的認知和解釋，曲解事實。通常他們會應付日常生活上大多數的問題，但對某些問題則不斷地遭受困難，尤其是在生活和工作有關的人際關係中較難適應。神經病態的人在遭遇到使他們緊張的事情的時候，卽無所適從。

心理疾病是一種行爲問題的符號，我們對病態所注意的並不是這個符號，而是這符號所指示的事實。心理疾病爲患者欺人或自欺的方法。因爲許多心理疾病都是掩護問題事實的工具，所以心理疾病也是一種自衞反應（ defense reaction ）的現象。心理疾病除上述的神經病和精神病的分類之外，還可以分爲機體心理病和機能心理病：

機體心理病卽指由生理機能的原因，而產生的心理疾病。其病因有：⑴細菌之傳染——此種細菌對神經細胞組織之破壞，如梅毒之侵入大腦卽爲一例。其他之細菌，侵入大腦與脊髓之膜，如腦膜炎也爲此例之一。⑵毒質中毒——酒精爲毒質中重要者之一，其他毒品亦可由消化系統或呼吸系統進入血液中，而產生心理疾病。⑶腺體失調——腺體分泌失調將導致失眠、失去活動力或過份活動等不正常現象。體素的分泌對神經系統之影響甚大，而對神經系統的影響自然會影響行爲。⑷細胞營養不足——許多患早衰病者，卽患有貧血現象。此種病症使腦細胞自血液中所得之營養過少，或營養素之不足，而使神經機能不正常，而影響行爲。⑸神經細胞之不足或退化——低能者的大腦特徵是其大腦皮質的神經原數目之不足，以及此神經原發展的不規則。老年心理病之原因，是由腦血管的硬化，大腦細胞組織萎縮，而產生心智衰退的現象。⑹機械的傷害——如意外傷害、體溫過高等，而破壞神經系統。(7)遺傳——各方面的研究，在心理學方面特別多。

機能心理病，卽由心理機能的原因而產生的心理疾病。其較重要者，分析如下：(1)制約反射理論——此種反應是不必經過學習而反應的行為。此種疾病是由數種刺激關連在一起，而引起不適當的反應。(2)失調機能理論——此為生活過程中由適應問題而產生的心理疾病。(3)心智力量理論——此種理論強調由情緒、緊張、適應等因素而導致的心理疾病。(4)心理分析理論——此理論以性適應為主幹而分析心理疾病的原因。(5)個體心理理論——卽以自我為理論的架構，而研究由個體理想、個體目標、個體情感、社會適應等諸問題而產生的心理疾病。

心理疾病產生的原因甚多。還有，心理疾病的理論架構，乃根據治療上的方法而定。目前有從感覺上的症候，認知上的症候、思想上的症候、情緒上的症候、動作上的症候、學習上的症候等等，而加以適當的處置。

心理神經病與精神病：

神經病為比較輕微的行為失常。因為傳統的心理學者認為它與神經系統有關，而稱為神經病。最近臨床心理學方面發現神經病與神經系統毫無關係，是由人格系統的問題而產生的。因此，就改稱為「心理神經病」（ Psychoneuroses ）。此病由長期的情緒緊張、憂慮、恐懼和不安所造成的。此類患者並不須要住院，其症狀有記憶和思考的減退，注意力不能集中，感情反應冷漠，意志和判斷力薄弱，意識和神智不清，倦怠失眠，食慾不振，頭痛，胸部壓迫感，呼吸困難等等症狀。心理神經病者以受過教育，住在都市及緊張的工作和生活者爲多。

憂慮反應（anxiety-reaction　）是心理神經病的一種。此病態的特徵是缺乏明確的對象的恐懼和緊張，而不能過平靜的生活，意志和注意力不易集中，不能持久思考。常常有頭暈目眩，心悸亢進，常流冷汗，工作興趣減低，並由於焦慮而轉變爲强迫觀念。

驚悸反應（phobic reaction　）是心理神經病的一種。此病與憂慮反應不太相同。憂慮反應常發生在缺乏明確的對象，而驚悸反應則是由某種特定的對象或情境所引起的情緒反應。其實該特定對象或情境並不會危害個體，而因它與某一可怕的刺激，同時出現多次之制約反應後，而產生行爲制約的現象。驚悸反應所包含的種類很多，諸如幽閉恐懼症、黑暗恐懼症、曠廣恐懼症、高處恐懼症、動物恐懼症、尖物恐懼症、血漬恐懼症、疾病恐懼症、犯罪恐懼症、不潔恐懼症、異性恐懼、失物恐懼症、失物恐懼症等等。

强迫反應（obsessine-compulsive-reaction　）也是心理神經病的一種。此病症乃受一種驅力而使個體去思考一些不合實際的內在行爲。其分類有固定觀念（fixed idea　）。此爲一種觀念的强迫出現，此觀念違反個體的意志。患者卻不易擺脫這種觀念的壓力，而形成心理上的不愉快和痛苦的現象。此種病態常帶有强烈的憂慮、疑心和擔心的現象。强迫行爲（

obsesive-compulsive-act ）是強迫自己反覆某種行爲，而此種行爲不能受個體的意識所控制。個體雖然知其不合理，但如不去做，則無法自持。這種病態所表現出的，例如經常洗手、上下樓梯時強迫數階梯，走路時邊走邊踢一塊石頭，或數路旁的電線桿等。

歇斯底理亞（ hysteria ）是心理神經病的一種。此病除有心理症狀外，尚有明顯的生理症狀，但卻檢驗不出機體的病因。這種病態是心理衝突所造成的一種防禦方式。在生理方面的症狀爲運動痲痺、痙攣、癲癇、流汗、發燒、食慾不振、嘔吐、瀉肚等等。在心理方面的症狀爲意識朦混、意識閾縮小、視驅力減退、喪失記憶等等。

分離反應（ dissociative reaction ）是心理神經病的一種。此病乃由個體企圖擺脫焦慮時，將其心理挫折加以壓抑，造成人格的分離，而失去人格的完整性。其重要的病狀有：健忘症（ amnesia ）。此症很容易把生活的一切忘掉；病症較輕者僅忘記生活經驗的部分；而嚴重者卽連自己的姓名、年齡及住址都會忘掉，而流落在外不知返回。多重人格（ multiple personality ）是人格失掉完整性或統整性後，在不同的時間內出現前後判若兩人的特性。此種病態是由情緒的困擾或心理的壓力所激起的，亦卽是由數種同時存在的動機，在某一時間內，允許一種動機的滿足，在另一時間內，允許另一種動機的滿足。這樣交替的出現，而產生不同的人格。

抑鬱反應（ depressive reaction ）爲心理神經病的一種。這種病態有兩種類型：一爲抑鬱反應，另一爲狂鬱反應。抑鬱反應的病態爲缺乏幻覺、妄想或思考困擾的現象，而後者卽有幻覺、妄想或思考雜亂的現象。抑鬱反應所表現出來的症候爲：垂頭喪氣、缺乏勇氣、極端悲傷、孤獨發呆、興趣減低、不穩失眠、心理緊張、缺乏耐性、高度罪惡感等症狀。

神經衰弱症（ neurasthenia ）是心理神經病的一種。此症由神經耗竭和適應困難所引起的，亦卽由不能適應長期的緊張和憂慮所造成的。當個體陷入此病症時會顯出疲勞、工作效率降低、注意力不集中、思考散亂、記憶減退、意志薄弱、感情浮動、判斷力減退等現象。在生理方面會有頭痛、多夢、耳鳴、過敏、消化不良、性慾減退等現象。

最後，虛感反應（ hypochondric reaction ）也是心理神經病症之一。此病症乃個體過分關心他自己的健康，集中其焦慮於身體的某一部分，創造苦惱的心理狀態。此症常有失眠的現象，是由恐懼某種疾病而引起的，譬如，怕自己會有癌症、梅毒等。

精神病態也可分爲機體精神病（ organic psychosis ）和機能精神病（ psychogenic psychosis ）。機體精神病源自身體機能發生問題或神經系統的受傷而發生的。機能精神病源自心理原因所導致的病態。機體精神病乃由酒精中毒、性病、化學品中毒、鎮靜劑、腦震盪、受傷或老年衰退的影響等等，都可以使腦體素受傷。此種傷害後的病態行爲，與機能精神病的行為類似。機能精神病的類別甚多：

㈠精神分裂症

此病為精神病中最普遍的；幾乎三分之二或四分之三的精神病人屬於此類。此病最普遍的特徵是對現實反應出無情或冷淡，並且其思想和觀念與常態情緒間的表達不能關連。在比較輕微的型式中，如頑念、強迫、或抱怨身體的不適。在比較嚴重的型式中，如由現實退卻、思想過程的解體，妄想和幻想，不尋常的情緒行為和個體行為的混亂。

㈡妄想病

此種病態有誇大和迫害妄想。凡患有此疾者，時常以為有人要陷害他或企圖殺他。

㈢情感性的精神病

此種病態常常出現兩種極端的心境或情感，即一種極端的興奮和極端的抑鬱。這兩種極端是在交替的情形下發生的。此種病態有時延緩數月，有時也會自然地終止。

神經病者和精神病者的一個特徵，都與其他人的人際關係有程度上的擾亂，特別是情感方面的關係。在以往十多年間，從事於研究心理疾病與社會因素的關係中，發現社會階級與心理疾病有顯著的關係：中上等階級，大概多發展為神經病的行為象徵，而下等階級的人多發展為精神病的型式。教育程度愈低愈容易發展為精神病。

還有臨床心理學者及精神科醫生，將精神病分爲：狂鬱性精神病、精神分裂症、癲癇症及狂想症等。

六、預防和適應行爲

行爲科學者非常重視從適應行爲來預防心理疾病的發生。行爲科學中的「心理健康」、「心理衞生」、「群體活動」等專業課程，都是用來預防心理疾病發生的觀念和實際措施。人類行爲在某些情況下，因適應上的困難而產生心理問題和疾病，假如個體對該情況有適應的能力，即能適當調節其情緒和心智活動，即可保持健康的心態。常態的定義，如波拉丁（Palatin, 1968）所指出，個體不受疾病所困擾，不受內在衝突而煩躁，能適當地扮演工作機能和情緒機能，即爲常態的人。此種人會適當地調適其需要和能力、社會價值和自我價值，社會壓力和自我處置、自我期待和自我限制等等，以求情緒或心理的平衡。因此，預防的措施乃著重於協助個體，使其有適當適應的行爲能力。

心理健康的各種措施，開始於生理結構方面，因爲生理結構從生理方面來說，會影響個體的生理健康；從社會方面來說，生理的結構會影響個體的自我觀念。個體必須瞭解他本身的生理機能和生理特徵，接受他的優點和缺點，並能在日常生活中，對其本身能照顧其生理方面的需要。

心理健康從心理方面的措施，即著重於情緒的發展。行爲科學對這一方面較爲重視個體的情緒表現和自我了解。因爲情緒的發洩是內在人格體系的緊張和動力流露的象徵。情緒的困擾，不外於過去所形成的人格結構、現在個體的需要和對將來的期待所構成。臨床心理學者從實際經驗中指出，人格的困難和社會適應的難題，都與兒童時期情緒發展的阻礙有密切的關係。這些情緒上的經驗，如衛生訓練、斷乳、性的發展與異性父母之性格和態度的表現都有密切的關係。因此，過去的情緒爲現在反應的依據。行爲科學家認爲協助個體瞭解他過去的情緒，正是影響現在的行爲，應是預防最重要的關鍵。

形成情緒困擾的來源，是以家庭爲主。父母既有社會期待的標準，並將這個標準，施壓力在兒童身上，希望他們的兒童在社會化過程中，能接受社會既有的一套理想架構。兒童在父母的壓力下，無可奈何地接受，這種長時期的家庭社會化的壓力，父母並不考慮其兒童的生理和心理，是否能經得起這種壓力，而盲目地施加此種壓力。因此，人的行爲是情緒個案史的產品。假如個體能瞭解並能接受其情緒個案史的始末，他在適應行爲上也就趨於健全。

父母的婚姻關係，也會影響其兒童情緒的發展，從臨床報告中指出，許多青年男女對婚姻的態度，正是反映出其父母的婚姻關係。青年對婚姻的恐懼和不夠興趣，都是其情緒受其父母所影響，亦即其情緒在婚姻中的反應，並其情緒癥結在婚姻的選擇上作祟。

情緒的成熟或穩定，便是適應行爲的依據。個體在習慣行爲上的改變，是一種情緒上的警告指標。假如一個人在平時很溫和、友善、突然變得敏感、困擾、不友善等等行爲，則他已經指出在情緒上的不平衡狀態。行爲科學者在處理這種問題時，並不以鼓勵的方法，使他的情緒復元，而是以協助的立場，使他能了解問題的癥結。充分讓他表現內在情緒的行動和語言化，並能使個體接受其有限的情緒能力，盡可能去適應其所遭遇的問題。

青年學生的情緒問題，往往發生於生理、心理和社會發展之不協調而引起。他們具有生理上的成熟，足夠表現和接受性能力的需要。但在心理上他們還不夠接受婚姻的責任，在經濟方面還不足自立。因此，生理、心理、經濟間會造成嚴重的衝突，尤以經濟上不能自立，而影響他們的自我意像、思考和感情。經濟上的不能自立，會使他們產生一股挫折和反抗的心理。因爲他們在成人的眼光中，還是依賴的人格。許多青年學生願意兼差各種工作，有的並不是爲了經濟上的困難，而是表現了對依賴家庭的反抗。又經濟上的依賴，與其自我意象間發生嚴重的衝突，會升高其對本身的價值觀念。假如父母使其青年子女過份的依賴，過份的保護，將不能發展親子間滿足的關係，更不能預備其青年子女在社會上的適應能力。

工作的適應對自我的發展具有極重要的意義。職業或工作對個體來說，是證明他是一個獨立的人格，具有生產和成就的能力，貢獻於社會。一般來說，由工作或職業的快樂，並不在於賺大錢。眞正在工作或職業上的快樂，在於情緒上的滿足，並工作與能力間能維持平衡。工作的快樂必須基於個體是一個完全的人格（ whole person ）。職業輔導的目的，在於協助工作行爲的適應，使其經驗、能力、性向、情緒和興趣能與工作的性質和工作要求相配合，而發展成滿意的工作行爲。

婚姻行爲的適應，是社會安定的一個很重要的因素。婚姻的破裂是引起社會問題的原因之一。由於現代社會和經濟結構的改變，家庭互依的型態也受影響。婦女在家庭中的興趣，似乎轉移到外界，並且男人對依賴家庭而快樂的需要相當地削減。婚姻變爲兩人的社會伴侶。現代婚姻的問題不外於源自：(1)羅蔓蒂克的愛情觀念，(2)男女兩方父母的不同意，(3)家庭背景的差異，(4)經濟的困難，(5)婦女的工作，(6)不適當的期望，(7)不忠貞等等。可是許多行爲科學者的觀察，認爲情緒的不成熟是婚姻問題的主要原因，尤以只求認知上的快樂，而拒絕婚姻上的責任。

構成婚姻問題，態度也是非常重要的因素。態度會反映出情緒的成熟與否，這種態度不容易在數日之間改變。行爲科學家對婚姻的準備非常重視。亦即如何教女孩子能煮烹、裁縫、購置、預算、理家等工作。可是這些作爲，並不受現代女性所歡迎和所接受，因爲婦女的解放和婦女至上的社會運動，嚴重地影響了女性對其性角色的接受，及性功能的觀念。

成功的婚姻必須具備情緒的穩定。情緒的穩定包括：互相的尊敬、容忍、考慮、興趣，並在互動關係中會完全地表現出溫柔、羅曼蒂克、感情的關係，使兩性能快樂的結合。尤以雙方的情緒型態和需要，如何處理其差異的問題，也是婚姻指導中重要的課題。往往過份強調自我，是危害婚姻關係的原因之一。婚姻對象若過份重視自己，以自己的心理控制對方的一舉一動；似乎，在外表上是成功的，其實卻是失敗的。過份估價自己或對象的價值，和判斷的正確與否也是婚姻問題之一。至於對性的觀念，往往在女性方面會產生錯誤的觀念，認爲性是汚穢的，不好的，粗野的行爲，並認爲男性卻如獸類般，會在心理體系中產生不自然的後果。

適應的標準

適應的適當與否，即以個體能否與環境取得和諧協調的關係爲準：⑴個體的心理體系必須能適應實際的情境。所謂心理體系就是個體對情況所產生的信念、觀念和看法，並以適當的行爲應付或處理其所處的環境。⑵反應的行爲必須有彈性，顧及廣大的空間與久遠的將來而調整，亦即如何反應，必須經理智的考慮。⑶適當改變個體行爲，以迎合其周圍情境的需要，否則就難以適應。⑷瞭解自我的心理結構，亦即對自己的動機、期待、願望、野心和感情有所瞭解，而發展適當的期待水準（level of aspiration）。⑸培養安全感和自尊的心態。

七、行爲的適應

心理治療爲協助有心理失常的個體，或對社會適應有問題的人，能藉著病患的心理機能，恢復其正常的運作。其範圍相當廣泛，有病態的、心理的、文化的、學業的、社會的、人際的、職業的等等。

(一)團體治療

團體治療卽是治療者與案主們在小團體中共同工作，由互動關係，促進行爲的自我改進的措施。治療者在團體中指導團體討論的進行，使各案主在團體的互動中發展出新的和更有效的觀念。團體治療能幫助案主明白他所有的問題，以及別人也有同樣的問題。這會使案主在團體的互動關係中，經驗到別人也有類似的問題，類似的反社會衝動，類似的錯誤行爲等等。這樣很容易幫助案主有信心，努力去追求更完美的境界。因此，在團體治療的過程中，個體有機會與團體分享他的問題，並且他也分享別人的問題，而體會到別人的心態和感受。此種經驗或感情的分享，使他抑壓的因素會得到釋放，從而減輕他的罪感心理。案主在團體中也會經驗到，他可以超越其狹窄的生活圈，而協助解決別人的問題，而恢復其信心。譬如：案主在過去有不良的人際關係，而在團體中，他聽到別人類似的問題，別人的批評、別人的解釋、別人的解決方法等等，從而接受別人的方法、作爲自我修正的方法。團體治療的一個特色，就是團體中所有的分子，地位平等，沒有一個分子會感覺到受威脅。所以，互相間能夠接受解釋、勸告和批評。團體治療的方法，已廣用在人群的各種團體裡，包括學術團體、經濟團體、宗教團體等，甚至監獄也使用這種方法來進行行爲的適應。

㈡心理戲劇（psychodrama）：

心理戲劇是團體治療的方法之一。各案主扮演各種人物的角色，表演各種人際間互動的情境。譬如：一位案主扮演一幕劇，演出他在孩子時期與其父親爭論的情況。在演出這一幕劇時，他導演另一位案主，依他認知意識中將他父親的態度、情感和行爲，使之盡可能與他父親相符合而表演出來。第一場演完之後，第二場即互換角色，此位案主扮演其父親，另一位案主扮演他本身。此種戲劇的作法，能使案主瞭解他自己和別人的動機作用以及別人的心態，從而得到新的領悟（insight）。心理戲劇的演員和觀衆都由心理病患者組成，治療者要解釋他們的感情和行爲，從此進行治療。

㈢遊戲治療（play therapy）：

治療兒童的心理問題可以使用遊戲治療，而解決他們的問題。兒童不能或不願與成人討論他們的問題，可是在遊戲中很容易表現出來。遊戲治療的情況中，可以使用泥土、油漆、臘筆、水彩或玩具等材料作爲媒介物而表現出自我的實在，從而消除或減輕其緊張和焦慮。遊戲治療可以通過各種玩具，把兒童與其家庭其他份子的關係中所遭遇到的問題扮演出來。譬如，一位兒童對其兄弟或姊妹有一種愛和恨的混合感情，當他玩一個洋娃娃時，首先對它溫柔又體貼，後來突然把它擲在一邊。當兒童用泥土做成一個人後，把它弄成破碎，說「我打斷我爸爸的手臂」，過了一會兒他可能會說「我打斷爸爸的手臂，但我仍愛他」。遊戲治療可以發現兒童的心理問題，再協助他發展出較積極的態度和行爲。

㈣工作治療（ occupational therapy ）：

今日大多數的心理治療機構備有勞作和技藝方面的設備，如織物、木工、陶工、田地等，使患者有機會從各項工作中得整合的經驗，此種經驗不僅使患者以具體的方式與現實接觸，更能參與創造性的工作。有時也安排社會性的娛樂活動節目，刺激病者與其他的人接觸，還有一些教育性節目，使病人能學習打字、記帳等技能，改進病者的職業能力和勝任感，藉此恢復其自信心。許多實驗指出，對慢性的長期心理病者，給予適當的工作，並施以較少的督導，對其病態的復元也有益處。

㈤案主中心的治療（ client-centerad therapy ）：

一九四二年羅傑斯（ Rogers ）介紹案主中心的治療，此方法與傳統對病者的治療方法不同。羅氏認爲對病人的批評有礙於改進病況。羅氏主張治療應是幫忙病人去幫忙他自己，使病者在治療過程中取主要角色；治療者即以協助角色而進行。假如，治療過程中，治療者代替病患作一切的決定或工作，對治療是毫無功用的。心理治療的目的是協助病人對其自身和問題能達成較佳的瞭解（understanding or insight），所以，治療者若將他自己的解釋或勸告給予病者時，反而會增加病者的無能和不充分感。羅氏也認爲治療者切勿提出勸告和解釋，而要創造出一種容許的氣氛（permissive atmosphere），使病者有機會充分表現他的情緒和感情，並這些表現被治療者所接受。這種感覺會使他體會到他的思想、觀念和感情都有價値。這樣才能協助他的自我生長。治療者在治療過程中，乃反應病人所說的「感情內容」，或重述、或概述病人所說的。切勿批評或指出病人說法中之缺點。

㈥行爲治療（behavior therapy）：

行爲治療乃是利用學習實驗室以及社會學習所得來的概念，或運用工作學習之原則，而治療心理問題。俄爾布（Walpe）從上述的原則，運用作爲行爲治療的措施，自認這個方法運用相當成功。他特別強調行爲治療法對恐怖症、遺尿病、口吃症、焦慮反應症、局部痙攣症都有奏效，而對酒精中毒和性的失常症沒有什麼效果。對行爲治療方面，有部份心理學者批評其治療措施中，不注意到行爲背後的心理動力，所以具有心理動力爲病因的精神病者，不能糾正其反應出來的行爲型式。假如藉著此理論而改變行爲，則外表上的病態型式雖有改變，但由於其內在的心理動力，不得釋放；而使病人再發展新的徵候，以代替被消滅的病徵。譬如：酒精中毒的行爲得以解決，其行爲也予以適當的制約。處理這個病者的行爲雖有成功，但他的內在心理動力猶存的緣故，可能轉變爲向家人的粗暴行爲。行爲治療的方法在以人格爲基礎的治療論上來說，並不能滿足人格理論的要求。可是在實際上的經驗指出，行爲治療的方法仍有許多效果。

第九章 互動行為

人類是群居的動物。人類生存的環境中，不斷地與其他人、團體與情況發生互動，亦即人類生存在各種關係中，互動是必然發生的。人類的成就和個體的特性也是互動的結果。互動在消極方面會造成心態上的恐懼、挫折、失望、痛苦、不滿、逃避、以及在積極方面會造成愉快、活潑、創造等各種個體的特性。今日的社會問題如：犯罪、衝突、離婚、破裂、鬥爭、暴動，甚至國際上的限武談判，核子擴散等問題，都有深刻的互動意義。人類生活的痛苦，或生活的幸福也與互動有關。人類各種關係的結合和維持，包括配偶、兒女、朋友、同事、股東等，也是以某種的互動型態，職繫其間的關係，形成個體某種特性。所以，互動具有深刻的社會意義和心理意義，亦即建立個體強固的心理和社會型態，以便再與其他的事件和人物發生互動。因此，別人、團體或情況是個體的心理、生理和社會需要的來源。

需要既然是行為的原因，由需要轉變到滿足的過程中，必然產生一連串的互動行為。當人類開始與其他的人、團體和情況互動時，他必須扮演某種角色，以配合他的生理、心理和社會特性，與別人、團體和情況發生互動關係。這就是說，個體依據其人格結構的特性、不斷地使自我延伸到各種情境和人際的關係中，發展其自我的領域，這整個自我延伸的過程，也是自我發展的過程。人與人之間的互動，是基於個體主觀中的人際觀念而發展的人際關係；人際關係也基於人際間吸引力的各種因素，並在人際關係中發展其自我。所以，在人際關係中，為什麼某個體喜歡甲而不喜歡乙？什麼原因使他形成這種關係？什麼原因使這關係強固？什麼因素使這關係破裂？什麼因素使他們的互動產生積極的效果？這些都是行爲科學家研究的問題。本章我們將討論人際和事件吸引力的原理，以便瞭解互動行爲以及自我的發展。

一、人際吸引力的環境決定因素——接近性原理

各個體間某種關係的建立有賴於接觸。接觸始於地理空間的距離或靠近的關係而進行。行爲科學家稱此種接觸的形式爲靠近性或接近性。社會心理學者惠斯丁嘉（Festinger, 1950）指出兩種接近性，一者爲物質距離，如兩個人之住家、工作場所、活動場所的靠近，愈有可能發生彼此的接觸，並建立某種互動關係。二者爲機能距離，如兩座房屋相隔數十公尺，比一撞大厦裡隣隔的公寓，在機能上還容易接觸。鮑撒特（Bossard, 1932）在美國費城研究政府所批准之五千張結婚證書，以表列出每對配偶的婚前住址相隔之街道數。他發現百分之三十四的配偶居住在五個街道或以下；而十二個街道以內者有百分之五十四。所以，當人們間距離增加，婚姻之可能性也顯著地減少。惠斯丁嘉在一九五〇年研究人際選擇中，發現地理距離與友誼間有高度的

相關關係。如在同一排住宅中，人們較容易知道住在三十公尺附近者，而非六十公尺者。在高樓公寓中，同層者比高或低一層者容易建立友誼。

益凡斯和威爾遜（Evans and Wilson, 1949）研究印地安納大學的學生宿舍，請一四八位同層樓的女生開列宿舍內最好朋友的姓名，發現友誼的選擇，接近性是較重要的因素。由於大學宿舍的選定乃由指派的或隨機的，所以大學宿舍乃是一個較佳的場所，以研究造成友誼的歷程。學者在這一方面的報告，一致指出居住地方，如住宅、宿舍的地理位置影響友誼的建立，因為環境因素決定個人和他人間的接觸機會。假如有了接觸的機會，接近性也會影響互動關係；如辦公室、教室等，也有同樣的互動結果。兩個人面對面的坐著，比兩人隔著一段距離，容易建立互相間的吸引力。

行為科學家也運用接近性原理來解決各種問題。凡不同的種族、不同地域、不同理念的人，減少他們彼此間的距離，增加接觸，都會改變他們的態度，減少偏見，建立積極態度。

二、人際吸引力的心理決定因素

在一群互不認識的人，進入某種互動情況後，彼此之間所產生的吸引力，以最初印象為最重要。所謂最初印象即指從個體所表現出來的特徵及態度，與判斷者本身的特徵和態度相似，或能迎合判斷者的心理而言。判斷者對開始互動的其他人，依據他本身以往的經驗而判斷。所以外表屬性的表現和反應，可以說是最初互動時的主要吸引力。還有身體的特徵，如身高、口音、臉型、清潔、姿態、手勢等等，也是互相間吸引力的主要條件。桑頓（Thornton,1944）研究初次互動時對帶眼鏡和不帶眼鏡的反應時指出，生人對帶著眼鏡的人，比諸不帶眼鏡的人，評判帶眼鏡的人為較智慧的、較勤勉的，並且少有幽默感。這種判斷顯然是很刻板的，也即是社會心理學上所說的受常套特性（stereotype）所影響。

常套的特性有一種概推的作用。一般吾人對種族、宗教、國籍、階級、職業、地域等等，都有一種常套的看法，作為判斷的依據。常套特性有暗示或隱示（cue）的作用。當我們看到一群人，在未建立互動之先，乃根據其常套的特性，將互動的他人加以判斷，而且會引起情緒的反應。

鮑可拉斯（Bogardus,1947）設計態度和社會距離量表，測量次級文化團體間的偏見和吸引力的程度。其量表的重點在於美國人是否允許各不同民族的人，參加美國人的文化團體。測驗的結果指出，被試的美國人，對世界各民族可否參加美國人的文化團體各有不同的評價。測驗的統計指出，由最高的96.7％的人認為英國人是允許參加的，到最低的60.8％的印度。因此，常套的特性是一種偏見，在人群開始互動之際，就發生很大的作用。我們對各民族的性質、社團的性質、職業的性質、文化的性質、宗教的性質等等，本就有了常套的看法。我們根據既有的常套特性，判斷與他所交互的人。

馬雷（Murray,1938）指出人類有結交的需要（ need for affiliation ），亦卽與其他的人建立和保持某種關係的動機作用。結交需要具體的表現，卽與靠近他的人，與他們合作，求悅別人，取得別人的情誼。這些行動背後的心理特徵爲善意、友情和愛情。結交的需要也是人類互動取向的特徵。薛皮雷和范羅夫（Shipley and Veroff,1952）根據馬雷的結交需要，研究參加大學兄弟會的學生，以及被拒絕進入兄弟會的人。那些被兄弟會拒絕的人，比被接受者在結交需要的量度表上顯出其需要。因爲已經被接受的人，其結交的需要已獲得滿足，因而降低結交的需要。結交需要和個體的活動量有平行關係。有此種需要的人，在人際活動上非常激烈；不論在打電話、寫信或參加各種宴會，找人聊天等等的行爲相當多。

夏克達研究結交需要和焦慮的關係。他設計兩種焦慮的情況，卽高度焦慮和低度焦慮。高焦慮組卽以某種情況使被試者在此組中產生高度焦慮的心態。實驗者對高焦慮組說明實驗中電擊的作用、電擊的痛苦、電擊的可能危害等等。對低焦慮組卽說明毫無痛苦，電擊後猶如皮膚之發癢而已。這兩組在實驗開始之前，有一段休息時間，可以單獨或找朋友聊天，以等候實驗時間的來臨。實驗者眞正的目的，乃是觀察這一段時間所發生的行爲。結果發現胎次第一者比第二、三胎次的人，置於緊張情境下，對別人表示較多的結交活動。這也證實第一胎次的青少年有較大的依賴性的原理。

需要、特性及能力的類似和補足也是互動吸引力的原因。類似和補足似乎是互相矛盾的，但許多實驗也證實此事。類似卽指人際的吸引是由於他們之間有相似的各種特性；補足卽指他們之間的吸引力，是由於心理特質的互相補足。假如補足的假設是正確的，我們將會發現統配慾強的人，會吸引順從的人；外向者會選擇內向者作伴，聰明的人會選擇較笨的人。關於這一方面的研究，卽以各種心理測驗以決定其正相關或負相關。正相關卽會支持類似性的假設；負相關卽會支持補足性的假設。

愛德華（Edwards,1954）設計個人喜好量表（Personal Preference Schedule），旨在測量十五種不同的心理需要之強度。伊查特（Izard,1960）、潘達(Banta,1963）等以愛德華量表測量普通朋友及訂過婚的青年們，發現他們的結合有相當的相似性，亦卽類似性導致友誼，這也是他們的需要類似的朋友；而產生互相間的吸引，支持其自我的完整。個體在未認識前、已存著需要的類似，有助於友誼的建立。嗣後許多研究也指出，相似而非相反也能彼此吸引。還有一件類似的，就是智慧方面。李察遜（Richardson,1933）早期研究夫妻間的類似性時發現，夫妻在智慧和態度的相關性高於性情的相關性。但最近對補足方面的研究，在某種特殊的情況下，還會發現人群之吸引和互動，是由補足而來的。

三、人際吸引力的社會決定因素

態度是心理因素，也是社會因素。態度是不容易改變的，它是行動的預向。人類在社會化過程中，從互動經驗已形成某種態度，即對人、物和情境已經產生某種立場，而根據這立場，作爲判斷和反應的依據。譬如，我們對某種主義就已經有了積極或消極的態度。與態度有密切關係的，並支持態度的合理性者，乃是信念、意見和價值。信念和意見是指個體對人、物及情境的判斷架構，亦即個體已經有了對某人、某物或某情況之初步印象、價值即指個體對人、事或物之尊貴的評價程度。

自一九三〇年以後，許多行爲科學家對態度問題的研究，包括生活互動方面，政治價值判斷方面，社會事理標準方面，工作活動互動方面，均加以詳細的研究，使態度這個題目，自一九〇八年迄今，始終在學術上保持新穎的地位。

吸引力和態度間的關係，是否由某種相同的態度，而產生彼此間互相的吸引。許多實驗證實此兩者其有相當程度之相關性。相似態度的人結合在一起，能支持他們既有的價值體系，這是很自然的事。個體依據相同的態度，進行各種互動，是一種社會和心理的交換。特廸基和林斯可（Tedeschi and Lindskold,1976）認爲互動是一種社會交換。這原理開始於人類的經濟交換行爲，以及較早期的心理學發現人是尋找報償和避免處罰的動物。社會交換原理（social exchange theory）開始於心理學者希包特和柯勵（Thibaut and Kelley,1959 ）以及社會學者何蔓斯和布勞（Hormans and Blau,1961,1964）等人。社會交換原理的重點在於：⑴團體發展出地位體系（ status systems ）， 而使成員在團體中所接受的代價，各不相同。⑵團體中互動行爲發生的頻次，即以同地位者爲最多。⑶團體中佔在中級地位者，對團體規範最能遵守，團體中的低級者最容易不遵守規範。

社會交換原理乃基於個體的心理報償。在人際互動中，個體也是選擇努力較少，而價值較高的人爲互動的對象。特廸基和林斯可主張人群的互動具有這種選擇的特性。他們研究高爾夫球協會，個體選擇加入該協會，都預先瞭解該會會員的特質，而配合個體本身的需要傾向而選擇。布勞（ Blau,1964 ）認爲個體趨於選擇與他同地位的人，作爲互動的對象，而避免地位比他低的人，恐其影響他們的價值。

互動行爲的研究以何蔓（ Horman,1961,1967 ）、席包特和柯勵（ Thibaut and Kelley,1959 ）爲主。何蔓的互動行爲的理論，即以心理學者施金納的報償理論爲基礎而發展。個體的行爲有快樂或報償的經驗時，即趨於重複該行爲，因此這種行爲是屬於社會交換行爲。社會交換行爲開始於個體對過去的報償經驗而來，過去有報償的行爲，容易使個體趨於重複，而過去該類行爲的處罰，使個體趨於避免該行爲的再發生。當過去該行爲受報償的次數愈多，重複的次數也增加。亦報償本身的價值決定行爲的發生。在一群人的互動過程中，個體對互動後的價值，會提出批判；如果他認爲報償的分配公平時，即互動行爲趨於正常，否則個體會產生不平、忿怒和不滿的心理。所以，報償分配不公平，乃由個體主觀的比較。個體對該報償的比較，是以行動投入爲主，而不比較報償的大小。

四、互動與自我的發展

(一)自我發展的意義

自我的發展是在互動關係中發展的。沒有一個個體的成長不涉及團體，也沒有一個團體的成長不涉及個體的成員，社會是以個體爲單位，個體的健全，亦即自我的健全，自我的健全始有健全的社團、健全的社會和健全的國家。健全的自我必須要經過教育性的社會互動而培養，使自我的發展到自我的發現，自我的瞭解和自我的獨立，而達成自我健全的性格。

自我不斷地尋求其身份，而達到自我實現的境界。所以，如何協助社會中各行業的人士，在自我的發展上有健全的策略，使教育家有健全的教育性格，以利教育工作的正常和進步；使政治家有健全的民主性格，以利社會進入民主社會的幸福；使企業家有健全的自我結構，處理和發展企業各種策略，繁榮社會。行為科學家非常關心自我的健全，而其達成健全的措施，是藉著團體的過程（ group process ），使自我成長。

自我的發現是自我發展的基本條件之一。自我是動作的主動者，是動作的主觀者，是動作的推行者。自我的行為決定其成就、關係、表現等等。當自我開始活動，他卻限於他本身所有的動力和他對他本身的看法。如果一個人認為他的身體矮小，對各種運動都不是別人的對手，在他的自我意像中，就自認為被別人所摒棄，他便不會去參加各種運動比賽，從這個自我的意像，就確定了他參加運動的心態和型態。假如他在適當地尋求身份，發現其自我的特質，他可能會瞭解，從事於騎士的訓練，會使其自我更加發展，更加有成就，而能轉移其自我的發展，於賽馬方面，獲得賽馬運動的成功。所以，自我意像源自過去的經驗，並不斷地加入新的經驗，才能修正過去經驗中不正常的部份，發展現在正常的經驗，使自我日日健全。心理分析家肯定，嬰兒和兒童發展的過程中，他得到愛撫，被拒絕、被統配、被嘲笑、被處罰、被剝削等等，皆會在自我體系中，留下痕跡或深刻的經驗。過去的經驗造成今日的自我，所以改變自我或發展自我要先認識過去的經驗，在發展自我的措施，必須協助個體的自我發現。譬如上述的矮子，忽然發現騎士的活動，而彌補了以往他對運動所產生的內心的缺憾，這項發現即是自我的新發現，而從這個發現，嘗試另一種新的經驗，使他的心理更加成熟，自我更得發展。

㈡自我動力的啓發

自我發現必備的條件爲自我投身（ self-invesment ）、自我接受（ self-acceptance ）、自我察覺（ self-awareness ） 和面對現實爲基礎。假如一位青年求職，處處被人拒絕，使他感覺到他與社會有格格不入的痛苦，他非但不諉罪於他人，反而在自身內尋求問題的癥結。假如他因某事而生氣，別人說：你生氣了，而他否認說：我沒生氣，這便是說他沒有面對現實，否定了自己的眞實感覺。面對現實是自我對其周圍發生事件所採取的態度，亦即他不推却，不逃避、不否定、不消極，而採取積極的態度，再接再勵，與其現實的環境發生正常的交互關係。自我覺察即是從自我的經驗獲得對他自己的正確認識。自我察覺和自我意識（ self-conscious ）不一樣。譬如一位女孩子穿的暴露些，當她走過一群人前時，她會產生敏感，意識到自我在別人面前的存在，想到別人對她的批評而感到焦慮。自我覺察是自觀的自我認識，他會覺察到自我的缺點、自我的優點、自我的能力等等。自我的覺察往往是個體在團體過程中，才能得到，亦即在交互或互動過程中，覺察到自我的實在。並將不實在或幻想的錯誤自我，逐出於自我的範圍中。自我接受即是自我對其本身的肯定，也是接受現實自我的心態。自我不能接受他自己，即不可能接受別人。當自我能接受他本身以後，自我才能擴展或延伸到外界，與其他的人和環境發生互動關係。一個接受自我的個體，才能生出充分的信心和勇氣，面對各種人際關係和情境關係，取積極的態度，將自我投身於人際和情境之中。所以，一個接受自我的人才有足夠的勇氣，將他投身於超越現況經驗中，使他更進一步地進入人群之中，擴展其自我接觸範圍。所以，自我投身（ego-investment）卽可脫離舊有的、熟習的環境，而冒然地衝入陌生的新環境，更加發展自我。

㈢發展自我的預備

自我發展的實際策略，行為科學家對這一方面非常重視，尤以社會心理學者和臨床心理學者為最。行為科學家努力於設置各種群體的結構，使個體在群體中能互動，發展其自我。自我在團體中能否有發展的可能，卽有賴於團體的結構。所謂團體的結構包括領導、溝通、行為規範、報償和懲罰。一般來說，這種小團體的構成，以六至十二人為最受歡迎，且能順利地進行互動，促進面對面的平等交談。這種場合的設置，可以利用茶點時間或餐敍時間，實際上並不太影響個人的時間。小群體的互動最主要的是由反饋（feedback）的團體程序，才能夠發生自我發展的可能，亦卽具有高度的雙向溝道，最好不用權威的規條來限制互動，使個體體驗出，他在自由的氣氛中進行互動。他在這種氣氛下，會產生開放的心情，情願與別人分享個人的經驗和見解，從彼此協助的過程中，以達個體對他本身以及對別人，具有更深刻的認識。

團體中的溝通發生以後，成員彼此間會發現有許多相同和不相同之處，而漸漸孕育團體的形成。這時候成員會在團體中努力於成功的投身經驗，而更願意對團體目標的效忠，使團體變成一個團隊（team）。團隊的公式，照布拉道和摩根（Bulatao and Morgan,1967）所擬出的：

團隊（team）＝個體＋團體態度＋團體技巧

所謂團體態度即成員中對目標和成員互相間的認同，亦即成員間具有互相支持的心態。團體技巧即指對此團體的領導方法，使團體產生互相接受的氣氛。因此，團體若缺乏此種態度和技巧，則團體就會成爲一盤散沙，根本不可能進行互動，或成爲形式上的存在，而不具有團體實質的意義。

一個眞正的團體，是成員具有同一的目標，並在同一目標下進行合作。團體能否產生作用，取決於成員對團體的獻身，將自己的需要，涵接在團體的目標之下。如果成員的需要，置於團體目標之上，則自我的需要便會阻礙團體目標的完成。因此，團體要進行互動和溝通之前，必須在團體中先討論幾個根本的問題：⑴這個團體的目標，各位成員之感受如何？反應如何？⑵成員參加團體的眞正目的何在？⑶眞正爲團體目標獻身的行爲表現是什麼樣的？⑷個體和團體目標如何取得協調？這個討論會幫助個體在參與團體時有適當的心理因素，並使他承認個體爲個體一份重要的成員，能協助團體達成其目標。

團體的過程包括成員思想的溝通，理智的傳達以及經驗的分享，從而促進自我的發展。團體過程可分為幾個階段：⑴初次會合：通常初次會合是和氣和客氣的，而彼此間保持相當的心理距離，觀察對方的一舉一動。⑵議程的同意：成員共同磋商團體議程，旨在使成員能接受共同設定的互動規範。⑶挫折感的發生：團體過程並不是從開始到結束，都處在良好的氣氛中，有時自己的意願不能在團體中達成，或彼此間發生矛盾，或對領導者不滿等等，都會產生挫折感。⑷面對事實：成員要除去偽裝面具；不保留地說出有關彼此間的真正感覺，這時候敵意會出現，爭論也會出現，部分成員在這個階段，會想離開這個團體。⑸互相接受：成員彼此間有不同的意見或感受，於是開始從衝突中進行協議，不同的意見便有了新的解決途徑，這時候領導人會得到新的擁戴。⑹忠誠於團體：成員開始真正的參與團體，不但團體有一種統一性，還感受到成員互相間的支持和力量，到此時團體精神已經萌芽。團體過程最困難的是在第三和第四階段。有些成員在這兩個階段中，取自我防禦的機能，來保護本身的安全。假如在團體過程中，不捨棄自我防禦機能，即很難達成忠誠於團體的階段。

成員忠於團體是決定團體成長的要素。有些團體只要求成員參會，而成員始終停留在自我防禦的階段，他們雖然出席了，開會了，而不使成員真正地忠心於團體。假如團體威脅成員，或成員真正地說出問題或說出感受後，會威脅其安全時，這種團體不管開幾百次的會議，也不過是一種群衆性的會集，並不能達到群策群力的團體過程效力，以及協助自我的發展。

團體的技巧是團體能進入互動過程的方法。許多科技進步的開發國家相當瞭解團體運作的功能，以及團體運作的價值和貢獻。然而，許多開發中的國家，雖然有意接受團體運作的貢獻，但因文化關係和觀念，只能接受少許的團體過程的智識。開發國家的人們，能瞭解小團體的運作及其貢獻，所以，不斷地運用團體來貢獻於他的策劃、研究、解決問題、決定和事業的各方面。然而，開發中國家，傾向於權威運作於團體之中，領導者一直想他在團體中應該扮演權威角色，而破壞群策群力的團體過程，發揮不出團體動力，使團體只成為單向溝通的場所，損失群策群力和群體動力的眞正意義。

在團體過程中要發揮眞正的力量，在團體進行中，平等的地位和互相的尊重，是非常重要的因素。但在權力性格的社會中或體制中是不容易得到的，因爲階級不同的成員，會集在一起，階級的意識會破壞團體的精神。因此，在團體運作中，彼此間的平等和尊重，才能產生自我接受和接受別人。並由團體互動中體驗到自身對團體的貢獻，同時由別人的反饋證實自我的價值，而產生自重的心理。

當團體能夠自己商定計劃時，才能產生平等與尊重的合作能力。如果幾個有權力的人士，想藉團體的聲勢，將自己的心欲和腹案，以各種權威來施壓成員接受，或通過某一方案，如此獲得的結果，一定不能持久，成員也不能熱衷地支持它。結果不是計劃失敗，便是團體瓦解。

團體計劃的關鍵，在於負責籌劃的人的集體決議。一個團體必須具備某種成員的心理條件，才能眞實進行籌劃事宜。這些心理條件爲：⑴成員有一種權力的感受，並且有將計劃付諸實施的責任感。⑵決議必須是集體的，也是各成員需求中所得的一種協調，使成員感受到他的意見和構想，有部份被接受在方案之中。

團體決議和行動的步驟：

確定目標→確定程序→探討問題→權衡可選擇途徑→決議→分派工作→行動

㈣自我發展的實際

⑴自我報告

自我發展的實際措施，由自我報告開始（ reporting ）開始。所謂自我報告卽是個體將其思想、意見、態度、感觸，不論是好是壞，正確或謬誤，都原原本本地表達出來。亦卽開誠佈公地把實際問題報導出來，而對這些報導不加以道德上或規範上的判斷。如此，才能擺脫情緒的作祟。所以自述或報告爲面對自我的最初工具。

自我報告的第一個過程爲「結識朋友」；每一位成員先在十分鐘內彼此認識，互相介紹和談論心中的感受。當十分鐘後，聚集一堂，開始報告各種感受，亦卽做自述的報告，這個機會會使自我的互動由關閉而轉向開放。個體對心理感受的陳述，不受任何品質上的論斷，使他們在不受威脅的情況下，進行團體過程。

自述報告的目的，即協助個體能面對自我以及準備以後在團體中的互動，盡可能將自我防禦機能的運作降至最低程度，使自欺的行爲減少。其互動模式爲：

		對別人	
		可知	未知
對自我	可知	公開事實 ①	私人祕密 ②
	未知	自我防禦 ③	下意識 ④

這種互動的四個區域：①爲你我及其他的人皆知的事。②爲個體秘密，除非個體願意說出來，否則沒有人知道。③爲個體本身含糊不清，別人卻看得很清楚的行爲。④爲個體和別人均不知

，而這一部份對個體影響最大的心理特性。

當各個體在陳述報告時，應包括的項目爲：個人背景、家庭關係、工作情況，以及各情況的好處和問題，坦誠陳述。這種氣氛建立以後，再進行成員所需要的題目。到這個境界，群體會發生相當效力，對自我發展有極大的稗益。

(2)角色的演練

個體在團體中即是扮演某種角色。角色演練是一種相當新的教育方法。角色演練是要參加者很自然地表現出人群關係中的各種角色，除需要演員外，還要觀衆的協助，使各角色的內容得以明瞭。角色演練很重視人與人交互關係中的反應，亦即在執行角色任務時，所遭遇到的各種問題。

角色演練能爲參與者提供更多的參與機會，擴展過去經驗的範疇，使學習者有全人格與團體互動的感受。所以，使用理智來扮演角色，是不會成功的，必須將感情注入角色之中，始有互動的價值和效果。當個體演練某一問題，他因演練的過程中，親歷此一問題的感情體驗，然後再由體驗產生對此問題的觀點和處理此問題的方法。因此，個體藉著角色演練的方法，可以發展出人群關係的新方法。

角色演練有助於認識自己和別人的感受，也有助於增加對別人的瞭解和同情，同時使坐在會議桌另一邊的人，看演練的過程，也獲得體驗。角色演練的第二種價值，乃是它對團體運作有基本作用的感受和態度，以供大家檢討。這些感受和態度，通常均未獲表達和重視。所以它可以用來顯示和客觀評判許多常被忽略，但對團體運作和人群關係有重大影響的各種因素。第三，角色演練能在各種講習班、訓練班、研究會等，讓學員試驗他們的新行爲，並以試誤的過程，尋求新方法。

角色演練的過程，需要一位導演，負責整個過程，協助演員和其他觀察者深入表演情況。導演由團體領導人擔任，也可以由熟練各角色演練過程的學員擔任，角色演練的導演和戲劇導演不同；因爲戲劇導演的主要功能是協助演員明瞭已經編好的台詞和特性，而角色演練協助演員自發地表演他們所擔任的角色之特性，並且協助觀衆觀察分析角色演練所顯示的情況和行爲，俾能增進他們對問題的認識，及如何處理該問題的知識。角色演練的步驟是：決定問題→建立情況→分派人物→向演員和觀察員提示和預習→演出→由演員和觀察員討論和分析該情況及行爲→將獲得的觀點再行試演。

(3)團體討論

團體討論是共同思考的群體過程，要使團體思考，需要腳踏實地的看法，才能將思考的結果帶到實際生活上去。團體思考頗費時間和精力，因爲要得到嚴格和實際的境界，須先將自己的思想，經嚴格審核，提出供大家討論判斷。因而要審核自己的思想是否實際，必須與其他人的經驗查證，才能聚集衆多的想法，成為一個合作的大業。所以，共同思考，即由交換意見，融合數種不同的意見和經驗，俾能使思想成為事實。心理不正常的人有許多思想，但無法與別人查對其思想是否切合實際，也無法加入共同思想的過程。心智健全的人，可以參考別人的經驗，修正他的思想，融合數種看法，而產生另一種看法。因此，共同思想有促成實際、創新和效果的潛力。一個團體由於不同的經驗與看法，而由思考過程獲得同樣的意見時，這個團體就產生一股新力量。

共同思想和共同解決問題的前提是尊重。假如地位和特權介入這個團體的運作中，會嚴重地損害團體的共同思考。所以在團體過程中的平等和尊重，才能將成員各別的經驗和意見，作出有價值的貢獻。所以，要能尊重自己和尊重別人所能作的貢獻。我們也須了解每個人都有他獨特的經驗，而造成各人對事物的看法稍有不同。我們要對事實獲得確實的看法，必須將衆多的經驗、觀點、判斷、價值綜合而成一個新的體系。如何使團體能發生這種能力，即有賴於自重和尊重別人。

自重和尊重別人的實際措施，不外於我們對「聽」、「講」和「交談」的基本態度。心懷尊重地聆聽別人的意見和經驗，要開放和盡心。我們要開放聽別人的意見，不是一件容易的事，它需要相當程度的安全和成熟，才能抱客觀的態度。我們做一個「聽」者，要經常自問下列幾個問題：說話者想表達什麼？他的立場是什麼樣的經驗造成的？我拒絕或厭煩他的意見是否由我的情緒造成的等等。當我們抱著批評者或權威者的姿態，聽別人講話，會被自己的成見和情緒的偏見所影響。所以，一位心懷尊重的聽者，是客觀的，樂於接受別人的意見。團體討論的成效在於參與者的積極貢獻意見—「講」。除非是人講出來，否則什麼問題都不得解決。團體討論的通病是由於參與者的害羞、恐懼、不安、顧慮及缺乏準備等等，使討論結果不會令人滿意。這等因素的產生，就是由於在團體過程中不能產生尊重而來的。當團體的參與者能自重和尊重別人，亦即能正確地，適當地「聽」和「講」，隨即團體會很順利地進入「交談」。交談是一個人將他的眞我，完全爲別人開放。當某人表達了他對某事的意見和經驗，在尊重的情況下，他會盼望別人對他的反應。假如團體討論缺乏交談或反應，即是各說各話，互相間毫無相干的一種現象。互相間能交談、能反應，則討論過程會發生對問題探討的熱度和深度。人就是在這種熱度和深度中尋求自我，使自我發展。

有效率的團體討論，人數在八至十五人間，因爲人數增加會增少成員對共同事件的參與，同時也會減少成員在團體中的貢獻意願和責任感。人數過少，重要或必需的資料也就減少。座位的安排最好是圓型。討論主持人在團體中要處於平等的位置，不必顯出其特殊。如果成員散開坐、或坐成方形、或課堂式的，將會使會員不能貫注精神注意討論，而且也不符合平等、團結、合一的討論原則。圓型的座位，容易看到對方面容，聽到別人的發言。討論的時間須要一小時左右。

主持人的職掌是：⑴維持和製造團體討論所需要的氣氛。⑵開始時請會員作自我介紹。⑶劃分、澄清和限定討論主題。⑷控制和規定時間。⑸啓發討論，維持討論的進行，闡釋每一位發言人的意思，保持討論之持續和方向，保持良好氣氛，提述討論結果和作結論。

保持團體討論的良好氣氛，必須維持友善的、熱情的、隨意的、寬大的、不作評核的等等，都是主持人要促成的。他在維持團體討論的進行時，必須取消不必要的型式。維持隨意、自由、無黨派主義是團體討論的成功條件。所以，團體討論對團體本身的貢獻甚大，使團體有生氣、有創作、有績效。對個體來說，會協助個體的自我發展至自我實現的境界。

第十章　團體行爲

團體與個體的行爲、態度、價值、信念有密切的關係。當我們批評一個人的行爲，他是合作的、侵略的、順從的、自重的、自信的、有抱負的、有立場的，這些特質也與團體有密切的關係。人類個體的活動和生存，處處與團體建立某種關係，而團體也不斷地影響個體，諸如許多研究群體動力的學者，早已肯定團體對個體的影響。研究群體方面的理論，其應用的範圍甚廣，包括群策群力方面、群體動力方面、團體治療方面等等。這個學問自柯特賴特（Cartwright, 1951）研究群體動力以來，李畢特（Livitt）以及衆多的社會心理學者相當重視團體行爲的學問。諸如丹尼特、甘貝爾和嘉斯達(Dunnette,Campbell and Jastad,1963）的研究指出在團體互動後，對個體所產生的影響等問題。賴茲夢（Wrightsman,1977）認爲群體的定義應該包括個體間的互動、個體間的認知、情感聯繫的發展、互相依賴的發展、共同目標的認同和角色關係。諸行爲科學家對團體的研究，對團體行爲的理論和實際，有了深刻的基礎。

事實上，我們不能肯定的說，任何團體行爲都能帶來較佳的效果。許多學者也指出個體如加入某團體後，其新穎的觀念或創見也會有削弱的現象；因爲團體的運作也有抑制的作用。不過這個問題的核心，在於團體本身的性質和結構。從其性質和結構就產生某種功能，尤以團體本身有一股壓迫成員去服從的壓力，使成員附從團體的規範，而維持團體的生命。

人類均有群居的性質，當他們離開團體而過著孤單的生活時，就會覺得不安、缺乏保障。個體為求得在團體中的安全、支持和保障，就會抑制或抑壓與團體規範相衝突之自我觀念，盡可能以自我紀律的約束來符合團體的要求。這種現象在任何性質的團體都會發生。這也就是當團體壓力愈強時，個體的順從程度平行增加，相反地，他們的獨立思維和行動相對地減低。黎斯曼（Riesman, 1950）稱此種行為為別人取向的行為（other oriented behavior）。但是一個健全的個體並不可能完全犧牲自我的特質和自我的尊重，而完全地接受團體的規範來活動。最重要的是對自我之尊重和責任，需要能夠與所屬團體之間維持平衡。

一、團體種類

團體的性質、目的、結構、大小和人情親密的程度，決定團體成員的關係。早期的社會學者柯勵（Cooley, 1920）最早研究團體的類別，分析各類別中的團體行為。他將團體分為主要和次要團體。主要團體是成員能面對面互動的團體。如家庭、朋黨、球隊等等。主要團體能使其成員有情誼的滿足，供應較接近於基本的需要，提供相當安全和愛情的滿足。次要的團體其間成員的關係是抽象的、契約的、智慧的、間接的、機能的和非人情的。如職業團體、工廠、學校、社會階級、黨政機構等是。維持次要團體必須強調其成員對團體規範的持守。

(一)主要團體

柯勵詳細的團體分類模式，將主要團體和次要團體兩種視爲團體的類型。主要團體的特質有：(1)面對面的親密互動和合作，這種性質可以構成該團體的性質和個人的理想。個體間親密的互動，使各個體能形成一個共同的整體，個體本身也成爲這個團體的共同生命和共同目的。成員對這個團體最好的說明，就是說這個團體是「我們」的；「我們」（weness）蘊含了互相間的同情、支持和認知的一致，所以，「我們」應是主要團體自然的表現，亦即所有的個體在主要團體中都有主體性和重要感的感受。(2)受共同的精神紀律所約束；主要團體的團結、一致、和諧和情愛，乃是各成員受共同的精神紀律所約束的結果；精神紀律發自於內在心理的自然。這並不是說主要團體是相安無事的；其成員互相間是有意見和競爭的，但是意見和競爭不致使此團體破損；因爲這個團體的結構容許情緒的表現和理性意見的主張，並且各成員對此意見和情緒，會加之以重要性的反應。個體在主要團體中仍有高度的需要感和被期待，但這種心理特性往往會受共同的精神紀律所約束，而不致構成團體內的紛爭。(3)共同利益和互相彌補構成主要團體的特性：許多學者曾主張距離是構成主要團體的因素之一，但我們身體間的距離不一定構成主要團體關係。譬如在同一個擁擠的汽車，不一定會構成主要關係。主要關係乃是一種心理上的契合和支持，而獲得滿足和安全。它的社會控制力不在可怕的極刑，而在於不接受、不贊同和不理睬而維持主要團體中的良好關係。

主要團體中成員所構成的行爲，即在於他們互相間的互動過程中容許感情進入人際的關係和工作關係之中。他們的關係乃能互相接受爲一個完整的人格，並且在互相間建立了忠誠的關係，互相支持成員的身份和角色。在次要的團體中成員間的關係乃是一種權力的關係、從屬的關係、契約的關係，而互相間的反應是部分的反應和機械的反應。

在主要團體中，意見溝通的範圍和方式是沒有限制的，不論以言語、暗示、線索、行爲、態度等，表現出其情感和需要都是可以接受的，並且其所表現出來的情感、需要和信念，會產生移情作用，而影響其他成員發展類似的態度與感情。主要團體的成員有互相認同的作用，其人際關係中的行爲趨於實在和誠懇。次要關係的溝通趨向於片斷的、事件的、批評的、功能的、職務的等等。個體在次要關係中的行爲是嚴謹的、考慮的、選擇的、猜測的、職能關係的特質。

主要關係中很有價值的是，個體知道他自己是受到歡迎和接受的，並且別人對他有高度的依賴需要。所以，個體不需要在主要團體中努力證明自己。個體在主要團體中會得到一種自我的意像而支持其身份和地位。這與個體處在次要團體的心態完全不同。個體在次要團體裡要盡最大的努力證明自我和身份。假如個體不能建立其自我的意像時，其心理會發生困擾，其行爲可能導致紊亂。

個體在主要團體中的滿足是永久的。個體在主要關係中有助於其人格的發展、安全和福利，使其保持健全的、完整的人格。行爲科學者已經注意到如何在人類的工作情況中創造主要關係，而培養工作的興趣和自主的動機，使他們的生活和工作，都能處在主要氣氛中，充分發展人性的潛能和實在。

主要團體中的主要關係，雖然保持各種特徵，但這並不指出主要團體就是一個典型的完全關係，大多數的主要關係都不甚完全，就是夫妻、朋友或情侶之間的關係亦然。最近，社會科學者和行爲科學者企圖將人類各種性質的次要團體，使之轉變爲具有主要團體的特徵，而增加各種互動的效率和氣氛。目前的研究指出，要達成這個目標的條件有：把地位和榮譽賦予整個團體的成員，改善互動的方式，使其工作、活動和生活趨於統一；並使團體中普遍持有共同的態度和目的；創造一種意識，那也就是把團體視爲一種擴大的親族團體，使之產生認同。

(二)次級團體

次級團體的關係屬於一觸即逝的接觸和契約的關係；如店員和顧客、演講者與聽衆，表演者和觀衆，長官和部屬，著作者和讀者等之關係，其間很少有情緒依存的關係，而是完成事情的工具，並且完成目標後這種關係立即消失。契約方面是有一定目的，並且雙方的目的僅有很少的關係，其間的責任是有限度的，每件事都明白地寫出，定約的各方有何種貢獻、得到什麼、要多少時間等等。情緒和動機都不能算在契約之中，定約的各方可以互愛或互恨；可以互相瞭解或不瞭解。契約關係是一種理性的工具。次級團體的成長在人類歷史上是晚近才發展的，尤以現代都市和工業社會的結構，使人們將花更多的時間和精力，從事於次要團體的活動，來完成個體的目的。這種次要團體不論它是一國，一個公司、一個公會、一所大學、或一支軍團，他們的親密、情感和忠誠不會如主要團體般自動的發展，而是要靠著次要團體的做法和代價，始能發展。次要團體的體積大、範圍廣，就不能依靠如主要團體中的親密關係和互相信任，而達到有規律的行為和有作為的團結。它要靠著制度和規章的控制，組織的不同職能，和各種溝通措施而達成工作效能。

主要團體成員間的關係是非正式的；然而，次要團體成員間的關係是正式的。所以主要團體也可稱為非正式團體；次要團體稱為正式團體。正式團體要靠組織、體系、權力等等來維持其運作。團體組織是構成人類關係的互動架構。正式團體的組織是用來維持團體的關係和效率，並將每一成員要做的事都詳加規定和描述。職位是以團體的需要和目標而訂定的，並不像非正式團體的職位是以個別的成員特性而發展。正式團體的職位也有明定的責任和權力。正式團體有名稱、章程、幹部、業務、會址等等。可是在正式團體的組織中，隱藏著非正式組織，諸如由親族、友誼、情感、工作關係、黨派等而組成的特殊關係，他們是暫時性的、私有性的、秘密性的非正式關係、超越職能和地位。非正式團體寄生在正式組織裡，在結構上並不具有社團組織的型態。可是非正式組織的結合對正式組織的影響已受承認，並且對正式組織的功能會有影響。在正式團體背後，有複雜的非正式組織，以及成員的態度和情感。正式團體的領導者在利用非正式團體的理論，來推動正式團體的功能時，必須考慮文化上、心理上、情感上和其他派系上的因素，而推行合作，否則，許多正式團體的功能卽無從發揮。

瞭解一個正式團體中的非正式關係，以毛勵諾（Moreno）的社會測量法外，還要靠個人在團體中的觀察；誰去拜訪誰，誰躲避誰，人們談論別人時的腔調，他們相遇時的行動等等。這種觀察方式似應偏向於閒談方式或觀測互動中的態度，而加以推測其可能關係。對於人際互動關係的觀察，已經有系統和嚴格而可靠的技術。因爲人類在社會的各種體系中，各人相互間的喜好和厭惡、協助和傷害、愛慕和怨恨、推卸和拉攏、接受和拒絕等有不同的程度。各個體在團體中的相似性和差別性，會產生吸引力和排斥力，因而形成社會網狀組織，表現出各種社會關係。毛勵諾的社會網狀關係，其中孤立的人是不被別人喜歡或不被接受的人。成對的人具有互相吸引的關係。還有更大的三人或以上的鏈狀關係，也是一種互動關係的特性。解釋社會網狀的各種型態對團體行爲的解釋有極大的幫助，且在正式關係中任何一種非正式的關係都有重要的意義。孤立者在某些情況下可能脫離團體。社會網狀中有多鏈狀關係時，可能構成堅強不移的團體。假如團體中出現衆望所歸的人，則是正式團體中的非正式領導者。假如沒有這個人時，團體可能解散。因此，一個正式組織中非正式網狀的結構，將形成這個團體的特色。

各團體都有它的宗旨、規範和活動方式。當個體參與團體後，他的行爲必須適應團體的要求，而產生或大或小的變化。卡特（Carter,1954）研究個體在團體中所顯出的行爲指出：⑴個體能顯出他人格成熟的程度，尤以最容易顯出個體的自我朝向的行爲。⑵個體能顯示其社會性行爲的介入程度和滿足程度。⑶個體會顯示出需要的優先次序。當個體參加團體，他會扮演一個角色，以便滿足他所認定之需要的次序。這三種行爲往往是與團體的目標相違。譬如，當他顯出自我朝向的行爲，或顯出社會性行爲，往往都會與團體的目標造成矛盾的現象。因爲從個體而言，團體的存在，乃是協助他應付他個體的需要。但是團體的成立仍有團體本身的需要。假如團體的需要和各個體的需要能涵接時，對團體或個體來說都是一件好事。因此，團體對個體的需要，若能更切實地關連到個體的需要、完全、尊嚴、創造或自我實現，即個體能獲得最大滿足的同時，團體也能相當進步。

如何保持個體需要和團體需要的平衡，這是團體運作上的一個難題。假如個體只關心他的需要時，即很容易妨害團體的凝結性（cohesiveness）和效率。假如過分強調團體的需要而忽略個體的需要時，即個體在團體內會發生高度的順從性和他向性，而損失個體的獨立思考的能力和創造性。一般從團體的存在來說，團體要發生適當的功能，就必需使團體的需要超過個體的需要。在集權國家中，往往用各種方法來鼓勵各個體，使他們放棄個體的需要，而接受團體的需要，並運用群衆運動的壓力，來貶低個體的價值，提高團體價值，設置群體規範，強迫成員接受。其所提出的規範，都是一種意識的型態，或是一種主義或口號。假如團體要達到這個目標，就必需使個體放棄他們對需要要求的權利，並激發個體產生一種個體無價值感，而以團體的理想、意識型態或主義來代替個體空虛的心靈。所以，加之於個體的意識型態或主義愈強烈，個體也趨於放棄其需要，這時候某種意識型態、主義或信仰便有了極大的吸引力。

二、有效團體

行爲科學者認爲任何團體要達成其目標，有賴於許多條件。這些重要的條件，如士氣、凝結力、氣氛（climate）、領導和結構。

士氣所指的乃是成員和團體目標的關係。當一個團體有高度的士氣時，成員都能接受團體的目標，並且，對於獲得目標的信心也極樂觀，因而願意投其自身於此團體，與其他成員共同合作，努力達成團體的目標。相反地，一個團體的士氣低落，成員是悲觀的、嘲笑的、冷酷的、怨恨的，而不能自願努力來完成團體的目標。士氣低落的團體，成員會表現出具體的行爲；如退出團體、怠工或企圖改變團體的目標、或以冷漠不關的態度來應付這個團體。

團體的精神和士氣有密切的關係，行爲科學者研究第二次世界大戰時的轟炸地區時指出，當飛機轟炸時該地區各種人員之士氣立卽低落，而產生悲觀、疲倦、失敗感和挫折感。這樣也帶來生產事業的降低，危害該地區之整體工作。一般來說，民主社會的人民，在他們感到不便時，或他們個人的舒適受到挫折時，其心態卽傾向於坦白的反對和公開的批評。這也許是對士氣有損的原因。學者的研究指出，決定士氣最重要的因素有：工作情境、升遷機會、工作條件、督導型態、作完工作後之心理獎勵以及對工作的信心等等。可是還要注意的，卽是工作以外的情境也十分重要。

團體的有效與否，必須用科學的方法加以分析。但在未分析之前，要認明團體的類別和特質。社會學方面，團體的類別有大型團體和小型團體，工作團體和運動團體，正式團體和非正式團體，暫時團體和永久團體，親族團體和自願團體，屬員團體和參考團體，興趣團體和強迫團體，其他還有幫會、黨派、會社等等，都是指出錯綜複雜的社會結構和其特殊的團體行爲，也可以從類別而瞭解其目標。

研究團體的特質，可以從多種客觀的立場，來加以分析：

(1)團體的自治：研究團體是否受其他團體的協助而獨立運作其功能，並這個團體在社會中佔有何種影響的程度，這個團體對它本身活動的自決程度，以及與其他團體的關連程度。

(2)團體的控制：研究團體對其成員的行爲所加管制的程度和方式，並研究成員對此控制所表現出來的反應和效果。

(3)團體的彈性：研究團體活動的程度，行爲科學家認爲能按非正式或不墨守既定程序的程度，對各職務功能的限制程度，各職務的自主性活動的程度，既有的習慣、傳統、規則、法規、程序等等，都對團體中各行爲的影響甚大。

(4)團體的氣氛：研究團體內成員的舒適感程度，這種舒適感可由成員互動中的情緒表現，或情緒上的苦惱和抱怨中反映出來。

(5)團體的一致：研究團體內各成員的社會特質和心理特性；諸如年齡、性別、種族、宗教、社會經濟地位、興趣、態度、習慣的相似性等等。

(6)團體的親和：研究團體內成員互相間的熟識程度；這種熟識程度可由成員所討論的論題性質、問候方式、言行舉止、互動方式和反應方式，以及個別成員對團體內其他成員的瞭解範圍和瞭解類別分析等等。

(7)團體的參與：研究團體各種活動的設計和推行時，成員在時間和能力上的參與程度，各成員所執行的職務數目、種類和時間等等。

⑻團體的方向：研究團體的工作方向，工作實施的程度，成員對工作方向是否清楚和接受等等。

⑼團體的能力：研究成員所具備的能力對團體所作的貢獻，團體對其環境的敏感性及解決問題的能力程度，成員對團體目標和價值所支持的程度等等。

⑽團體的安定：研究團體存續不變的程度，成員流動率的程度，團體產品受歡迎之程度，以及工作穩定性程度等等。

⑾團體的層次：研究團體結構的特性以及各階層的權力、特權和義務的分配，成員在結構中的反應，以及工作流程等等。

⑿團體的團結：研究成員在發揮整體功能之認識和熱忱程度，目標和價值的一致程度，成員間的衝突程度，各單位持守整體觀念的程度等等。

構成團體有效性的因素甚多。一般來說一個有效的團體乃指內部有效和環境有效兩種。在團體內部所表現出來的，諸如團隊精神、氣氛、士氣、目標認同等等。環境有效即指其服務或產品之價值和反應，因為團體之滋養是來自團體與環境所建立之關連性。

三、團體聚力

所謂凝結力卽指一個團體的份子彼此之間所具有的相互吸引力而言。這也是團體和其活動對其成員所產生的吸引力而言。成員的士氣和團體的凝結力有密切的關係；高度的士氣會增加團體對個別成員的吸引力。成員高度的凝結力，會產生對某種工作取向的共同行爲。

不過凝結力的增加，不一定會增加有效的生產力。凝結力的產生與團體周圍的情況有密切的關係。當團體周圍的情況存著威脅的性質時，團體內之緊張增加，平時之摩擦減少，凝結力也增加。這也就是加強團體內之團結，以保護其安全，反抗外來的威脅，但凝結力的增加不一定有適當的工作效率。一般來說，一個團體受到威脅，卽較團結而較少有效率，因爲威脅的情境下，團體的防禦行爲急增，工作行爲和創新行爲遞減。雖然，強調團體的團結不一定會增加工作效率，但團結對維持團體的生命，是相當重要的。

魏特蔓（Wrightsman,1978）指出，群體的團結在於成員的接近性（closeness），假如欠缺接近性，卽很容易產生敵對的態度而影響工作的執行。蕭馬敏（Shaw,1976）研究群體的效率和高度的生產關係時，發現群體的團結和接近性是一個重要的因素。又成員有共同可接受的目標，與接近性也有密切的關係。

團體生命的延長與團體中各因素息息相關：(1)團體內所發生的社會化措施：亦卽老成員和新進成員間所發生的社會化問題。新進成員的社會化方向，與團體既有的規範、信念和價值愈接近時，團體性質的變化程度愈低。假如該團體固有之規範、信念和價值，不能為新進成員所接受和涵化時，團體生命雖能持續，但團體特性會變化。(2)該團體實有的資產和成員對此團體所產生的感情也是決定團體生命的因素。(3)團體共有的傳統和理想，能使成員產生榮譽心和高度的期待時，其生命就得延續。(4)團體不斷保持明確的規範，用來指導團體內外的互動行為。(5)團結一致的象徵或符號，如商標、名稱、旗幟、口號、十字架等，使團體內的成員和外界的環境都能接受和瞭解。(6)有組織的領導，推動團體的功能，維持團體的秩序，促進整體行動。(7)健全的因應制度，用於平時和臨急的情況，如預備的領導人物，以應緊急事態或突然喪失領導人物時即行接替，或有足夠的彈性因應新情況的發生。

四、團體氣氛

我們已經瞭解團體的士氣和凝結力，可比擬為團體生活的情緒方面，這個情緒乃基於其份子的態度和行為。團體氣氛也是團體中的一種心理或情緒的狀態。諸如快樂的、團結的、士氣高昂的、和諧的、敵對的、冷漠的等等。當某一種空氣籠罩著某一個團體時，即為氣氛。團體中所籠罩的積極氣氛，可激發認知行為和工作行為。消極的氣氛會抵消工作的熱忱。因此，氣氛具有工具性的作用。李溫（K. Lewin）早在本世紀四十年代就研究在某種社會氣氛之下，兒童所受的影響。他將十一歲的兒童分爲四組，每組在一位成人的領導下，督導他們七個星期。其領導方式分別爲專制的、民主的和放任的。專制的領袖規定團體的活動和程序；民主的領袖即扮演討論領袖的角色，協助兒童參加團體的討論，並享受參與和決定的自由。放任的領袖即扮演被動的角色，只是在要求時才提供意見或協助。李氏發現專制的領袖產生兩種氣氛；侵略的反抗行爲或冷淡的極端依賴行爲，而不能自動發動團體的活動。民主領導下之氣氛，其工作是滿意快樂的，對領袖是友誼的，對工作的推行是自動的。放任領導下的氣氛爲散亂，不從事於團體工作的設計和建設性的工作。因此，領導方式會對團體行爲產生影響，使之產生特殊的行爲型態。

五、團體取向的行爲

巴斯和但特曼（Bass and Dunteman,1963）按個體在團體中的工作行爲分爲：工作取向的（work oriented）、互動取向的（interaction oriented）和自我取向的（self-oriented）行爲。工作取向的人以完成指定工作而獲得主要的滿足，而對社會事宜較少興趣。工作取向的人對其自我的形容。自認爲滿足的、機智的、能控制其意志的、有忍耐力的、與人疏遠的、不善交際的、易激怒的、不武斷的、缺乏異性愛的需要、侵略的、競爭的、需要援助的、不怕失敗的、成熟的、鎮靜的等之自我形容。互動取向的人對自己的描寫爲：需要親切的關係、依賴團體、缺乏成就的需要、缺乏自主的需要、需要別人的幫助、傾向於溫情、傾向於社交、缺乏侵略的需要等之自我形容。自我取向的性格的人，描寫自己為：不為別人所喜愛、對事武斷的、侵略的、敏感的、內向的、多疑的、妒忌的、緊張的、需要侵略的、需要異性愛的、畏懼失敗的、畏懼不安定的等之自我形容。互動取向的人，喜歡與別人聊天，與人共處，喜歡在團體裡工作，而自我取向的人寧願選擇單獨的工作，多注意自己的需要，少注意團體的需要，較以自利為行動的基礎。工作取向的人，對團體的工作極有積極的表現，亦即幫助團體的成員堅守團體目標及進行團體工作。互動取向的人對團體比較不能提供積極的協助。

團體和個體的效率

蕭馬敏（Mamin E, Shaw, 1976）比較團體和個體的效率問題時指出，最早杜爾伯（Triplett, 1897）對兒童騎脚踏車速度的研究時發現一群兒童的速度比個體的速度快。許多學者也指出個體在觀衆前扮演某角色時，比他單獨扮演角色做的比較好。蕭馬敏將團體和個體對執行工作或活動歸納為：

(1)對判斷和觀察方面：蕭氏認為我們不能概推團體工作勝過個體工作。我們要從工作的性質來說明團體或個人的優劣。至於心智工作和判斷方面，團體會比個體正確。盧志、何克斯（Lorge and Fox, 1958）研究團體對重量、溫度等物理現象的判斷比個體正確。但兩者之間正確性的差異不達到統計上的顯著性。不過我們要瞭解的，團體要作高度的判斷或觀察品質，必須要看團體的結構，成員的特性、團體的氣氛，亦即團體本身的品質與判斷或觀察事件的關係。

⑵對解決問題方面：蕭氏的研究指出，團體或個體對難題的解決，不能說是團體好或是個人好，而是要看難題的性質，團體中成員與難題的關係，以及解決問題所需時間的長短。一般來說，簡單的問題，所需的時間較短，個體比較適合，然而複雜的，時間較長的，則是團體比較適合。

⑶解決問題的腦激盪法（brainstorming）：歐斯蒙（Osborr,1957）提出腦激盪法對解決難題有非常大的效益。其步驟爲：第一、陳明問題後，請成員各別表示意見，並提出解決問題的初步構想。第二、記錄成員的構想。第三、繼續提出構想。第四、檢驗所有構想及配合構想而訂出方案。

⑷群體討論：謝克達（Schachter,1951）提倡群體討論的方法，增進群體力量。到目前從事於這一方面的學者衆多。群體討論的優點是：第一、增進參與，提高信心，而對所討論的發生感情。第二、集中群體成員於同一方向和互相依賴。第三、群體討論能達到「互相增強」的效果。

六、團體領導

領導者是發揮團體功能的主要激因，因爲他是促進團體工作和造成團體氣氛的主要人物，與團體以外的環境和情況接觸，發動並指揮團體內的各種互動，使團體發生其功能。

目前，對產生領導者的看法有三：一者是主張領導者本身有適宜的人格特質或超群的特質，此特質可能是先天的，遺傳的特質，或歷史背景的特質，使他變爲領導者。其次是主張領導者是由學習的途徑而獲得。不論任何人，只要有此願望或有機會，都可以學習成爲領導者。再其次是主張領袖是在某種情況或事件的配合下產生的。當一個情境的發生，要求領導，那人在偶然的機會中就持有關鍵的位置，發揮其應付情況的能力和影響力，而達成其領導目的。所以在變遷的社會中，一連串情況和事件的出現，便會要求一種強有力、精力充沛的領導者。

行爲科學者對領導者的研究，首先重視領導者的人格特質，後來比較注意領導者與情況的關鍵（situational context）。在整個研究的過程中，似乎較少出現完整的研究著作，而是零碎的或題目性的較多。一九四七年威廉和李畢特（Williams and Leavitt）研究美國海軍陸戰隊的軍官候選人，他們的領導能力在軍官訓練班時已被同事或競爭者所公認。在他們畢業後進入服務時，上級長官也予以較高的評價。所以一個人在一種情境中有了做領袖的成功經驗，大概在另一種情況下，也可預測有類似的領袖行爲。一九五一年貝維拉斯和李畢特（Bavelas and Leavitt）再研究領袖的情況理論，設計每組五人對問題的解決能力的有效性，這五人小組的組織方法如左圖所示：

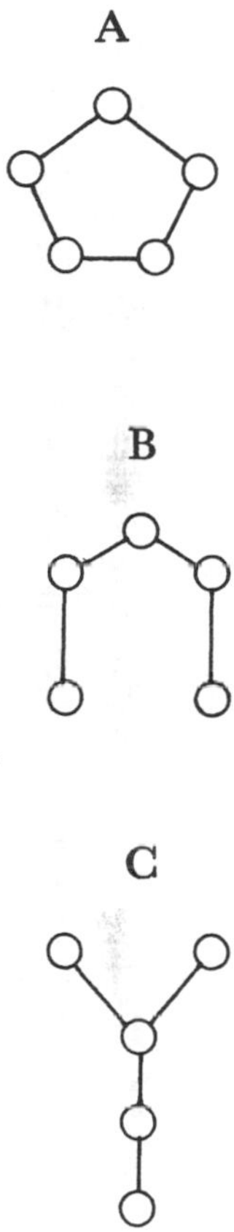

圖中之小圓圈代表個人，而線條代表溝通路線。他們溝通的路線必須照線路進行，並且個人與他人之間設有障礙板，使彼此間不能看到。實驗者在每組進行十五個問題後，即問：「你的組中有沒有領袖？是誰？除A式結構較難鑑別他們的領袖外，其他各組都指出有明確的領袖，亦即在團體中或主要位置的人。或主要位置的人。所以在每組的中心位置的人，最容易被認定爲領袖。因此，「位置」給予人更多的權力，且佔有利的位置的人也可能被認爲領袖。所以，領袖的情況理論乃由此建立。行爲科學家所研究的小型團體均屬三至十人所組成。人數之多寡最主要的是與執行工作所需要的心智狀態有關。施雷達（Slater,1958）的研究指出，解決難題最適當的人數爲五人。歐斯蒙認爲以腦激盪的方式來解決問題最適當的人數是五至十人。這種肯定人數並不是一件重要的事，重要的事是如何在小團體中能滿足成員的參與、激發解決問題的心態，充分給予表現意見的機會。

事實上，群體大小並沒有多大的意義。群體的大小在於群體中所發生的氣氛和溝通的可能，而由溝通所構成的溝通網。這些溝通網是最有效的互動路線。

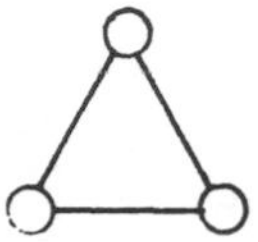

三人溝通網

四人溝通網

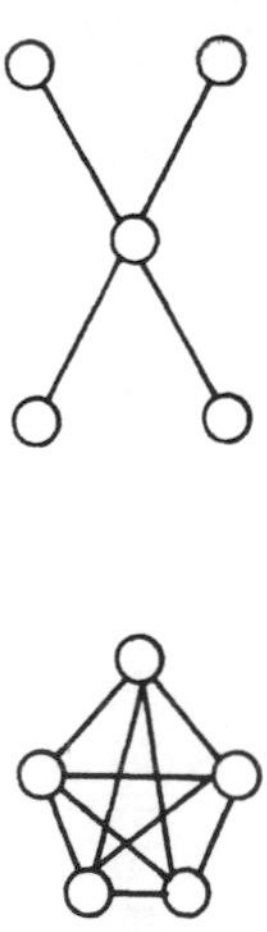

五人溝通網

傅黎蔓、柯斯密、許阿斯（Freedman, Carlsmith and Sears,1976）的研究指出，發揮群體的功能和效果最重要的是溝通型態。他們研究四、六、八人等小團體的溝通。當八人爲一小組時，其中兩個人的溝通佔百分之六十；一人佔百分之十四；其他五人共佔百分之二十六。由此可見，八人小組之溝通型態似乎以二、三人爲主，而容易構成溝通的焦點人物。他們也觀察出在小群體中，說話最多的最容易被推爲領導者。

溝通型態、溝通內容和溝通發生時群體所產生的氣氛是有效溝通很重要的因素。在小群體中所發生的溝通現象不外於：不同意或同意、緊張或鬆弛、團結或敵對、陳述意見或詢問等動作。小群體的運作與領導者有密切的關係。在小群體中領導者的型態，有社會情緒型的（socioemotioral ）和工作型的（ task ）領導者。社會情緒型的領導者，他能介入群體中，他們是社會取向的，關心成員的心理感受和福利。工作型的領導者在群體中施行控制、調整、指導和組織等功能，使群體完成其任務。因爲他們強調工作任務的完成，所以他們就比較固執地推行工作；並加以命令式的作風，使工作在有效的氣氛下完成。傅、柯和許氏認爲領導小群體最好將前述兩種領導者的特性，配合運用，才能更有效地影響團體行為。

領導者與他所領導的團體需有強而有力的互相認同，以及對團體目標的認同。領導者與其成員間之認同，且也能認同於團體目標時，組織便會產生強大的力量。為達成這個目的，群體的溝通是一件非常重要的事。一位有效的領導者往往會注意到團體的行政方面、組織結構方面、推行活動方面、計劃其將來的活動方面、指派工作方面等等。不論是團體間的互相認同或理性的組織工作，都有賴於團體中溝通的有效性，若溝通是有效的，則團體成員和領導者間，更能彼此瞭解感情和情緒能得互相的支持；在團體中可以自由討論，將會有有價值的創造性構想的提出，而貢獻為團體所用。在專制式的權威主義上所建立的團體，雖然下向溝通（downward communi-cation）頻繁進行，但缺乏溝通後的回饋，或缺乏雙向溝通，而造成上下觀念、思想和作法的不一致，且上下兩層之特權不同，而造成對團體參與感之差異。民主領導下之溝通，每個成員有同等的機會來發動、接納和分享溝通。貝雷特（Barrett,1951）根據李畢特所提出的四個溝通結構，而加以溝通實驗時，發現前述A式為民主式溝通，士氣最佳、產品最少；而專制式的D式，士氣最差，但產品卻最佳。

成功的團體歷程中，最主要的是參與領導（participating leadership）。專制領導和民主領導最顯然的差異，乃是參與的程度問題。行為科學家設計各種群體結構，讓人群有更多的機會參與群體活動,藉此討論、訓練、計劃、溝通、促進人群關係、改變行爲、維護身心健康等等。訓練群體(T-group)是一種敏感的訓練，藉此可發現自我。在群體聚會中，我們可以經驗到別人的感受，別人的反應，由此，漸漸瞭解自我和自我的特性。訓練群體開始於翏因(Lewin,1946)。訓練群體對溝通技巧的訓練有很大的幫助。其他還有個體生長取向的群體(personal-grouth-oriented encounter group)、格式塔群體(gestalt group)、心理遊戲群體(psychodrama group)、交易分析群體(transactional group)、無領導者群體(leaderless group)等等，都是針對特殊的目的而設置的群體。所有群體的過程都要求有強烈的情緒介入群體過程中，才能對個體心智的生長有所幫助。參與領導能激發成員的積極態度，從而促進團體的績效。專制的領導者不能實行參與領導，蓋因拒絕對其權威的挑戰，並在重重節節的控制成員的言行擧止，不允許成員對其權力及權威的競爭及挑戰，強調組織中順從和忠心的重要，並以此規範來量度成員的品德。民主領導是參與領導，並使每一成員有機會分享權力，藉此提高其參與感、重要感和執行角色任務。一位不能推行參與領導的領袖，他也是自居於無上的權威，其成員在他的權威下，會養成一種屈從的心理特性，損失他們的自主、自動和自律的成人特質，變爲高度依賴的兒童特質。他們時時仰望領導者的指示，並不願意爲團體面臨的問題而思考，因爲創造情境和解決問題是領袖的任務，成員只服從於命令和指示。在集權的領導下，團體中不能產生自由溝通和創造性的氣氛。假如專制的領袖離開該團體時，團體的運作趨於紊亂，成員間互相敵對的情形出現。在民主或參與領導的情形下，領袖雖然離開，團體的工作仍然會持續，成員也會感受到每一份子都有維持團體秩序和開創工作的責任。

實際上有些專制的領導者，還可以執行相當有效的領導。在他的專制領導下，會有相當數量的團體產品，高昂的士氣，堅強的團結力等等。遇到此種情形時，其專制領導者的心理是相當成熟的，成員也能接受權威主義，並且權威主義與傳統文化具有深厚的關係。所以，專制領導者假如能與其權威的傳統文化結合時，不可斷言他的專制領導行爲會帶來失敗，因爲其作風適合於該地的文化。假如一群生存在傳統權威主義文化中的人，忽然給他們安排一種民主的場所，讓他們運作團體，他們會覺得焦慮和不安，其結果會帶來紊亂的現象。從這種情形來看，領導者和其領導團體的成員，對權力的觀念、態度和價值一致時，他們共處的工作必然有良好的績效，所以，領導方式不能脫離文化特質而論。可是在民主社會裡，當領導者與其成員均有民主的觀念、做法、價值和態度時，他以民主的方法來領導，自然會有豐碩的效果。因此，領導者與其成員間之各種心理與文化因素的調和，將會促進團結和合作，提高工作士氣和工作品質。

關於領導者與團體成員之間，應該保持何種程度的社會距離，或成爲團體之一員爲爭論的題目。概括來說，成功和失敗的團體，成員對領袖的態度也有所不同；在成功的團體中，領袖爲成員所喜歡，並且其間保持一些社會距離。因爲保持一段的社會距離，會使領袖在處理團體的事務上比較客觀，而不爲親密的人情緣故，損失公平客觀的原則。設使領袖使社會距離盡量縮短時，他能保持與成員間的一段心理距離，也能維持團體更佳的紀律和秩序。

七、團體中的競爭和合作

行爲科學家研究團體的社會特性時，遇到一個困難的問題，那就是團體中的競爭是否應予鼓勵？競爭對某些團體會刺激較大的生產力，也有團體因競爭的緣故，而損失信心，減少生產力。有些團體因競爭而增加團結力，但有些也因競爭而導致四分五裂的局面。這個問題人類學者米德（Mead,1937）在研究許多文化時，發現競爭與文化價值有密切的關係。他研究非洲的巴宋格（Ba Thonga）、美洲西南部的齊尼印地安人，以及愛斯基摩人時，發現很少競爭。就是在我們的社會中，競爭的情況也隨著區域而不同。當然，在單純或一元的社會裡，競爭是不必要的；但是在複雜或多元的社會，則是趨向於競爭的。

團體內的競爭極可能造成相互間的嫉妒，而導致感情的破裂。但是完全沒有競爭似乎就變成苟安於事而不求發展和進步。所以，這個問題是一個非常困難解決的問題。可否運用競爭來提高團體的績效，即要看成員對團體取向的態度和感情。假如競爭會導致自我取向，則競爭是危險的，因爲它會導致分歧、不協調和不團結的後果。所以，在集體活動中，個體集中注意於個人的利益時，他們就不能與團體中其他份子合作。

競爭可能造成衝突。如何在衝突中求得合作，爲極有意義的獎勵，也是一種內滋的獎勵。在組織運作過程中，衝突常常帶外附的和內滋的獎勵。當我們說一個團體有創新的工作，創新是新舊觀念，新舊方法衝突的結果。人類本就有獲得勝利、克服困難、解決問題等心態，這些心態若運用在激發團體行爲時，就會產生競爭的現象。另外在團體行爲中，各個體在經驗上、知識上、能力上、情緒上、態度上和價值上有差異，解決這些差異，加以壓抑、制度化或標準化團體的行爲，對團體進步雖有阻礙，但有穩定團體和諧的可能。如何適當地運用成員的各種差異，而達到團體目標，是當前行爲科學家的努力之一。

馬克杜嘉（Mc Dougall,1973）以三種方法來處理團體中個體差異的問題，他善用人類的個別差異，作爲管理的策略，第一、以分開而統治的策略（the strategy of divide and rule），將團體中的成員，劃分爲一連串的「兩人關係」，使個人差異僅僅在兩人之間出現，以此原則來安排團體工作。他在這個策略上，發現衝突和不滿會減至最低程度，而充分發揮個體之潛在能力，使團體工作得到最佳的表現。第二、壓抑個別差異的策略：這種策略是以制度化團體的工作機能，使個體符合於團體的需要。設使有個別差異的存在，也不致產生衝突。第三、運用個別差異的交互策略：此策略是鼓勵有創造性觀念和做法的人，提出他們的做法，與其他成員共同交互，通過團體過程的運作，使感情和觀念在團體中流通，而使有價值的個別觀念，成爲團體的觀念。

八、團體的結構和動力

社會學者毛勵那（Moreno）設計一種社會測量分析，以分析一個團體的凝結程度及關係程度。其步驟爲依據個體在團體中的選擇和拒絕的心態而進行。假如一個團體中，接受的比率大於拒絕的比率，即這個團體的士氣高昂；假如接受和拒絕的比數差不多，或拒絕大於接受時，這個團體的士氣低落。所以，成員互相間的接受和拒絕直接影響到團體的士氣、凝結、合作等結構和功能的關係。

團體的結構直接影響團體的性質。社會心理學上將團體性質概分爲包容團體（inclusive group）和排他團體（exclusive group）。前者爲一個團體由其活動之滿意，而擴張團體活動及徵求成員。此種團體的擴張和分享團體活動，都是採取自由和公開的民主特性，亦即重視成員間的平等和個體活動的自由性。排他團體即爲在團體活動上排除願意加入的份子，排除其他份子而提高其社會性、地位和重要感。亞倫遜和米爾斯（Aronson and Mills,1959）研究成爲團體份子的過程時指出，凡經過難堪的經驗，而成爲團體份子者，非常重視他所加入的團體以及這個團體的活動。所以，在加入某團體之時，此團體以嚴格的規範來限制，使企圖進入的份子，經過一段的努力時，此團體本身的價值和吸引力提高。

團體之活力在於其成員能否共同分享情感、自願遵行規範，以及以此團體爲參考群。當成員加入一個團體時，能否產生「我群感」（we-feelingness）即指此團體成員從心理上，願意將互相之間的歧視排除。成員和非成員之間也會產生心理學上之「形與基」（figure and ground）的關係，即以團體爲形，以他人爲基的心理現象。從成員方面來說，他若認爲團體對他是非常重要的，則他所投入於這個團體的情緒也增加。

最近，在美國社會中，發生一種團體的運動，普及各地區。這種運動稱爲公社運動（communal movement）。公社運動在一九七〇年前後發生於世界各地，在美國就有五千個以上的公社。魏特蔓（Wrightsman, 1978）指出公社的型態樣樣式式，包括無政府主義公社（anarchistic-commune）：此公社係隨個人之慾望，自由結合。目前以吸毒品者爲最多。群婚公社（group-marriage commune）、宗教公社（religious commune）、意識型態公社（ideological commune）、婦女公社和職業公社等等，這些公社都有反抗傳統文化和規範的特性，他們分享工作和財產，發展更親密的社會關係和人際關係。他們也持有理想社會（utopian society）的信念。柯安達（Kanter, 1972）研究這些公社的共同特性爲：自願加入會員、目標取向的組織、自己建立的規範、共享資源和財物、親密的人際關係等等。因此，在公社中富有兄弟情感、互相信任、心胸開擴、共享價值等現象。羅波特（Roberts,1971）研究公社的社會心理因素時發現，公社成員對群體共同的價值有專誠的表現，這是使公社穩定和發展的原因之一。成員在公社中能充分表現自己，他的需要隨時可以表現。公社對其成員的控制，不使用外在的規範，而使用成員對公社的專心和專誠，而維持團體的紀律。公社的目標也能激發成員將其情緒投入，而使個體和團體結合在一起。公社的領導者不是法定的，而是具有神智領導者的形態（charismatic figure），他是該公社的最高權威者，具有高度的神聖或宗教氣氛。

當一個團體產生排他性時，這個團體除了在容易獲得凝結力之外，似無其他的好處。一個排他性的團體在事實上有許多同質性（homogeneity），而減少團體中各種摩擦或矛盾，但也可能妨害團體的有效性。何富蔓和梅野（Hoffman and Maier,1961）研究兩種不同的團體時指出，異性質團體對問題的解決和創造性的績效，其品質高於同性質團體。又從技能特性來說，混合組也高於單純組。從團體性質來說，開放性團體對解決問題的品質，也高於封閉性團體。一般來說，排他性的團體較屬於古舊的、權威主義的、傳統的社會特性。在民主性質的社會裡，排他性的團體與整體社會的性質，似有格格不入的現象。

第十一章　溝通行爲

人類生活的過程和活動中，大部份的時間都通過言語、文字、姿勢或器具，來表達個體或團體的意見、思想、觀念等等。人類在各種動物中，最具有高度的溝通能力。溝通是人類最有效的互動工具，也是人類的一種發明。人類這種發明，一方面能引起互相間分享經驗、知識和思想；另一方面也引起許多問題和煩惱。人類互相間之相處，最困難的問題乃是由溝通的阻塞或崩潰而引起的。人類的生命與生存是一種歷程，由這歷程自我與其周圍的環境得以維持。生命或生存歷程中，含有許多份量的溝通意義，並由溝通來完成生命之目的。我們通常都會覺得，由於溝通的缺陷，如用字不當、辭不達意、言詞過激等等，招來生活的各種問題，破壞人際間各種關係，而使生活和活動上陷入不利的處境。人類也有更高度的溝通行爲，亦卽爲溝通的符號行爲（symbolic behavior）以將意義和思想，表達出來。動物雖能傳遞一些簡單的和情況的能力，諸如危險、敵視、痛苦、喜悅、飢餓和性慾等等，但牠們不能傳達以往的事件或將來的境況，以及以符號來溝通意義和抽象理念等行爲。

人類具有運用和操作溝通的能力，使他發展出複雜的社會關係和社會功能，如改善生活和社會功能，改善生活和社會環境，發展自我認知，形成各種觀念和價值體系。在溝通過程中我們可以瞭解別人對我們的期待，甚至自我的概念大部份也受制於這些期望，而發展出複雜的自我結構。我們日常的活動中、談話中、寫作中，把自我的觀念、情感、願望等等，傳遞給別人。因此，溝通是一種意識的歷程，傳達一切人類所需的信息。心理學者和社會科學者認爲溝通不但是自我表達的技術，也包括意義交互的方法。所以，溝通行爲包括主動或被動的、語文或非語文的、可覺知或不可覺知的，都構成生活重要的部份。

溝通是人類存在的基本因素之一，也是人類的組合、活動、關係及工作所必須的重要因素。尤以人群關係中，溝通爲有效領導、完善計劃、適當控制、相互協調、有效訓練、緩和衝突、交流知識及妥善決策所必備條件。社會心理學者巴因斯與柯勵（Burns and Kelly）將溝通視爲人類生活和活動的全般，也不過其言。

一、溝通模式

自謝崙和韋伯（Shannon and Weavar, 1947）最早建立溝通模式，即信息來源、傳達者、信息、接受者和目的地的五個過程後，學者紛紛研究溝通的各種型式。

溝通是團體的一種結構，這結構告訴我們一個團體是如何聯繫在一起，如何發生互動功能。

溝通網的建立，可以影響個體的參與感、獨立感和責任感，以及對所得到的信息，如何加以處置，如何使團體發生某種氣氛。團體溝通也能影響團體的效率、速度、精確性及適應性。溝通網會影響溝通者和接受者的感情，也會影響溝通的速度和準確性。溝通網有好有壞，好的溝通網有幾個特徵：(1)平等的雙向溝通比層次的單向溝通網好。平等的雙向溝通類似環狀或交互溝通網，每個人所有溝通路線和數目相同。層次溝通網即以星狀，其中一個個體可以和很多人溝通，其他的人彼此間不能溝通。(2)雙向溝通比單向溝通好。實際上一個大型的組織機構，平等溝通網和金字塔型結構相衝突。還有一個問題，平等溝通網往往會造成威脅團體中的某些人。鏈狀溝通網和單向溝通網可以掩飾上司的弱點，所以在鏈狀溝通網中，可以選擇所得到的信息，可以責備別人的錯誤，可以逃避別人的懲罰，而可以保護自己的自尊心。

早期社會心理學者干特流和歐爾波特（ Cantril and Allport ）研究溝通與參與的關係時指出一個模式：

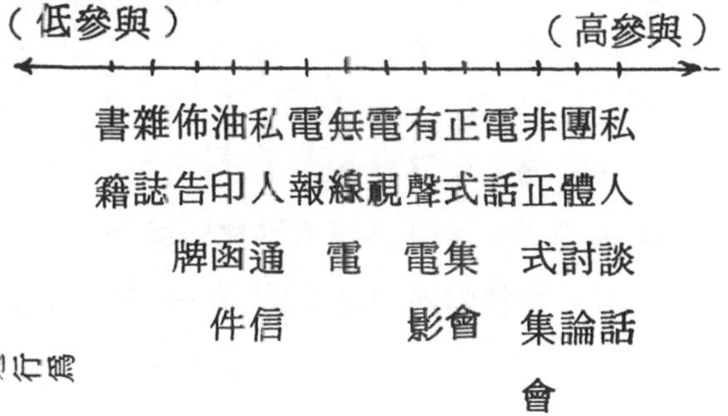

通過書籍所溝通的數量最低；而私人談話的溝通量為最高。干、歐兩氏的研究指出溝通關係中，所使用工具的意義和重要性：某些工具的影響力或效果，會比其他的工具有效力。

雷必斯（Davis,1977）也提出溝通過程的一個模式：

意念 → 傳送意念 → 傳達 → 接受 → 解釋意念 → 行動

ideation　ercoding　transmission　receiving　decoding　action

這六個過程可以說明語言或姿態的溝通。當送信者產生某種意念，是為溝通過程的發生。第二個程序是將意念變為象徵，將它傳給受信者，這時候必須選擇傳送工具，如使用電話、書信或面對面談話等等。第三個程序為傳達或傳送。在傳送的時刻會產生干擾或阻礙。第四個程序是接受。假如收信者在這個程序中不產生任何反應，即信息到此失落，不再前進。第五個程序是解釋意念，亦即收信者從所傳送的象徵中取出意識。假如送信者將意念轉變為象徵，而所使用的象徵符號，傳送給收信者，他從這象徵符號中所取出的意義與送信者的意念相同時，即收信者瞭解送信者的意念，也是有效的溝通。第六個程序為行動，即收信者對溝通所反應出的行動。他的行動可能是置之不理，可能是執行工作等等。雷必斯指出溝通者傳送信息的目的，乃求收信者能做下列五個反應：收受、瞭解、接受、行動和回饋。假如所溝通的各種信息，在收受者心理結構中，能產生這五種反應，則溝通是成功的。因此，溝通也是一種改變對方行爲的企圖。

雷必斯也檢討幾個溝通方式的得失：

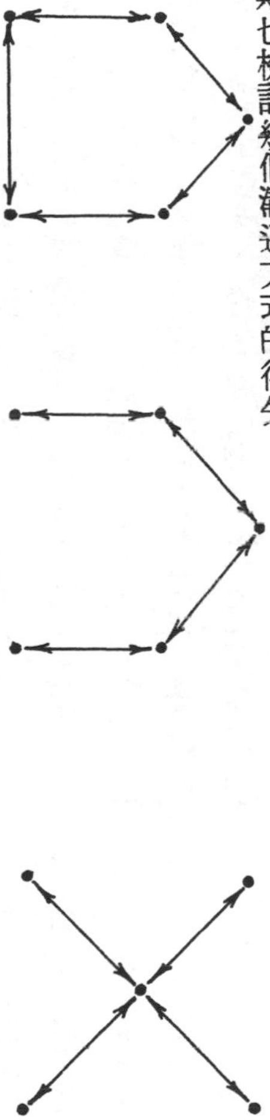

環型 circle　　鏈型 chain　　輪型 wheel

	環型	鏈型	輪型
速度	慢	快	快
正確	低	佳	佳
滿足	佳	差	差
因應	快	慢	慢

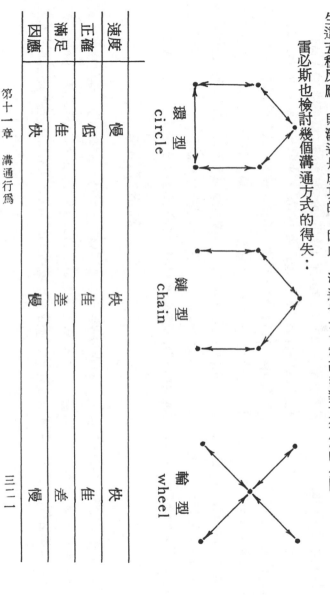

鏈型和輪型溝通網，在執行工作的速度較快，溝通亦有相當的正確性；至於工作的滿足和工作臨急的因應，比較緩慢。環型與前述兩型呈現相反的現象。所以溝通的方式和結構，相當的影響組織中的各功能和心理氣氛，至於如何找出最佳的溝通模式，是行為科學家目前的努力之一。

二、溝通的運用

在溝通行為的過程中，個體不知不覺地傳達出自我概念和團體身份。此種歷程大部份是個體所意識不到的。溝通的層次大至國際政治，小至朋友間的互動。溝通過程中有意識的和下意識的：意識即指個體企圖將他的需要和願望，以各種象徵表達出來。下意識即指個體不能覺察到的需要或心理，在溝通中卻會流露出來。溝通也有文化的特殊性和人類共同性兩方面。在某文化下共同可以瞭解的象徵行為，即屬特殊性，然而人類共同可以瞭解的為共同性。不論特殊性或共同性，個體的態度、需要、動機、認知、學習和人格在溝通中扮演相當重要的份量。

在國際上或政治上的溝通，往往有「意識意義」和「隱藏意義」兩種。譬如國際外交上發出的某種抗議，在意識的部份可能表示不予接受或抗議；但在隱藏的部份仍默認對方的作法或讓對方考慮此事之嚴重性，而予以適當的調整。不論我們在政治上、經濟上、社會上、文化上或宗教上所做的溝通，都必須先予考慮在接受者的心理結構中，會產生什麼樣的反應。所以在分析溝通時，把接受者的認知定向或心理定向，有正確的瞭解後，而進行溝通，才有預期的收效。溝通發生於雙方面的，當接受者是善意的，則在這種情形下，溝通較能順利進行。假如他是敵意的，則其溝通會受曲折，而不能達到溝通的目的。在人類互相間的溝通，其內涵的意義往往比明顯的意義來得重要。

溝通是人類互相間結合、學習、互動和分享經驗的工具。人類在各種活動中，絕大部分的時間，都與其他的人或群，在意識上或下意識上，作多方面的溝通。在其過程中，有動作的和抽象的表現，藉以表達自我的感受、需要、意願或反應。動作方面諸如說話、姿態、行動等直接由個體表現出來的行爲；抽象方面諸如文字、大衆傳播、圖片、記號、符號等等。不論是動作的或抽象的，人類的溝通行爲包括聽、講、讀、寫和動的活動。這些行爲能促進和影響溝通對象的反應。溝通雖是一種物理現象，藉著符號傳達意義，但溝通內容並非簡單的物理原理所能支配，因爲在溝通行爲的過程中，有文化的、個體的、心意的、意志的、經驗的、情況的各種因素，干預溝通過程，使溝通更加錯綜複雜。此外，再加上人類創造符號的能力，用符號代表共同規範的意義，以及以符號示出個體的心理狀態，這使人類溝通行爲殊異於其他的動物。人類所擁有複雜的象徵符號的溝通體系，如語文，也能溝通古昔往事及未來構想的觀念，這樣更能累積人類的社會遺產，充實其內容，使之更加豐富，更加複雜。今日人類溝通行爲，不只限於簡單的言語或行動的傳達，還有通過各種科學儀器，諸如無線電、電話、擴聲器及各種錄音裝置等，作單向的信息溝通。人類也能使用符號性的文字，諸如電報、新聞紙、雜誌、書册、公佈、傳單等等，傳達各種信息。還有通過藝術，如照像、圖畫、卡通、電視、電影等等，傳送某種信息。行動象徵方面，如姿勢、擁抱、握手、擠眼、點頭，以及各種旗幟、標誌、鈴號、燈光、煙幕、鼓鑼、圖騰、香味等，以符號來表達意義。所以溝通的定義就是使用各種符號傳達意義的措施。當人類利用符號相互行動的時候，便是從事溝通的時候，然而，僅有在發出符號的人和接受符號的人，能互相瞭解彼此間的狀況時，才能完成溝通。因此，有效的溝通行爲是「站在共同的立場」、「瞭解對方觀點」或「理解對方感覺」之下進行。因此，溝通行爲的有效與否，即所使用的符號在發信人和收信人之間有同樣的意義，才能順利地進行溝通。溝通的成敗，在於溝通者所使用的工具和方法的精巧程度而定，也即溝通者要瞭解對方的情形，而施以適當的方法和工具，將本身意圖傳達出來。大衆傳播的溝通，其成功與否，不在於溝通者如何設計他們的工具或方法，主要的是由觀衆的反饋來設計。這種反饋是經由種種的附從行爲，例如、訂購、捧場信件 商品推銷數量等來決定。

人對人的語言溝通中，相互的行爲甚爲重要。這就是肯定了溝通行爲是一種雙方行爲的程序，包括告訴信息和聽受以及反饋信息。在言詞交換過程中，發信者發出符號式的聲音，解說他的經驗，直到聽受者也有同樣的經驗，並且已經習慣於將該項聲音和符合於聲音的經驗聯合在一起的時候，意見的溝通才有可能。當發信者發出某些信息，聽受者能正確地接受或對發信者的信息提出修正的意見，直到兩人都在自己心中重新產生對方的經驗爲止，這是溝通的「取和給」的程序。因此，溝通行爲就是一種交互的「設身處地」，一種象徵式的將自己放在別人的立場的程序，並且在溝通行爲所表現的，要符合於接受者的經驗和所使用符號的程度。

行爲科學者研究雙向溝通或回饋溝通的有效性，或在各種互動情況中，最能促進參與程度者，依序排列。從參與者最少的情況至參與者最多的情況，如前所示。

三、溝通的類型

㈠符號的功能

人類有製造符號的能力，用符號代表他對於環境中任何事物的感應。人類有使用語文和符號的優越能力，而適應和發展其在文化或社會環境中的生存。他有語文的溝通體系和象徵符號的溝通體系。人類藉著象徵符號的能力，傳達古昔往事的觀念，使人類的文化遺產鉅量增加。然而，還有多種別的方法，造成符號和傳送符號。人類也會用個人的姿勢、如擁抱、握手、擠眼、點頭、標幟，做爲符號表示意義。人類也使用各種裝置，如信標、鈴號、烟火、鼓鑼等傳送意義。

當人類利用符號做互動行爲時，便是從事於溝通的行爲。溝通的過程亦即兩個以上的個體，運用符號，互相傳送和反應。溝通在這個意義上，要在「共同立場」、「瞭解對方觀點」、「理會對方感覺」，才能使雙方發生溝通，使符號在發信人和收信人間有同樣的意義。

個人和別人辦理各種事務的方式，是利用口頭、書寫和姿勢等符號。符號就是事物、行動或事象，可用以代替別的事物。

人和其他的人在一起辦理各種事務的方式，既是運用口頭、書寫和姿勢等符號，表達某種意義。所以，符號是可以代替行動、事物或事象。當某種符號在一個團體內，獲得標準化和習慣化的意義時，就變爲該團體的一部份語文。符號有通用的意義，可以適用於一個團體中的各份子，同樣地，也兼有私用的意義，專用於某些人。例如「爸爸」、「媽媽」、「太太」等對許多人都有同樣的意義，但是也可以有私有性的意義。

人類獲得符號的意義，是從其社會環境中，對各種刺激所引起的感應。而所引起的這種感應，與以前某些刺激所引起的感應相同。如一位父親的一種腔調說「不要做」，並且在責駡的同時，打嬰兒的手。這種舉動經數次重複以後，雖再不打他的手，而僅說這一句話，嬰兒也會把手縮回去。這是嬰兒已經懂得「不要做」一詞的意義，因此，意義便與符號聯合在一起。符號是代表人類所經驗的事，可是符號也可以決定一個人將要經歷何事。這使人類有可能進入更高度的文化社會。符號和經驗的互依存性，在學習過程中非常明顯。如拼湊積木遊戲，可以用符號來幫助學習者的適應和學習。人類的經驗大部份是受符號的功能所管制，因爲各種不同團體管制各種不同的符號，使個體產生不同的經驗。在人類各種各類的團體中，如工廠、店鋪、工會或其他社會性或經濟性的團體，每天必須應付很多不同等級文化背景和社會經濟背景的人，通過符號的溝通，進行某種工作，並且繼續不斷地瞭解和調整其團體內的衝突，以便使團體能有效地交換有關共同任務、做法、觀念等意見，而結合成爲一個和諧的整體。符號是代表行動、事物或事象等的工具；人類也用符號來對各種事物發生感應，如提高生活水準和工作效率等符號，不斷地影響他們的生活。人類經常尋求省時省力的溝通方法，符號便在這個情況下流廣，也就是用符號將某一種情況的屬性和數目加以減少或合併，以便使一個人對這個狀況感應一種整然印象，這也是抽象行爲的程序。當人類創造一種符號的時候，便加以抽象化，也就是對一種狀況或事態加以反應，或描述一個狀況的特質。我們用「資本家」、「工人」等言詞來說明他們的許多特質。符號可以節省很多人力，譬如我們說「他到某某公司去上班了」，就可以瞭解這個人的一般特質及其屬性。

(二)姿勢的溝通

人類互相的交往，也依賴各種姿勢以進行溝通。人類的動作或姿勢，對他所熟習的人，也有充分的溝通意義。在溝通過程中，常用姿勢來代替言語和意義。這種姿勢的溝通，在足球或籃球的裁判員，甚至宗教僧侶所表現的儀式姿勢，常常看到這些現象。所以適當使用姿勢，即能補充言詞或文字的不足或加強其意義。一位有表情的人，如律師、候選人、魔術師、拍賣商、教師、傳教士等等，均以姿勢來補充或加強其言詞，這指出藉著姿勢的溝通對這些職業人士，扮演成功的功能，具有相當的重要性。因爲姿勢是一種抽象的工具，表現出的意義，有助於述說事情的生動或戲劇化。一般來說，人類大部份的姿勢都已經習慣化，並且經由各種文化定義而給予姿勢的意義。如美國人以握手示敬。波里尼西亞人用對方的手打自己的臉，以示尊敬。適當的姿勢是在社會生活中學習而來。美國政治家對群衆擺手的時候，很謹愼地處置他們的手臂位置，很怕模仿俄共的握拳或法西斯人的直臂敬禮等行爲。人類的社會，由姿勢來傳達意義是富有文化性的，亦即受社會和文化所影響。因此一種有效的姿勢，最主要的是它的文化定義。所以，各不相同民族或不同階級的人士，相互接觸時，可能產生溝通上的失敗，而其主要原因乃是互相不瞭解姿勢的文化背景。行爲科學者多方面研究臉部表情時指出，嘴部肌肉比眼部更能傳出感情。還有些學者也指出：在表情或對表情的辨別上並無男女兩性的差別，但是在辨別他人面部的情感時，女人稍優於男人。辨別各種表情，在難易比較上並不明確，但是一般的情形是快樂的表情比不快樂的表情易於識別。有關面部各區域表情能力的比較研究也指出，人的上半部臉對驚異和恐懼的表情是較優的。其他表情如大笑和微笑等下半部臉表現較優。對姿勢的認識有助於瞭解社會相互行爲的型態，並可瞭解該文化中的抽象文化和精神文化，諸如對該文化的藝術、雕刻、電影、電視等之實際意義的瞭解，有極大的幫助，並且對宣傳、教育和勸說也有相當的效力。

㈢語言的溝通

語言是人類最重要的溝通方法。在人類社會中語文的溝通，富有符號的階級意義。這就是說我們的談話方式，相當受生活方式所影響，且將階級的生活特質輸入在溝通行爲之中。人類使用語言時，會將符號來表達其階級所涵蓋的意義。語文也是個體在他的團體中所獲得的文化遺產。所以，他所表現出來的，有個體的特質和團體的性質。個體特質方面，如聲音之高低音調，特殊的詞句組織，以及與其相配合的姿態；團體特質方面，如語彙、字詞結構、姿勢與音調等之文化性特質。語言的溝通中含有高度的文化、社會和心理因素。這些因素存在於溝通者與被溝通者之間，使兩者依此因素發生「推理結構」、「預想傾向」和「既有傾向」等等心理作用，對溝通的進行或接受加以影響。這也就是吾人常提人類互相間的感應有選擇性的原因。所謂「推理結構」即指在溝通中的任何資料出現，這些資料必須加以推想時，個體就加以推想的動作，來瞭解其資料的內容。所謂「預想傾向」即指個體在溝通過程中，心理中的需要、期待、動機等，影響其心理結構，使他對溝通中的資料，發生高度的選擇性。所謂「既有傾向」即指個體本身的習慣、價值和信念體系、態度體系和思考體系，會將溝通中的資料作習性的反應。

四人際的溝通

人類溝通的發生，其中有幾個明顯的因素：⑴溝通者意欲傳達的信息；⑵表現信息的言語，諸如詞句、數學象徵、圖表、姿勢等等；⑶傳達信息的工具，如面對面的會談、電話溝通、備忘錄、公告、廣播等等方法；⑷接受者如何接受、解釋或反應其信息。人際溝通的目的，不外於傳給對方一些信息，企圖影響接受者的態度，提供各種心理上的支持，而影響對方的行為。有效的溝通，並不在於溝通者傳達什麼，而在於接受者接受什麼，而接受以後其思想、觀念和行為如何反應或變化。因此，成功的溝通，其條件為：⑴溝通過程中如何引起接受者的注意。⑵接受者對溝通信息的瞭解程度。⑶接受者對所傳達信息的接受而改變的程度。所以，注意、瞭解和接受是衡量成功的溝通的三個基本條件。假如溝通者要評價他所做的溝通，是否達到上述的三項條件，則雙向溝通能協助達到其目的。可是我們要瞭解，雙方的溝通開始，對方的接受並不只是憑著理性或邏輯的原則，而接受該資料。當溝通者提出理性或邏輯資料，接受者即以認知來反應，而較不以客體的事實來反應。個體一時所能覺察到的，或所能感受到的感官刺激，也往往不是根據客觀的事實，而是依據主觀的期待、價值和信念，來認知出現在其眼前的資料。為了這個緣故，人際的認知變得非常複雜，其原因不只在溝通者本身的出現或表現，而接受者本身的心理狀態，也是一個非常重要的變數。這變數會影響人際溝通中的三個條件，「注意」、「瞭解」和「接受」。

決定「注意」的條件，在於所送出的信息，能否迎合接受者的感官刺激，而引起適當的注意。能激發個體的注意，在於該刺激與個體的需要和目標間，能否發生某種關係而定。當個體認爲該刺激能滿足其需要，完成其個體目標時，這個刺激就會受到極度的注意。可是注意也會受個體的信念和價值所改變；因爲與個體不相干或矛盾的刺激，往往會被個體所疏忽，而不引起其注意。關於「瞭解」方面，溝通者傳遞一個信息，要靠接受者如何去解釋它。在人群關係中遞送信息，大部份靠著言語或文字的表達。在溝通者所使用的語言，並不一定與接受者所瞭解的能相吻合。接受者所接受或解釋的意義，大致以人爲主，而不是以字彙或象徵爲主。因爲一個字彙對溝通者和接受者不一定會有相同的涵義，所以溝通者意圖傳出的意義，可能接受者接受爲相反的解釋。有時候溝通者所使用的語言不爲接受者所熟習，而不構成意義，並另外編造適合於他本身的另一種意義。實驗上指出不熟習的字彙，不常見的象徵、或技術上和文化上的特殊用語等，都會構成這種現象。還有在溝通中使用的字彙，可能會激起接受者的記憶和情緒，亦即下意識的浮現，而曲解溝通的原意。關於「接受」方面，接受者能夠注意和瞭解信息的內容，也可能曲解信息的原意，是因爲其信息與他本身的信念、價值體系和自我意像不相吻合的緣故，尤以當信息本身含糊不清時，接受者最容易曲解它，是因爲不符合他的信念、價值體系和自我意像。假如接受者對所溝通的信息不能接受時，他會拒絕。不論接受或拒絕信息，個體當時的情緒狀態是非常重要的。當個體處在憂鬱或憤怒狀態中，他比較不能接受合理的意見或別人的諫言。所以，溝通者的信息，若能被接受者認爲可靠或可信任，並所溝通的題目適合其心理需要，或溝通者被接受者所認同時，接受信息的程度自然會增高。

(五)羣中的互動

最能代表人際溝通者爲會議。會議是統合不同意見的方法，並且在會議中分享經驗，改變觀念和態度，擬定方案，解決問題。會議的溝通有許多益處；可以提高所決定事項之品質，綜合單位利益，創造新觀念，激勵參與，擴大見識，改善態度，滙集經驗，促進團隊行動，學習新知識等等。

會議是溝通的型式，會議是一種過程或一種達成目的的手段。會議共同的問題有：目的、人事、引導和決策等四項大問題。會議的目的有明顯的一面和不明顯的另一面。明顯的一面卽爲解決共同問題；不明顯的一面卽有不便公開的目的，例如生產單位不希望銷售單位干涉其生產程度等等，而召開一個以某種名義下的會議，來抵制銷售單位的干預。有時候阻止或干擾團體會議的目的，會使單位或個體得到更多的利益。干擾團體達到目的最好的辦法是在會議中提出新問題或新方案，將原來的目的分散。另一個方法是強調會議的目的，擴大其範圍，使之更加複雜化，使與會者無法達成協議。所以，只要能使與會者對會議目的有不同的看法，便很難達到會議的目的。

與會人士的人格特質是影響團體溝通的第二個原因。與會人士包括主持者和參與者。當主持者的人格、支配慾、自我觀念等等因素，都會影響團體溝通的過程。成員的性格、涵養、需要、自我防禦機能和目的，也會影響團體溝通的過程。還有互相間地位、階級、年紀、經驗、聲望也會影響團體過程。團體溝通的過程容易產生的問題諸如：某人的意見被忽略、被嘲笑、被攻擊或由人格上的特質而造成團體不同的氣氛，諸如過份興奮或壓抑等等。如果把人格特質帶入團體溝通之中，尤以將地位、權威、專家等因素在團體溝通中出現之後，團體溝通的氣氛急激變化，因爲這些因素會制止理智和情感的運作，而使這個團體變爲聆聽指示的一群人。

引導團體討論的方向是影響團體溝通的第三個原因。當成員能適當地、自由地發表理智，發洩感情時，團體討論的方向容易迷失。其結果就顯出缺乏效率現象。引導是一種技巧，也是一種藝術。主持人應該有能力判別，該討論的事項與開會的目的有否關係，而調整團體過程的方向。

做出決策是影響團體溝通的第四個原因。當團體進行討論後，就要做決定。有時很難從所討論的一大堆問題，作適當的結論；有時會作出與討論內容無關的結論，所以，與會者離開會場，就將決議置之於腦後。團體決策要在成熟時作決策，同時還要使成員離開團體後，能自動地遵照該決策行事。

組織中的溝通網乃是信息流通過程和決策流程的型式。組織體系之設計，也是一種溝通的關係網。設計組織溝通網體系之目的，在於如何使信息的獲得和傳播，從這些信息的資料來調整和協調組織的活動，適應組織外在的環境。在一個團體裡的溝通，有三個明顯的性質，向上溝通（upward communication）、向下溝通(downward communication)和平行溝通（lateral communication ）。這三種溝通在一個組織中具有特殊的功能。

向下溝通乃指信息由上層流動到下層。向下溝通包括：提示、訓話、教導、評價、命令等等，傳遞組織目標、政策、規則、福利或特權。向下溝通在組織中的運用，有面對面的會議、電話、公告、備忘錄、刋物等。

向上溝通包括：工作報告、建議、訴願、要求協助等等。其方法乃通過備忘錄、報告書、電話和面談。向上溝通因雙方各受地位和權力意識所影響，會陷入困難表達和不易接受的現象。雙方心理特質的差異，使這種溝通發生困難。

平行溝通可分爲組織中平行信息的流通和同等地位或地理位置相接近而發生的溝通。

溝通網反映組織的性質和功能，組織所需的技術以及權威系統等諸現象。有效溝通的標準爲：第一、溝通網的捷近性和有效性，因爲一個有效的溝通網，必需能供應管理階級和成員所需要的有關信息，使這些信息在組織中順利暢流。第二、溝通網的自由和經濟性：亦即擴散信息時所費的最低代價和地位排拒性的最低程度。第三、能滿足組織成員的需要。

雷必斯認爲改進向上溝通，是各種團體之當前急務。在各種團體中的向上溝通，有些共同的問題，即在不鼓勵或自然狀態下，向上溝通自然減少。因此向上溝通不會在自然中發生的。又向上溝通的速度緩慢，其信息會被過濾，其重要性也會被冲淡。只有各種團體不注意到向上溝通，即會產生溝通的嚴重問題。

改善向上溝通的措施，在於鼓勵和聆聽兩項。當一個團體設置有向上溝通的管道或體系，不見得會有人去使用它。向上溝通的有效性在於上級人士的鼓勵，和溝通發生時，獲取信息的態度，爲最重要。

當兩個人開始互動，兩者之間的情感和觀念也開始交流。個體的感情也是通過言語而傳達到對方；所以字彙的使用也跟著溝通者的音調、聲音之高低及速度，而發生意義上的變化。個體的感情也可由非語言而表達出來。在面對面的交談中，個體將其感情與心態，通過姿勢、面部表現、身體動作、身體的接觸、眼神的傳情等等而表現意義。當溝通者開始溝通時，接受者不只是聽他的字彙而決定意義，還由非語言的各種動作而決定意義。有時候溝通者言及某事，但其行動卻表現出與該言及之事相反的意義。這時候非語言的因素就比語言因素更有影響力。

(六)地位與溝通

當兩個人在一個組織中開始溝通時，他們的行爲會表現出地位和權力的涵義：地位較高的一方，往往會表現出比較統配的姿態，主張他的意見，干預對方的言談；而地位較低的一方，努力於給他方有良好的印象，贊揚他、尊敬他、同意他的意見，避免公然的不同意和矛盾。所以，地位意識涉入溝通時，則雙方的行爲產生變化，溝通的型態也趨於統配和順從的關係。

四、溝通的問題

以團體來說，不是每一樣信息都有同樣的價值。信息的內容和價值有密切關係；價值和干擾也有密切的關係。所謂干擾就是阻礙以溝通來解決問題的因素。干擾會減少團體溝通的效率，使團體溝通陷入爭辯、人身攻擊或摸不著問題邊緣的漫談。一般減少干擾的方法有：(1)明顯訂定正式規則，或以非正式的規則禁止干擾。譬如說，主席在宣布開會時指出，「這次會議只對事不對人，發言要扼要簡短，不能長篇大論。」主席的目的是要除去干擾，他所用的方法是訴諸權威，強制執行組織的規則。這種方法從表面上看來，似乎很方便、合理，但是有許多地方是值得考慮的。(2)容許干擾，並清楚指出干擾的所在，而在干擾過程中，改正組織中的問題。

個體在團體中製造干擾是有目的的；開大言的人認爲他的大言可以得到想得到的權力、地位、名聲等等。拍馬屁的人認爲拍馬屁可以使人更喜歡他。因爲個體想滿足他的需要，團體也要滿足團體的需要，於是產生了干擾。由於干擾對團體過程的貢獻有阻礙，而造成一種浪費，亦即個體利用團體來解決自己的問題。我們通常是以阻止個體利用團體來達到個體目的，以及阻止利用攻擊別人來解決個人問題。事實上，這些都不是解決問題最有效的辦法。但無可否認的，人們經常用這些方法來解決自己的問題。假如，運用權力來制止這種問題的發生，雖然可以減少團體的干擾，但同時也可能將使這位成員成爲一個冷漠不關的人。既然這些需要與團體無關，而對個人如此重要，如果採取制止的措施，他們可能對團體的問題失去興趣，也可能僞裝自己，假裝作一個與團體有關的溝通。權威、法定程序、團體壓力可以壓抑個體動機，但不能消滅個人動機。個體動機受到壓力，就不會公開爭辯，不會公開地表現自己的情緒，而表面上非常平靜理智，間接會導致懷疑和自我防禦運作的不良結果。其明顯的例子是，「你的指示很好，不過有什麼什麼困難」，在這種溝通的情形下，比公開爭論更難達成心理上一致的協議。

運用權威或法定程序，不可能將個體的干擾從團體中排除。如果藉著權威或法定程序來維持團體過程，就要犧牲許多重要的信息，使團體溝通的結果偏差和貧乏。一個有效的團體討論，是成員的理性和情緒的滙合，否則，只有理性的運作，會使溝通結論迷失，而得不到溝通的眞正好處。社會心理學者的研究指出，以權威或法定壓力來排除干擾是非常困難的。解決這個問題最好的辦法，是讓溝通者盡感情或情緒去溝通。這就是說容忍干擾的存在，但要使每一位成員瞭解干擾所在。然後找出干擾的原因，進而消除這些原因。這種方法的實施，有人認爲會製造混亂，但實際上並不如此嚴重，因爲有計劃地將混亂導致有組織的系統，對團體績效來說，具有高度的價值。

溝通結構也是溝通阻塞的原因之一。如果一個團體向下溝通或單向溝通過多，而缺乏回饋，即會使溝通陷入困難，亦即將組織中的問題掩飾，將重要資料遺漏。組織結構的阻礙，對團體溝通的影響不大，而嚴重的是佔有組織結構中的人的地位感、權力感、自尊感等之心理因素。

不良的溝通可能導致人因及科技問題，變得更複雜。人類團體中常常發生的溝通問題，學者所指出的，不外乎下列項目：(1)不完全瞭解溝通工具中之心意，(2)溝通數量的過多，而不能抓住重點，(3)向上溝通的不足和地位感的阻塞，(4)向下溝通內涵的不健全。今日科技的進步，使各種電訊的溝通在瞬息之間，遍滿世界每一角落。雖然如此，但沒有辦法去瞭解到底人們的瞭解程度或反應如何？假如有清楚的溝通目的，同時能瞭解所要溝通的資料，必須適合於溝通原則，接受者的需要和程度，以及溝通過程中的情況，才能排除溝通阻礙的各因素。

學者的研究指出有效的溝通：(1)必須使用簡單的語言；因爲觀念簡單、言詞簡單都能促進溝通的效果。雷必斯（Davis,1968）研究許多大公司的員工手冊，大部份的員工都有不甚瞭解的現象，其原因是所使用的觀念或字彙過於複雜的緣故。⑵使用不同的言詞，說明溝通的重心，亦即從各不相同的角度，來說明所要溝通的原意。⑶使用回饋而獲知接受者的瞭解程度，或要求接受者對不瞭解之處找出問題，或要求接受者重複其所溝通的問題。

關於溝通過量的問題，也是一般團體中常常發生的。當進行溝通時，過量的信息使接受者在注意集中、需要驅力、瞭解程度等等，與溝通者不同，而無法接受所溝通的信息。過量的溝通使接受者能作選擇性的接受或部份的接受，而對所溝通的信息很容易造成解釋信息的錯誤或偏頗的解釋。

向上溝通也是溝通問題之一。工廠員工方面的研究常常指出員工、領班以及各管理階級對其所屬下一級階層之瞭解，往往受認知常套特性（ stereotype ）的影響，而將溝通事件套上其認知上的特性，而使其變質。尤其是對下一級階層的態度、價值和信念有錯誤的估價。領班對工人的瞭解，往往多估他們對工資和安全的需要，而少估工作內容和工人的互相關係。布克爾（Vogel,1967)探討爲何員工們不願意多講話的研究指出 ，上司對他們的問題頗不感興趣；假如把問題說出來之後，或是對他們的上司開誠佈公地談心中所想的問題時，他們會陷入極困擾的處境。阿塔那西亞特斯（ Athanassiades,1973 ）研究向上溝通不正確的原因：⑴員工升遷的欲望太大。⑵員工認爲其主管控制他們將表現出的欲望，包括升遷和增薪。⑶員工不信任其上司。⑷員工有高度的不安全感。當上階層管理人員不從基本上正確地瞭解員工的行為和承認向上溝通的諸問題時，則向上溝通不能得到改善。許多研究指出經理階級的人士常常過份主張他們對員工的需要，態度和工作困難的瞭解，大約百分之九十五的領班自認為對他們所管的員工有充分的瞭解，但只有百分之三十四的工人認為領班眞正瞭解他們。

雷必斯（Davis,1977）指出溝通的阻礙有三方面：物理阻礙、個人阻礙和語意阻礙（physical, personal and semantic）。物理阻礙即指由環境而來的因素，干擾在送信者和收信者之間。個人因素即指由個體產生的判斷，情緒和價值，因而引起的人際間的心理距離。心理距離會使信息傳達時產生過濾作用，而擷取部份信息，發生曲折或誤會。因此，溝通與人格有密切關係。語意阻礙即由於象徵體系的限制而產生。每一象徵均有多種意義，而收信者很容易從多種意義中選取一種，而產生溝通上的偏差。所謂象徵係指語文、圖畫和行動等等，對個體的刺激所產生的反應而言。柯恩那（Connor,1978）認為向上溝通的問題在企業組織裡，管理階層和基層人員往往有地理上的隔閡，一個大公司的總部，另外設置，並且現代企業制度，不像政府、學校、教會等之民主制，而採用君主制。當成員有向上溝通的重要問題，層層呈請上級，已過數天，又問題經過各站過程時，會發生過濾或選擇，而使原來的問題變質。

由人的因素而發生的阻礙有：假使上級人員有機會與下級人員溝通，也不一定會使此向下溝通有成功的可能。上級人員的態度和行爲，尤以聽話的態度和聽話過程中其他事務的干擾，或不耐煩的心理等等，都會造成向下溝通的失敗。上級人員通常會肯定，他們對下級問題的瞭解，並且對成員的個人問題不感興趣等心態，都會構成向下溝通的失敗。上級人員會認爲他們該處理的問題，應是重大的問題，而在心理上和認知上都不準備接受下級的意見，又在時間分配上，不會把對屬下的溝通當做重要的事來處理，自然會把向下溝通當做一件無關重要的事。

溝通是組織的循環系統，其在組織中所佔的重要性不必贅述。溝通網的狀態相當影響組織的氣氛、功能等等。假如某主管採取鏈狀的溝通系統，他必須將溝通的權責交付其機要或秘書來處理。這位機要或秘書無形中就成爲組織中擁有信息最多的人，因爲輸入和輸出的信息都要經由他而傳送，因而他在組織中的權限就會膨脹，而成爲組織中新的權貴。

組織中還有一個特性，誰能優先得到信息，誰就會擁有較大的權力。任何人處在鏈狀的關鍵位置，不論其人格特質如何，很可能在功能上佔有極大的勢力，而支配其他的人。

語意障礙：人類經常使用語言和文字作爲溝通的工具，使溝通者和接受者間發生信息的交流。如果溝通者所使用的語文，不能爲接受者所瞭解時，即不能溝通。由於社會的分工，各行業和各年齡階級的人在無意中，發展出一套自己獨特的語文，常用並熟練這種詞彙者，往往以爲任何人亦皆能瞭解。溝通過程中，對語意的不解或誤解，常常阻塞溝通的暢流。語言或文字如用來代表眞實事體時，比較不會產生錯誤；如用來代表觀念時，則會發生同字異義的問題。譬如，我們所使用的「民主」、「自由」、「法治」、「勝利」等抽象名詞，更加會使溝通上發生困難。

語言障碍經常發生在年齡組別、學歷、經驗、專業的差異之中。年長的人，其思想觀念和知識經驗，往往與上級主管相似，因而保持良好的主從關係，即使有意見相左，也會放棄己見，遷就主管的意見。年長的人重視經驗而阻礙輸入新知；而年輕的人，則有重視知識而鄙視經驗的趨勢。學歷程度對溝通也有不同的影響，而阻塞溝通之暢流。假如一個機關未進入現代管理的經營方式，則機關內教育背景愈高，工作情緒越低落的現象，也對上級的領導有反感的心理。相反地，教育程度愈低，不但工作情緒高昂，也能相當滿足其工作環境，但工作品質和工作創新，常常會發生問題。

地位障碍：組織本是層級節節的科層體制，而形成功能和權力的差別。這種情形在正式組織中最爲明顯。組織中因功能和權限的不同，而產生地位的不同。地位不同會影響個體對情境的判斷和對問題的看法，產生不同結果。這是正式組織中阻礙溝通的嚴重原因之一。地位感會阻碍向上和向下溝通，使它們變質或歪曲。向上溝通會因不安全感、恐懼感和自卑感的心理作用，而影響溝通者，使他取消極的態度。向下溝通因受傳統的權威觀念和聲譽，又上級人員不願接觸下級人員，還有在觀念上對下級人員的常套認知觀念及權威觀念的作祟，優越感的支配，而阻碍意見的交流。

改善向上溝通並不在於改善上層階級的各種措施，而在於適當地測驗員工的態度，根據態度傾向的諸問題，加以溝通改善。不論是通過問卷或訪問，其對問題正確把握的途徑，最好由組織外部的專家來做測驗比較可靠。當員工有意把工作錯誤或工作困難掩飾，或不願意給上方瞭解時，其間已經存著嚴重的溝通問題。所以如何發展上下之間的信任和開誠佈公的心情，在面對面的互動下，將會改善向上溝通。當然，雙方的信心和坦誠不可能只靠言語的表達而獲得其圓滿的關係，主要的是上階層人士對員工所遭遇到的困難和錯誤，用怠慢的態度去處理這些問題。假如上層人士能發揮輔導的精神和做法，時時協助員工,共同解決困難的問題,這才能消除上下之間溝通的隔閡。

向下溝通的失敗乃是管理階層對下層階級的瞭解、心態和程度不足的緣故。雷必斯（Davis,1968）研究公司高階層人士對其中級幹部談論停車場的改變計畫及人員裁減問題，並要求中階層人士不可傳出這個消息。事實上，裁減人員的事，百分之九十四的領班都知道，改變停車場的計畫，百分之三十八的領班都知道。向下溝通與其所傳信息的重要性息息相關；停車場問題對全體員工來說，重要性不大，然而裁減員工之事，對員工來說卻具有高度的重要性和敏感性。因此，向下溝通與其信息的重要性和敏感性，有相關的關係。實驗的結果常指出，向下溝通的缺點，乃在於管理階層往往過份估價其所作溝通的有效性，而不依實際查驗溝通後的反應。賴卡特（Likert,1961）研究政府公共設施的員工時指出：百分之九十二的領班以為他們常常對員工提起工作中常常出現的難題，而僅有百分之四十二的工人認為有此事實。同樣地，百分之百的高級階層人士認為把工作中所有難題都告訴領班，而僅有百分之六十三的領班承認有此事。不論改進向上或向下溝通，首先上級人士必須意識到此兩種溝通所存在的各種問題，否前就不易改善。當一個團體中溝通層次或站數愈多，溝通的正確性愈降低。當一種信息不需要加以解釋，最好以文字公告似較正確。當一種信息需要接受者的回饋時，口頭的溝通比文書溝通更有效果。

五、有效的溝通

組織對其溝通的改進，是組織對其效率和功能的改進。其具體改進措施為：

(1)對溝通目標的接受：當溝通開始進行，不論這溝通是屬於信息性的、研究性的、計劃性的、方案性的，或解決問題性的，首先要讓參與人士有個瞭解。主持者切勿以自己的主張，強迫參與者的支持，而使溝通變節。主持者和溝通者若能開誠佈公，使全體進入溝通問題的共同信念，不以溝通來傳達私下的目的，使參與者對此團體產生信心，都是有效的途徑。參與者若對溝通目的所有懷疑時，理應澄清此懷疑，免得溝通時還存著疑心，而阻礙團體的過程。

⑵對溝通對象的瞭解：學者對溝通的研究時指出，溝通問題不外於地位感、優越感、自卑感、自我防禦機能的運作、不安全感、程度的差異、觀念的差異、意義的差異、動機的差異和認知的差異等等所構成的。各種心理特質、社會特質、文化特質的差異，使溝通陷入僵局，這是事實。改善這些差異，務求對溝通對象的瞭解和尊重，不論從媒介的改善，諸如改善溝通語意、文字或各種措施、使之合乎對象的程度，或從溝通者本身的心態著手，瞭解何種心理因素會影響溝通。

⑶對溝通者本身的瞭解：行爲科學家主張有回饋的溝通，才是有效的溝通。當溝通有了回饋，他是在推行雙向溝通，亦即雙方同時成了溝通者或接受者。假如雙方都能瞭解：有效的溝通是基於各方的平等，以及在溝通過程中，能使理性和情緒相配合，並在不受威脅安全的感受下，進行溝通，必然有豐碩的成果。因此，溝通者的自我教育以及自我瞭解，會減少溝通中的地位障碍、權威障礙、自卑障碍及性格障碍等等。

柯恩那（Connor，1978）認爲溝通是管理和領導的工具。有效溝通的步驟爲：⑴溝通前必須澄清意念。⑵檢驗將所溝通的眞正目的。⑶考慮將所作溝通之地理環境和人因環境。⑷考慮什麼時候，在什麼地方，用什麼時間溝通。⑸溝通以後要作追踪。⑹當溝通以後，上級的行動要支持此溝通。⑺溝通者在溝通的同時也是一位聽者。

雷必斯（Davis，1977）強調促進有效溝通，在於能做一個聽者：⑴注意聽。⑵協助送信者自然地表達。(3)表現出注意和興趣於所聽的。(4)當發信者發信時勿使困擾。(5)忍耐聽。(6)勿發脾氣。(7)心平氣和地提出問題和批評。(8)對不瞭解的地方要發問。雷必斯認爲這樣做可以促進有效的溝通。

柯恩那（Connor，1978）又從心理治療的角度來看溝通問題。他認爲治療的目的，乃協助案主能與治療者建立良好的特別關係，並且使案主在人格體系之中，能作良好的溝通，然後，才能與別人建立良好的溝通關係。當雙方進行溝通時，必須努力於其中的一方，先行除掉其防禦機能，始能影響他方的防禦機能，而使溝通進入順利的階段。溝通的方向，須要朝向解決問題的態度，而不是拘束在人際間的批評或攻擊。向上溝通對管理階層的價值：(1)對管理階層做向下溝通時良好的參考。(2)滙集良多的智慧可做爲可行方案的參考。(3)瞭解向下溝通的效果。向上溝通對下級階層的價值：(1)滿足成員自尊和價值感的需要。(2)減輕心理體系中的壓力和緊張，而維護健康的心理。

第十二章　工作行為

人類有某種創造的潛能，或多或少地表現在生活和工作的領域中。人類的生存，以自我實現和自我滿足為目標而活動，其創造和機會有賴於活動和工作的情境和自我特性的配合。工作是維持生存的方法，可是在工作的過程中，會有生理、社會、心理和文化的意義，使工作和個體間的關係變得複雜。因為工作乃是扮演某種角色，並在扮演角色的活動中與其他的人結合，來證實其自我特質。工作是個體自我表現，與社會發生關係，而顯出其社會位置，證實自我的價值。所以，人類大部份的工作，若能配合自我的各種條件，且被自我所接受，滿足其心理需要、社會需要和經濟需要時，個體就得滿足。一個失業的人的情緒，正是證明工作與自我之間的重要性。失業會使個體陷入不愉快的、不滿足的、不安全的、煩噪的情境中，繼之，就使個體發生無意義、無用感、剝削感和不受尊重感。這些心理上的問題，漸次瓦解其人格體系，破壞其人格的完整性。

一般人視職業為一種經濟手段，或維持生存的方法。從文化的立場來看，職業導自個體的經濟動機，我們通常就假定金錢是工作中的主要目標。在勞動市場短少勞工時，我們就認為工資太低；老師教學士氣不佳，我們也歸咎於薪水太低；公務員的官僚和弊病的積習，也同樣地歸咎於薪水不足敷用所致。因此，許多人就假定提高薪水，就可以解決上述問題的粗淺看法。事實上，個體在選擇職業時，無疑地金錢是列爲考慮的一個因素。但我們似乎忽略職業眞正的含義，就是從職業所換來的金錢也不過是一種符號價值，這對許多人來說，符號價值可能會超過金錢的實際價值。在現代社會中，金錢已經普遍地被視爲地位的指標；因爲從事於自由業和管理業的人，比起技術工人或公務人員收入較多的傾向，又技術工人會比無技術工人的收入多。所以，蓋洛布民意測驗曾指出，美國人對其社會各種行業的評價，已指出薪水的高低不是決定職業高低的唯一條件。現代我們的社會對大學教育的熱望，可能也是因爲大學教育可以協助一個人進入自由職業或管理職業的必經門戶，是與以後的職業生活有莫大的關係。自由職業和管理職業，個體有機會或充分地表現其自我特質。這兩種職業的人，在社會中是相當穩定的。

一、工作動機

羅森堡（Rosenberg,1957）曾作一個大規模的大學生職業動機調查，他發現大多數的學生最關心的是找一種職業，能給於自我表現的機會。毛斯和魏斯（Morss and Weiss, 1955）的研究指出工作的價值體系中，金錢還是次要。大部份有工作的人，還認爲在工作中表現自我概念是一件非常重要的事，並從自我的表現維持工作的穩定，顯示自我的價值和發展自我的創造性。可是個體在工作中的自我表現，卻隨年齡而不同，二十至三十四歲的人，縱使他們有足夠的金錢，可以安逸地過生活，其中有90%的人寧願選擇工作；而五十五歲至六十四歲的人，只有61%；六十五歲以上的人卻有82%說寧擇工作，而不願領得福利金而過生活。職業也影響個體對其能力、價值、貢獻等之看法。屬於自由職業、經理階級和企業的人士，較會認爲職業是反映興趣和成就；而農人和勞工階級，則以人不能不做事爲理由。毛魏兩氏的研究也指出，許多人認爲不能工作時個體會產生焦慮。因爲工作就是一種「確認自己」，「肯定自己的價值」。工作也是表現自我在社會中所扮演的角色，表現出自我與其周圍世界溝通或互動的方法。職業或工作是個體在社會中的一種分類，是行爲的一種指南，是自我價值的肯定，也就是社會地位的肯定。

　　職業有高度的社會意義。吾人擔任何種職業，就可以看出其社會地位的程度。康豪沙（Komhauser,1953）在研究職業的社會意義時指出，職業是社會變數最好的指針；表現出個體的教育、家庭背景、智力、收入、生活方式和觀念態度等因素。何爾森（ Folsom, 1957）要求學生根據社會地位而分等許多職業的層次，嗣後，又列出職業的平均收入。結果發現各業被指定的社會地位和估價的收入之間，具有相當高的相關係數，約在r＝0.64至0.74之間。以往許多社會科學者不斷地研究各種職業所佔的社會地位，雖然在變遷的過程中，職業的社會地位等第的變化很少。

職業的選擇是自我客觀的肯定，也即通過職業來表明個體和人格特質。譬如，我們對「工程師」這個職業，就給予他一些人格特性的描述；他是喜歡機械的，他也從事於抽象符號的活動，他不喜歡藝術和語文，不善交際，不喜歡人群，不關心健康或福利，不喜歡人群對他的注意，喜歡冒險，喜歡規規矩矩的生活，喜歡研究工作等等。假如是一位「新聞記者」，他是外向的，對金錢不負責任，對社會持反抗的態度，情緒上較不穩定、悲觀的、易受刺激的、喜歡活動的、與人交往親密的、重視個人的自由等等。因爲社會中的各行業，人們對這些行業都有常套的規範，來描述該職業的特性。當個體進入職業的情況，該職業客觀的因素，不斷地使他覺察到自我的特性，並在職業的過程中發現自我的特質。

當個體開始選擇職業，他的選擇很可能受下意識中的心理特質所影響。假如他的心理特質是求安全的趨向，即他不會選擇一種沒有固定收入的職業，而增加其心理的負擔。職業的選擇和個體情緒和成熟間有密切的關係。史摩爾（Small,1953）研究十五歲至十九歲男性少年在職業選擇上，情緒上的安定者所選擇的工作比較現實，然而，情緒不安的少年之第二個職業選擇，要比第一個選擇現實。適應較佳的男童之第二個選擇比第一個選擇不現實。

職業選擇的準備工作，卻要從個人的自我瞭解做起；自我瞭解是職業選擇很重要的依據，並且與選擇以後的成功比率有相關關係。在大學裡被淘汰的學生中，大部份是由於興趣和價值的衝突而影響成績，終而退出大學。凡大學生在大學中缺乏了清楚的學習目標，亦卽在實際上不知道爲什麼要進大學，這種學生在學習過程中缺乏了學習動機，而造成學業失敗的原因。大學也是職業準備的場所，抱著這種心理進大學的，較能成功地學習，而預備將來的職業。米勒（Miller，1956）研究指出，凡未經個體的選擇而就業者，傾向於視工作爲經濟的安定以及名望的維持、以及金錢的報酬來源；而經選擇而進入職業生活者，卽趨向於視工作爲自我表現或協助別人之措施，並傾向於重視內滋的報酬，而非以外附的報酬來看工作。內滋報酬卽指由參與工作所獲得自我實現的滿足；而外附報酬是職業的物質報酬爲主。

二、職業輔導

如何輔導青少年們能順利地加入現代社會的職業行列，爲現代社會運作中的重要課題。現代社會已經從人力資源和需求的配合做起，運用電子計算機，將人力資源的需求，作科學的之統計，以滿足人力的運用。以往對職業的選擇都要靠選擇者本身的努力，而他在不安和煩惱的情況下，憑運氣或機會，而作不可靠的決定。有時他們向長輩或者師長的請教，而提供有關選擇職業知識，但卻缺乏職業上所需的性向，和該工作所要求的訓練和準備。今日西方有大規模的大學和學院，專設人事部門，以做職業輔導的訓練。這些人員的職務不是替學生決定應做何選擇，而是協助學生來達成他們自己的決定。他們能提供資料，讓學生瞭解工作領域的各方面，並施行性向和興趣測驗，解釋測驗的結果，並提出性向、興趣和職業選擇的關係，供學生作爲選擇上的參考。泰勒（ Tailar,1959 ）認爲職業輔導員的任務是以性向和興趣爲依據，以及提供有關職業所要求的條件，供學生作爲選擇的參考，以個體的心理特性的分析爲起點，配合工作的特性，讓學生做自己的決定。羅森堡（Rosemberg,1951）的研究指出，凡對人有高度的信任和信心者，喜歡挑選社會工作、人事工作和教學工作等職業。對人的信任較低者，似較適合於實業界，因爲這種工作必須配合許多策略，計畫各種措施，操縱別人，因爲他們的工作條件與對人的基本感情相違。依據個體的心理特性，如對人取向的（ people-oriented ）性格，也是一種對人的價值取向的人，他們對人群有關的工作之選擇，較能適合於其心理體系中之價值、信念和態度，因之，較能發揮其職業興趣和成就。

本世紀四十年代以後，心理學者曾經不斷地研究個體心理體系中的價值模式，而加以分類，並在盡可能範圍內，使個體的價值模式，能符合於職業的特性。像古勒的選擇記錄表（Kuder Pnefence Record）和司特倫的職業興趣量表（Stnoug Vocational Interest Blank）乃依此而設計的。學者以職量表作爲依據而進行職業輔導，亦即以興趣爲依據時，其成功或滿足率是相當提高，並能避免職業不滿意的情況，高達三倍以上。

以態度和行爲爲依據的職業輔導，也是方法之一。可是這些方法均以心理測驗的特性爲依據，而再分析職業的性質，期使心理特性和職業性質能相吻合。其他還有職業本身的性質，限制個體的條件者，如傳統上很多職業是排斥女性參加的，假如女性能進入這種性質的職業，也不能發揮其所長。所以，由傳統、偏見或習俗所產生的限制，也是被列爲重要考慮的社會因素。例如，某些職業基本上就反對身體有缺陷的人、精神病復康的人、有犯罪前科的人參加。事實上，社會所提供的職業，除傳統、風俗習慣及偏見外，還有其他的因素，卽如家庭的背景也是因素之一。羅森堡的研究指出，凡學生來自高等經濟家庭者，大概會選擇企業和自由業（如醫生、律師）；而來自經濟狀況較差的學生，較多選擇受薪階級的職業，如工程師、教師、科學家、社會工作等。家庭的宗教背景在職業選擇時也會影響；天主教徒和比較保守的宗教背景者，較趨於選擇科學以外的職業。

教育程度與職業選擇有很大的關係。在大學時期中是職業選擇的歷程和準備。當我們考慮大學和中學的差別，大學是中學的繼續，不過大學有相當的自由和有機會使自我趨於更成熟。在教育心理上的研究指出，凡中學時期成功的人，大學時期也成功，反之亦然。中學和大學的差別，不僅是知識上的差別，最主要的是培植人格的方法，及社會對大學的觀感，以及個體在這種團體中所產生的心理氣氛爲甚。大學生的生活卽以自我的自律爲主，他們對其行動要負更多的責任。

大學裡的生活，對學生的態度和行爲有持久的影響。他們讀過大學以後，與同年齡未進大學的人比較，就顯出更大的差異，尤其是他們對情境或時局的看法，對事物的觀念，對問題的態度，對生活的習慣，對參加社會活動的表現等等，都有不同於衆的表現。李蔓（ Lehmann,1963 ）研究密西根州立大學一年級的學生時發現男生比女生較固執，較崇權威，並對新思想較少接受。但大多數學生到大學四年級時，有許多改變：(1)語文的使用較有效率，(2)態度趨於合理和科學，並且在信念上較少刻板化，(3)對於新思想採取更虛心的態度，生活中重要的見解也有所改變，(4)可塑性增加，較少崇拜權威，(5)對不同民族和不同信仰的人的態度，顯出溫和的態度，(6)改變對行爲標準的見解，(7)重視事件和事情的協調，(8)較趨實際的生活和現實的趨向，(9)懷疑宗教和道德行爲之絕對性，(10)智慧上和政治上的態度，較趨自由。李蔓也發現成績較佳的學生，較有彈性，較有適應能力和客觀地接受新觀念。固執、崇拜權威和不接受新思想的學生，比較喜教師中心的教學法，重視講義和考試。此種學生對職業的選擇，也較遠避與人事有關的職業。狄斯懷（ Thistlethwaite,1962 ）研究大學教師對學生的影響時指出，凡大學教師是熱誠的、人文主義的、獨立性格的、成就取向的、支持的、不依從的、非職業取向的性格者，對學生的價值觀念和行爲影響最深。

大學分數與職業的相關，何佛蔓和韋斯特（ Harremann and West,1952 ）的研究指出，在商學、法律、醫學、牙醫和科學方面的學生，在學中的成績爲甲等者比乙等學生，在畢業後的收入較高，乙等卽比丙等較高。教師、牧師、藝術家和政府工作人員，在學時成績甲等者，畢業以後的收入也比乙等者爲高。在商界工作的婦女，分數和收入沒有什麼差別。女生在大學時是甲等者，均較乙丙者之收入爲高。鐘斯（Jones，1956）的研究也指出大學時的分數和畢業後的收入是正相關。在科學方面的學生，其分數可以預測畢業二十年後的成就。鐘氏也指出大學時期專修科學和醫學的學生，對課外活動相當活躍的，與以後的收入呈現負相關的現象。不過在社會服務方面以及專修法律的學生，課外活動方面非常活躍的，畢業後傾向於較高的薪水，而不活動者則收入較少。一般來說，分數和成功間有相關，但也有例外。

三、職業的滿意和不滿意

工作的滿意和不滿意，主要的原因是發生在工作中的社會環境所致。一般來說，白領階級和自由業者，較容易體驗到工作中的滿意。藍領階級者包括無技術者、半技術者，技術者工作滿意的程度較低，這是一般的趨勢。鐘氏研究自由職業中，從事教育的人表示滿意者的爲65%；從事社會服務和法律者的滿意率爲58%；從事於商業和管理者其滿意程度爲53%。鐘氏發現在學中成績極優的科學家，其工作滿意幾乎是百分之百；而成績在剛剛及格者有三分之二是不滿意的。何佛蔓和韋斯特研究指出工學院的畢業生有19%是不滿意的；科學和數學畢業生24%是不滿意的；社會科學、商業管理、人文學科和藥理學者30%以上表示不滿意。似乎在受過大學教育的人中，讀科學和醫學的人，比讀商業方面其滿足率為高。這個原因可能是讀人文學科和社會科學的男性畢業生中，只有40%進入自己選擇的職業，而很多人最後都轉移到商業方面。職業的滿意與否，最主要的是與個體的期望水準、自我概念和自我實現有密切關係；凡職業符合於個體的期望水準、自我概念和自我實現者，也趨於滿意的表現。

職業不滿意的原因：(1)職業與自我的期望水準、自我性向及自我觀念不相符合：凡成就的水準，一方面有社會所共認的尺度；另一方面有自我本身的尺度。但社會的成就尺度和自我的成就尺度不一定是符合一致的。社會所共認的成就尺度也不一定與個體的滿足感有關係。滿足感最主要的還是個體本身的體驗，也就是主觀的一種心理作用。(2)職業中是否有獨立性和創造性的機會：在企業機構或政府機構比較不容易發展獨立性和創造性的機會，因為在工作中所遇到的問題，大概都可以在規章中找到答案。例如有困難的問題也不必自己操心，又遇到重要的事情，或擬定重要的策略，大概都要呈給上級做決定。所以，受過高等教育的人，在這種環境中做事，並不會感到有自我實現的機會。(3)職業角色中所帶來的衝突：習法律、醫學等自由業的人，必須扮演雙重任務，一為職業的執行者，其主要的興趣是為案主（ clients ）的福利。一為他所擔任的職業也是一種企業，其成功與否卻受收入的多寡來評定。此種角色任務有時會產生衝突；他一方面要做慈善性、服務性或輔導性的工作，另一方面却期待更豐富的收入。教師在扮演其教學職務也可能體會到角色的衝突。他本身以社會知識份子自居，培養青年們的獨立思考能力，協助青年們的自我發展，但是另一方面在有限和固定的薪水，感覺其收入不如一位熟練的工人時，他會對這一份所謂神聖的教育工作產生悲嘆。⑷性向的不適合：韋斯布（Wispe, 1955）研究人壽保險的推銷方法，訓練其保險上司的推銷員必須是以「侵略的」和「硬敲的」的手段，推銷保險；因爲做一個成功的推銷員，「同情心」是不可有的。因此，負責保險公司的人，喜歡雇用有侵略性和缺乏同情心的人，但是他們卻不喜歡侵略性的和缺乏同情心的人做他們的朋友。假如一位存心善良，而富有同情心的人從事於推銷保險的工作，他不會在這種職業活動裡獲得心理上的滿足。⑸職業角色和家庭角色的衝突，也是職業不能滿足的原因之一。因爲職業裡的要求，往往會與家庭的要求產生衝突。有時候工作的不滿意情況並非工作本身，而是受家庭問題所影響。諸如，職業婦女往往會體會到工作的不滿意，而未敢放棄其工作，因爲家庭對她的要求是一位賢妻、良母和家庭主婦，而她本身卻不願意整天呆在家裡，或需要額外的金錢來補足家庭的生計。家庭角色與職業角色發生矛盾，而她卻不能避免這衝突時，會產生憂慮和罪感。

總之，職業在生活中佔很重要的地位，並能爲生活中的需要提供其滿足。一般人認爲金錢是工作背後的主要動機，但是研究結果顯示其他的動機更加重要。人類工作的重要原因是它對我們的自我概念自我成就有很大的貢獻；自我概念和自我成就在我們生活中，會影響行爲的許多因素，支配我們的思想、行動和互動。職業也代表一個人的社會地位。依據這些理由，準備和選擇職業是現代社會中，一個很重要的工作。當個體開始選擇時，他必須考慮他是那一種人，亦即瞭解他的性向。一般的實驗指出，青年們在校中選擇職業是一個良好的時期，因爲學校方面設置輔導職業的專家，協助學生作決定，並且可以科學地分析，每項職業的內在報酬和外在報酬，以便供作較客觀的選擇。選擇職業時，心理條件、社會條件和文化條件必須加以分析，這樣才能在職業的活動中獲得快樂和滿足。

四、職業心理

今日工商界主要問題不外於財務、業務、人事和技術，這等都要靠著人的行爲來處理。所以人的問題也是一個重大的問題。因爲人類靠著他的行爲來推行業務，操作機器，擬定方案，選擇決策等等，而達成企業的各種成就。然而工作行爲錯縱複雜，諸如，如何激發員工的工作動機，如何維持工作士氣，如何適當地運用人力，如何保持良好的勞資關係，如何暢通各項溝通，如何協調人與人之間的關係等等。以往企業界人士對員工的工作行爲，都停留在一般常識的水準，對工作行爲不夠深度的認識。自一九五〇年以來，在企業界中工作的心理學專家一直增加，在美國心理協會的會員自一九五〇年至一九七〇年約增加四倍。然而，屬於工業心理專家方面約增加六倍之多。這種趨勢反映出企業界方面對行爲科學的重視和需要，以及心理學可以應用在工業方面，諸如對激發員工的工作動機，提高工作士氣，協助工作的選擇，訓練及人事管理等等。同時行爲科學也對工商方面的興趣提高，所以在工商方面的行爲研究的題目也相當擴展，其研究的結果，有利於工作效率的提高。原來工商企業界人士，他們所興趣的諸如經營目標，利潤計算，擴充生產和營養，減少成本等等。而心理學者在工商界中，除對研究的興趣外，對人類的幸福，提高工作士氣，增進工作滿意，促進民主關係等等，在表面上似與企業者所關心的不一致，事實上心理學者所關心的，企業界發現對他們所努力的目標有所幫助。另一方面企業界的人士，對工作的態度，取一種實際和積極的做法，而缺少如心理學者對一個問題以科學態度來研究，從研究中提出假設或方案，供企業家做爲決擇的參考。到目前行爲科學家對企業方面的貢獻，包括人員的選擇、督導和管理的方法、適當的人力運用和市場產品方面的反應等等。

㈠雇用的過程

僱主和僱員的關係始於雇用的歷程。工商企業方面不斷地要徵求人才參加生產或服務的行列。雇主必須從一群申請者中選擇最優良的生產者。以往雇主憑著常識或經驗作爲選擇的標準。假如雇主需要一位電機的技工，而只有一位來應徵時，即無選擇的餘地。若有好幾個人具備同樣條件時，即在選擇上就發生困難。於是雇主方面就另外加一些與工作的成功無關的效標，作為選擇的條件。有的雇主喜歡從儀態表容；有些雇主卻喜歡標準男性的人；有些雇主卻喜歡經歷表或八行書等等。所以，有許多人被雇用的原因是因為他們的談吐大方親切，握手有力，眼中有神。這些雇用的作為都受文化所制約，而不在個體之實證價值。企業界人士在職業流動的統計中，親歷員工的進進退退，發現其原因為人事關係、工作環境、個體性向、領導管理等問題上。

㈡員工的選擇

員工的選擇具有質量的意義：要從個體以往的訓練和經驗以及現在的技能，配合工作的性質。一般規模較大的公司以申請表、推薦書和面談作為依據。人事部門處理求職者，最初的面談，保持各種記錄，提供資料和意見等之工作。但實際的雇用和辭退是事務單位的督導或領班之責。心理學者在工商的人事部門工作，主要任務是對雇主提供資料和意見。在規模較大或人事制度化的公司中，心理學者對人員的選擇能實地的參與決定性的工作。可是要循著心理學的路線，發展出一個有效的選擇制度，需要時間、金錢和能力。當心理學者做選擇的工作，他不但需要基本的學理基礎外，還要對該單位的任何一項工作性質都要作實際的瞭解，才能發展出一套實際可用的選擇程序。當他開始瞭解申請工作者可能從事的工作時，他需要與該單位的主管、督導、領班晤談，並要清楚該單位成功或失敗的因素，瞭解該單位所要求的效率標準，以及瞭解工作程序和要求等等。他要從工作的實況和分析裡，發展出一套可用的工具，並能認清影響各項工作的主要和次要因素。假如某項工作需要高度的智力，即在他所使用的測驗工具必須能測出申請者在這一方面的條件。假如某項工作要求高度的讀針盤的能力，他在測驗工具上必能測出認知的速度和正確性。假如一項工作需要數理的觀念，即測驗工具裡必須要能測出數理和抽象能力，才能使申請者能因應將所擔任的工作。因此，選擇人員有雙重任務，一方面要發現申請者有否適當的訓練、技能和經驗，另一方面也要考驗個體的特質。心理學者還要將這些資料送請業務單位或領導者的參考。

心理測驗之使用績效性在於他的擊中平均（ batting average ），亦即預測成功的平均數。一個公司雇用人員在工作上的成功可能，將是決定心理測驗的命運。這就是說公司在實際上的運作，經心理測驗所雇用員工的考核與測驗，是否有比例的趨勢。心理測驗的效果不以分數的高低為標準，而以分數分佈中某階段的分數與該公司性質所求員工的成功而定。假如如左圖所示：

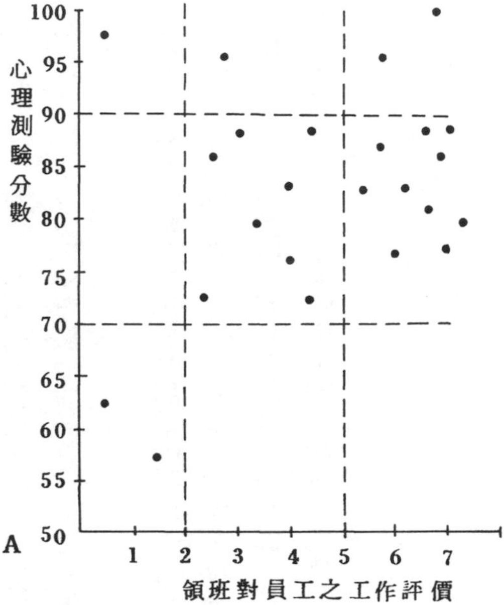

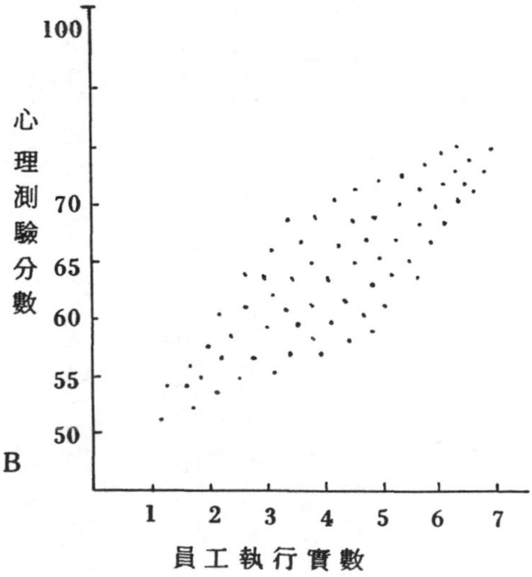

即某公司最需要的員工的心理測驗分數爲70.～90.間，最能適合公司的需要。如B圖的分佈所呈現即心理分數和員工執行實效的關係，即心理分數愈高，愈對該公司愈有益處。

智力測驗爲行爲科學家在選擇人員中，最常用的工具。一般測驗名稱不直接標出智力測驗這個名稱，而使用的名稱爲「適應力測驗」、「分類測驗」、「普通性向測驗」。因爲智力測驗，員工如被表明爲不智慧的，一定會很敏感而反抗。所以，一般員工的智力測驗，均以其他的名稱來代表，避免自我的受損和自我焦慮的結果。假如一種測驗的工具，顯示出智力程度和工作績效是平行的話，卽接受分數愈高者，對公司之利益也愈多。一般來說，在現代公司的運作過程中，愈需高級智力者，也是工作成功的一個主要因素。凡與文職有關的工作，其成功的根本因素是認知的速度、反應的速度、語文的能力和數字符號的能力爲主。機械方面卽分兩大類：卽動作和紙、筆的測驗。動作測驗著重於工作的速度和準確度，鑑別適當的位置和轉變位置，精細的手指操作動作。紙筆的測驗包括對空間的認知、對機械原則的理解、對藍圖的閱讀等等。

人格測驗也是職業或工作測驗的重要項日之一。因爲工作成功和人格的特性有密切的關係。任何一種工作都需要人格中的動機、適應、情緒、意志等因素。人格因素與工作成就有密切的關係，並佔有相當的重要性。又人格本身有僞裝的作用，因爲在人格的測驗裡，個體會企圖將自己畫成一幅有利於他的圖畫，此種傾向不一定是一種有意的企圖，來愚弄雇主。當個體處在一個對他有威脅或利害關係的情況中，他自然會產生高度的敏感。因此，在緩和有意識地或無意識地僞裝，心理學者又設計了，Roscharch 的墨汁測驗和主題統覺測驗（TAT）和各種完成句子的測驗，以求更確實地瞭解人格的特質，適合於工作的要求。但到目前人格測驗雖在使用，對工作的成功與失敗的貢獻不多，惟對工作者的輔導卻有相當的貢獻。

興趣測驗也是在職業輔導中，成爲有用的工具。情境測驗即把工作申請者放在工作的實際情況下，使在被指定的一段時間內，從事於實際上的工作，從而鑑定錄取與否。這種標準化的測驗乃依實際的措施，可以有效地測出某種工作所需要的人才，但有許多變數卻不能預測到。如工作態度、工作忠誠、個人性格等。因此，如何全盤地運用各種測驗的工具，作爲選擇的用途，是相當困難的，假如領導部門或人事部門互相間的觀念不溝通時，運用這些測驗既費時間也費金錢和人力，所以，很困難徹底執行測驗工作。另一方面測驗的結果和實際的效果，到目前，還沒有絕對的相關。

五、管理行爲

行爲科學方面的人才，參與工商企業方面的活動與時俱增。因爲今日工商界的生產和服務的活動，滲入相當份量的心理和行爲問題。心理方面，即如何加強技術和工作意願的配合，樂意自動地工作，並與其他的人和諧地合作，發揮個體的創造性思考和能力等。行爲方面，即如何練習某項複雜又精細的工作，如何維持良好的人群關係和人際關係，如何領導員工使他們發揮高度的知能等等。自二次大戰以後，工商業先進的國家，對人的因素更加重視，因爲人要思考問題，要從事工作，要推動工作，完成團體的目標。

一九二〇年時，聞名的霍桑研究（The Hawthorn Study）在芝加哥的霍桑公司，先研究光度與生產的關係，研究者在各種不同光度的工作環境中，測驗生產的數量，結果發現光度和生產數量之間，並沒有平行的關係。這個實驗雖然沒有肯定的答案，但可以肯定其他的因素在生產中，佔有很重要的地位。

第二次的實驗，即增加了各種影響生產數量的自變數。如工作時數，休息次數和長度，計資方法等等。雖然研究的結果也沒有什麼顯著的發現，但從各種研究的記錄指出，員工的態度是一件非常重要的因素。嗣後，再研究的結果，員工的態度乃受督導員的態度和行爲所影響。

還有人事關係的訓練，即在一九三〇年代霍桑研究，以及實業心理學的研究和社會心理學者等所舉行的研究，關於督導人員的人事關係訓練計劃的發展，在該時也相當盛行。在第二次世界大戰以後，各大工廠覺得有需要提高工業的生產和工人的士氣。當時就注意到督導方面的人員，對人類行爲背後各因素的瞭解，及對團體互動所必備的知識，發展了角色扮演、敏感訓練等等，旨在增加督導方面的人員，對團體過程的動態因素之因應性的提高。

七十年代以後，許多行爲科學者，研究督導方面的人員所具備的人類關係的知識和員工產品的關連，作一系列的研究，且將人類關係的知識定爲自變數，產品爲因變數。結果發現員工的產品力與督導員的人類關係的知識，在客觀關係上得相當高的相關係數。此種研究的結果更顯示有關人類行爲的知識，對生產方面有積極的幫助。因此，督導人員本身所表現的督導行爲，以及支持該行爲的哲理，相當影響員工的產品率。基於這種認識，行爲科學家又在各種企業單位設計了各種督導員的訓練，旨在提高人類關係的各種知識。

李畢特（Leavitt,1975）認爲工商企業的領導行爲是一種「影響過程」。他批評管理者往往不夠行爲科學的知識，而推行某項計畫。當他們推行時，只知道如何使用權力外，似乎都不考慮其他有關行爲的因素。「影響過程」也是一種改變行爲的過程，在此過程中，會造成被改變者的困擾，而造成焦慮不安的心態。改變行爲會造成困擾，因而被改變者可能會變得更富有敵意和侵略性的人格。李畢特認爲改變行爲的關鍵在於被改變者，而不是改變者。因爲被改變者有改變行爲的最後決定權，而且被改變者會基於他個體的認知體系，來因應改變者的影響。當改變者施壓力於被改變者身上，他要瞭解被改變者的恐懼、懷疑、信心、不安等等之感情資料，依此資料，改變者可以調整自己的作法與目標。

李氏擬出工商企業中，改變員工行爲的模式爲：權威、脅迫、操縱和合作。許多企業界人士認爲利用權威作爲影響的手段，爲惟一有效方法。一般組織結構多是金字塔形，因爲這種機構適合於施展權威。金字塔的結構，強調地位和階級的不同，階級高的人可以利用其權威，影響階級低的人。在權威主義中一個容易發生錯誤的觀念，乃權威大的人可以影響權威小的人。權威必須由人來施展，且要用的恰當才有效果。管理的成功不在於權威的大小，而在於如何運用這些權威？由誰來運用這些權威？組織體系中，權威的運作確有其必要，因爲權威有協調、控制機構的作用，推動業務政策的力量。所以，權威本就有了限制行爲的意味，可是上級施展權威，其效果即在其屬下員工的反應。亦即員工對上司所施展權威的解釋和應變。所以，眞正地擁有權威，即在運用上的問題。運用權威有它的優劣點。優點在於限制人的行動，協調控制組織，提高效率，肯定自我，滿足社會地位感和優越感。其缺點即會產生副作用，諸如導致員工的不信任、敵意、報復等等行爲的惡性循環。過度使用權威會使屬員產生冷漠和被動，破壞溝通。

脅迫是影響行爲模式之一。管理人員經常利用脅迫、恐嚇或敲詐的方式來影響別人。這類脅迫權力是藉著削弱別人，而改變他們的行爲。人類有歷史以來，就懂得用脅迫的伎倆來說服別人。脅迫本來也是出於權力的一種。數量的多寡是脅迫權力的傳統來源之一；如果某人擁有更多的財力或權力，他就有較多的脅迫權力。反過來說，工人的聯合或游擊隊的聯合，也會構成脅迫力量，可以改變總經理或國王。利用某種權利也是脅迫的一種。建立合法的、制度化的法定權力，可以避免團體或個人使用脅迫的權力，而破壞互相間的關係。

操縱是影響行爲的模式之一。操縱與上述兩項最大的差別乃是極端重視人的需要和情緒。操縱者認清了所要影響的對象是人，而人有各種複雜的需要，如愛情、獨立、支持、讚賞、地位、物質等等。權威模式在這一方面的想法，恰恰相反，認爲人是理智的、冷靜的、能遵守規矩的、道德的等等。操縱的使用，早在一九三〇年，在推銷員的訓練，已經是一個很平常的題目。這個道理是很清楚的。推銷員首次與顧客見面，並不具有特殊的權力，又權威對他來說也不是很有用的手段。推銷員的目標，並不是要雇客買一部機車或汽車，而是要雇客買一部特定廠牌的機車或汽車。由於推銷員不能利用權威，或其他的權力推銷產品，因此，他只能利用一系列熟練的操縱手段來影響雇客。其操縱特徵爲：⑴操縱者的動機不能完全讓被操縱者知道。⑵操縱者利用兩人間的關係，作爲影響別人的手段。他先與被操縱者建立關係，讓被操縱者對該關係作一評價，然後再以該關係推銷。一個雜誌推銷員以賺取學費來爭取客戶的支持而訂閱。一位老闆利用中秋節送小禮物給員工，建立感情，然後利用這個關係換取員工的友誼和忠誠。⑶操縱者會利用人際間的依賴性，先建立親密關係，再依據這關係改變別人的行爲。⑷操縱者會極端地重視個人的心理。他會利用人需要贊許、支持、依賴、參與、表現等心理，來達到他自己的目的。所以，他在推銷的時候，盡可能出賣自己以滿足對方的需要。⑸操縱的過程是漸進的，不是一次完成的。

合作是影響行爲的模式之一。人與人之間的影響歷程缺乏定則，因爲影響的歷程涉及兩個人的關係，不完全決定於一方。人類是動態的，他會有反應，會報復，會改變，所以影響的歷程沒有定則的原因也在於此。現代行爲科學者對團體的研究，已經有相當豐富的知識，對個體間之合作，提出不少零碎的資料。達成合作而改變行爲有幾個原則：⑴使被改變者瞭解問題：管理人員要經常發掘問題，讓員工知道改變是必要的，並使員工瞭解他們的行爲不當的地方，使員工能接受這些問題。⑵要被改變者負責尋求改進的可行辦法，並要求改變者提供協助。⑶改變者和被改變者要彼此溝通。⑷被改變者要選擇一種改變者能夠接受的改變方式。這就是說要讓被改變者負起改變的責任，這樣雙方會有滿意的合作。⑸被改變者在一方嘗試改變，改變者在另一方支持他們的改變。

李畢特認爲合作的改變行爲的方式有相當奏效，但在實施上卻因人性的弱點和工作效率的關係，而影響合作改變的措施。

㈠工業心理

工業心理學方面，這個學問最初應用在一個工業社會，幫助個體能適應工業的要求，提高個體的滿足感和工業方面的效率。這一方面的學問始於一九一一年基爾布勵斯（Gilbrath）和泰勒（Taylor）。基氏研究時間和動作方面，即工人的工作動作和材料位置方面的改進，剔除許多不必要的動作。他最初研究工人砌磚動作，經仔細的研究後，可以將砌一個磚頭的十八個小動作，改爲五個小動作，而使砌磚每小時的數量，從一百二十塊增加至三百五十塊。泰勒即研究從物質誘因而提高工作效率。

最近，改進效率的重心不在於如何使個體適應機械，而在發現各種方法使機械能適應人的操作，如工作的設計，個體如何運用各種裝備，以及人與機器間的互動。因此，對人的因素相當重視下，研究工作處所的適宜，進行工作的佈置，工作時身體的安適，從而減少工作所帶來的單調、厭煩和疲勞。這些研究並不絕對確定可以提高效果和生產量，但是工業心理學的活動，至少能使工作和個體都可以互相適應，而減少從工業上所帶來的各種問題。在美國方面，工業心理學者大半受雇於軍事的工作，直接爲國防部的一個部門，或簽合約間接爲國防部工作，如 PAND corporation 。該公司在第二次大戰時，爲美國政府做管理工作，大戰結束後改爲民營之不營利公司。一九六四年以後改爲「體系發展公司」（System Development Corporation），從事研究和發展人與機械間複雜制度，尤以重視溝通和回饋等問題。嗣後又研究工業中的組織問題，而將研究重點放在溝通理論、信息理論、組織理論或組織行爲等。

㈡市場研究

企業的發展一方面涉及企業本身的健全；另一方面卽爲對該企業所影響的直接環境。任何企業所生產的產品，直接供社會需要，而能爲社會多數人的支持和使用該產品，而滋養該企業的壯大。商業界運用行爲科學的知識，而從事於商業的經營者，卽不外於需要和動機的研究。因此，在目前大學裡的企業管理方面的研究，非常重視行爲科學及其有關的學問。

需要方面的研究，偏重於意見和態度的研究。在一個大規模的事業中，成功的重要因素之一，乃是準確的信息。假如一個工廠擁有最良好的生產方法，而對原料品質的信息錯誤時，也會導致效率低落的現象。甚至一個有效率的政府也必須瞭解大衆需要的趨勢和心態的反應，才能有效地推出可行的措施，獲得民衆充分的支持。一個研究和發展單位，其所研究的新產品，必須瞭解大衆的購買興趣和態度。不論政治、社會、經濟或工業機構，其設計某種新的措施或新的產品之先，均以各種調查的方法，瞭解一般趨勢後，才動手於各種方案或生產項目，此種方法也普遍地用以求得公衆意見的抽樣，而瞭解全國性或地方性的需要趨勢，也可以普遍地瞭解一般大衆對某事件或產品的態度。

動機的研究方面，因爲行爲的原因在於動機，動機是行爲的指南。因此，意見調查者編製問卷時，則探求研究對象的基本態度或基本動機。研究動機方面雖不是絕對可靠，但是也可以瞭解一般趨勢。研究的方法，包括結構問卷，非結構問卷，投射晤談（ The depth interview ）等等。深度晤談能更深入地探求下意識的動機作用。

當研究者結構好各種研究問題後，要選擇調查對象，也即是抽樣的問題。因爲要大規模地調查廣大的大衆既不可能，且費金錢和時間，調查者已經建立一套抽樣的方法，尋求他所要研究對象的代表性。假如，研究者企圖瞭解摩達車的可能市場，他不可以從擁有汽車的人研究，因爲這樣做會導致重大的錯誤。他必須從使用摩達車的人或可能使用摩達車的人研究，才能獲得正確的信息。假如一位反對黨的人欲研究執政者所頒佈的住宅政策，而他所選擇的對象，全是其黨內人士時，結果會顯出極大的錯誤。假如一個兒童玩具廠商要設計製造某種適合於三至五歲的兒童玩具，他若選擇四、五十歲或未婚的年輕人為調查對象時，會導致重大的錯誤。他必須研究年約三十至四十歲的父母，因為他們才眞能擁有三至五歲的兒童。

建立抽樣的資料，必須要考慮的變數為：地理、地區分配、社會經濟地位、教育、年齡、性別以及該調查項目有關的因素等等，才能使樣本代表研究目的之母全體。假如要瞭解政治上投票的一般趨勢，或某候選人之可能票率，其所抽出的樣本，必須在職業、教育、黨派等能符合於母全體的分佈。外行的人有時不太相信，從百萬人計的投票者中，根據數千的樣本意見，而作投票結果的預測。事實上，研究者若能結構適當問題，以適當的方法進行抽樣時，可以達到研究上高度的準確性。娜依和希爾加（ Noyes and Hilgard,1946 ）調查美國農家之家庭電器用具和農業機械用具，抽出五千份樣本，結果樣本所呈現的各種用具之百分比與政府資料來源之母全體分佈幾乎一致。因此，抽樣是正確可靠，又能符合急速變遷的社會的各種研究措施。

英格兒、布拉威和柯拉特（ Engel,Blackwell and Kollat,1978 ）研究購買行為時指出，購買過程是顧客和銷售環境的互動。銷售的前提乃要瞭解消費者的個體動機和社會動機。個體動機方面：(1)什麼樣的人進到此百貨公司；(2)貨品的安排能否滿足顧客進到公司後之走動；⑶能否滿足個體進到該市場後之滿足程度；⑷個體對百貨公司的心態，已經不是購買中心而已，也是遊樂中心，百貨公司能否滿足這種需要；⑸物品的安排能否滿足個體感官滿足的重要。社會動機方面：⑴市場是否能滿足顧客社會互動之需要。⑵市場之物品，能否刺激顧客和市場間互動的需要：如出售郵票、釣具、遊艇等，使店員和顧客有互動機會。⑶能否使顧客約定時間在百貨公司結集，如銷售唱片而吸引年輕人的會集。⑷店員能否使顧客經驗到，他們到百貨公司是主人，而店員是僕人的主僕關係，而滿足社會地位和權力的心理。

英格兒、布拉威和柯拉特（Engel,Blackwell and Kollat,1978）提出顧客決定購買的程序模式為：需要→尋找→選擇評價→選擇→購買。需要即由內在動機、外界刺激、信息和經驗的綜合。尋找即由各種外界刺激，經個體的知識和經驗的審核後心理決擇的假設。選擇評價乃依據個體的經驗標準、信念、態度、企圖以及人格或生活型態。

目前工商業迅速發展，生產組織、人力訓練和運用、產品推銷等等逐漸複雜化和特殊化，其中最困難解決的，乃是人類行為的問題。從第二次大戰以後，關於工商實業的心理學方面的知識發展甚速，企業家與心理學者同時對企業的心理學方面都有了相當的關心，不過他們在價值、興趣、方法和目標方面仍有差別。就從聘雇員工方面來說，心理學者可以從工作申請者的能力、個人特質和工作實際成效三者之研究，瞭解某種性質的工作，最需要那一類型的智力和人格特質，並可以根據以往的研究結果，作爲決定僱傭的基礎。根據這種方法的選擇，其成功率非常高。今日許多工作所需要的教育準備和訓練數量愈多，或工作性質本身愈是複雜，則智力和適合的人格在工作成功中愈佔重要的因素。因此，智力和人格測驗常常在僱傭過程中常被運用作爲科學上選擇的依據。並且依據各種測驗式量表，對於預測工作的成功有相當高度相關。還有從二十世紀初，就開始研究督導、工作氣氛、工作方法和訓練等問題，雖有成就但在雇主與雇員中常有抗拒的現象。譬如，管理態度和方法，在雇員方面受到歡迎，在雇主方面卻不一定喜歡它，在時動研究方面，從減少不需要的動作而增加產品量，雖受雇主方面的歡迎，但不一定受雇員的歡迎，因爲在雇員的心態中，以限制產品量而避免雇主對他們的可能剝削。最近工業心理學方面的研究，心理學者正在努力於發現設計機器能適應人的方法，使人人在操作槓杆、調整碼盤，開關電鈕等動作，盡可能配合人的自然動作或習慣動作，並在許多研究活動中，發展有效的工商制度，使人與機械或環境發生最有效的互動。

還有，如何設計適當於該組織目標的組織體系，減少組織內的各種問題，也是當前努力的一個目標。李畢特（Leavitt,1975）認爲企業組織與其他的組織類似，都是金字塔型的體系。這種組織型態，在組織中的成員會渴望登峯造極的心態，而形成組織內的競爭氣氛。如果組織因需要而擴大，組織內的競爭會緩和；如果組織出現較靜態，或不生長時，競爭會趨激烈。組織對人際競爭，一定要考慮：⑴各競爭者的工作是否獨立而不相關聯？⑵競爭者之競技是否有客觀的標準？⑶競爭成功者會不會導致另一個人的失敗？假如這三種情況的答應都是肯定的，則人際競爭可以找高組織的生產力。

運用競爭的方式，並不一定對每一個人都發生效力。組織中的研究人員和某些專業人員，他們的快樂來自工作本身，而非行政上的權力。所以，對研究人員和專業人員來說，金字塔型的組織似乎是不適用的。

第十三章　制度行爲

一、社會制度的意義與功能

社會制度：社會學以分析制度的性質和功能爲主要課題之一。制度是保存人類以往成就的一些機構。制度也是說明制度中的交互規範和行爲型態。制度一詞在社會科學裏所使用的不盡相同；社會學把制度當作一個社會中的大單元；社會即由數個大單元湊合而成。所以有政治制度，經濟制度、教育制度、宗教制度、家庭制度等等。政治科學家和行政學者往往把制度當作規範化的行爲程序，諸如行政制度、考試制度、審判制度等等。本文著作所謂制度，即取社會學上之制度。社會學者孫末納（Sumner）所說的制度是由一組民俗民德所含蓋的重要興趣和活動所組成的。譬如，社會生活爲男女兩性共同經營運作，而兩性之間，都需要以一套實際的規範，加以規定其間的各種關係，此種活動和關係稱之爲婚姻制度和家庭制度。制度不僅是重要的興趣和活動，也是一種關係結構，藉以結構成爲具體形式，開始運作，以應生理、心理和社會的需要。制度有其物質面和功能面；物質面即如教育制度爲進行教學、完成教育的功能、需要教室和教學設備。

制度也有社會控制的意義，譬如政治制度中規定如何取得縣市長的行政官；其過程先要在群衆中樹立知名度和服務績效，並在法定的時間內，向選民表達他的政治構想，從而吸引選民的多數支持，而當任期中的縣市長。社會中的各種制度，均爲社會所認可的集團或關係。譬如宗教制度爲社會所認定，是一種特設的崇拜場所，以儀式和教義進行其活動。制度是一種關係組織，也是一種經系統化的社會習慣，其中的活動和關係，卽受社會所公認。

社會制度的產生：社會制度的起源，始於社會份子的需要，這是社會學家所公認的。雖然，社會學家對制度的起源，用許多不同的詞彙來表現，像孫末納就認爲制度的出現是滿足人類的興趣。從心理學上而言，興趣和需要有密切的關係，亦卽需要是興趣的基礎。華特（Wards）認爲制度起源於社會要求或社會必需（social necessity）。要求和必需也是根據於社會需要，否則就沒有必需的可能。白納德（Barnard）認爲制度始於應付本能的需要。摩根（Morgan）以制度始自人類永久的需要。因此，以行爲科學上的理論來看制度的起源，認爲以需要爲基礎而發展社會中各種制度的說法，是非常可靠的。綜觀各種社會的不同制度，或由制度的運作，觀其制度的興起，卽不外於由生理的需要、延續的需要、自我滿足的需要和超越人類有限的需要等等。生理需要卽如食物和性慾的需要，爲節制食物的來源和性慾的滿足，而構成婚姻及家庭制度。延續的需要卽爲保持文化或知識的延續而設置的教育制度。自我滿足的需要卽滿足個體或社會的安全，而維持互相間的適當關係，而有政治制度、國防制度、社會安全制度等等。超越人類有限性的需要是人類共同性的問題，亦這些需要可以由制度而獲得滿足，調節和控制。因此，由需要或興趣所產生的制度，表現於政治、經濟、宗教、家庭、教育、娛樂等等制度。今日社會趨於多元和複雜，複雜的環境會刺激人類再產生新的需要，新的制度亦應運而生，諸如股票市場制度，新的娛樂或俱樂部制度等等。

制度的生長：制度逐漸生長。各種制度的生長速度不一。有些制度是突發的。制度有自然的和制定的兩種。國家的形成、宗教的盛行是屬自然的；學校的建設或工廠的發展是屬於制定的。各種制度的發生和生長，是作爲應付社會各種需要的手段，又制度會成爲人的集合，也是附合於人類群居的天性。制度會因時代的需要與否，而決定其存在或殘廢。有些制度爲其存在，必須常常修正其組織和功能，使它能符合於時代的需要，才能發揮其功能。制度除了滿足人類種種需要之外，也能充作調節或控制人類的活動。政府制度本是如此。各種制度將其控制力，施加於制度中的各份子，使他們瞭解什麼樣的行爲是許可的，什麼樣的行爲是禁止的，或什麼是合宜的。又各制度之間有相互牽制或依賴的功能。隨著社會的進步和複雜，制度的種類也增加，使生活和活動的重要一面都制度化。由上述制度的特質和功能來看，人類在各種制度下，會產生制度行爲，這是非常明顯的事實。

二、經濟行爲

經濟制度是人類在滿足物質需要的過程中所產生的。社會中有各種經濟制度，這些衆多的經濟制度是經濟體系的一部份，其間彼此關聯。人類採集食物、獵獸、捕魚、遊牧、農事、買賣、製造等等，都是人類主要的經濟行爲或經濟活動。經濟行爲或經濟活動是社會文化的一部份，並受該文化的影響，同時也會影響該文化。行爲科學家所重視的，就是經濟活動的行爲面，而非經濟的生產或分配的問題。經濟的活動離不開人的行爲，亦即由經濟的行爲，構成經濟活動，收獲經濟成果。

㈠經濟行爲的複雜性

經濟行爲是全社會活動的一部份。人類經濟行爲背後的動機是個別的，但個體參加經濟活動，受團體共同利益所控制，個體在這種壓力下，不但不能追求一己的利益，而被迫重視團體的利益。社會中的經濟制度乃是流行於該社會的種種態度的產物，亦即社會態度集合起來，形成民族精神。就資本主義和共產主義下的經濟制度，各有一套截然不同的態度和動機爲其特徵，在資本主義下，營利和競爭權力普及於各個人的經濟活動。個體也受有產階級者所統治，所形成的行爲特質是節儉、苦幹和遠見。共產主義下，需要是在支配的原則下，由權力來決定，所以政治和經濟行爲成爲一體的兩面。社會的經濟型態會形成一股力量，這股力量直接影響經濟活動和經濟行爲；間接影響其他制度的行爲。因此，馬克斯社會學派的學者，斷然主張經濟力量爲一切社會制度的決定因素。經濟活動和社會活動是不容易分開的，兩者之間交錯在一起，又經濟制度是文化的一部份，影響社會型態。如獵人或牧人的社會用不著奴隸；但在農業社會奴隸的存在是有價值的，由此可見經濟活動影響社會型態。

工業社會係基於機器技術與大規模又高度專門化的生產體系併合而成的；也是一種經濟活動或經濟制度，爲現代社會主要的趨勢和特徵。大多數的現代人，都瞭解和經驗，享受和忍耐工業社會的特徵，對他們所產生的直接影響。

(二)經濟行爲的動機與問題

在經濟制度和工業社會下，就如馬克勵蘭所說的，有極大的成就動機和成就慾望。因爲現代工業社會的工作行爲，趨於專業化，並在專業化的體制下運作工業活動，這就很容易激發個體的成就動機和成就慾望。工業社會所必備的技術，不是穩定的，是日日求新的，這造成工作行爲的變化和觀念的改變，否則無法適應工作行爲的高度變遷。

自律、競爭和進取是現代經濟行爲的特徵。因爲經濟行爲本帶著高度的成就動機和自我滿足或自我實現的特質，所以經濟動機就促成現代人的各種經濟活動。就比較各種制度下的人的行爲可以看出經濟人的內在行爲和外在行爲的活動最爲活躍。經濟的內在行爲乃不斷地思考和研究各種經濟策略，藉以滿足更高的經濟地位慾望，和獲得更多物質的努力，而影響社會中其他的人。努力於工作和成功的表現，在經濟行爲中非常明顯的。經濟行爲的成功，會延伸其行爲到政治行爲和社會行爲方面。一位成功的企業家，他不能因爲成功就自己的滿足，享受高度的物質生活，他會利用豐富的物質，延伸其影響力到政治制度和其他的社會制度，這是易見的事實。在經濟工業社會中，管理階層的人士，比較容易享受自我實現的滿足，但技術階層的人士，由於專業化的結果，使他們的技術成果與成就產品的觀念分離。大多數的工業，缺乏成就感，是因爲他們日常的工作途徑，在高度的制度化下，做專於一個產品的部份，而不能體驗到完成產品的整體。汽車工業的各部門，有的做引擎、有的打車身、有的裝電器、有的修板金，他們對部門的工作非常熟練，而對整體的工作非常疏遠，而不能培養或經驗到整體的成就感，是因爲他們每日都是在做完成部份，而非完成整體工作。由於工業人的成就活動的工作體系中，將產品與技術分離，又每日重複同樣的工作，因此產生高度的煩悶和疲勞。同時高度機械化的制度取代生產的手藝和技術經驗。以手藝而言，工具和材料變成主宰，工人變爲附屬於或配合於機械或工具活動的部份。工人只能作單調的工作。在工業革命以前的手工藝時期，熟練的工匠和農人對於工作的韻律和活動有相當的控制，但機械制度支配工作進度並限制工人的自由活動，此種自由的損失，而附屬於機器，就把工人變成一種工具，造成與其成就慾望的矛盾心理。

工廠的活動日求分工使工作更爲簡單，每個成員的責任範圍縮小。爲了生產的合理化，把工作分爲細分，高度專門作業可能很重要，但把成員和整個過程分開，成員無所知道自己的工作如何適合整體的工作，所以，現代工業人就缺乏整體觀念。管理和技術的分開，管理階層的人，相當能享受自我尊嚴和自我實現，而技術階層的人卻容易陷於自我的瓦解，而喪失對工作的意義，造成自我無能的感覺，而對工作疏遠。

至於認同的問題，工廠屬於企業家，他有合法的社會力量雇用員工，並在市場上出售其產品，爲自己謀利。工人除了出售勞務之外，並不擁有資產和產品，因此，工人在心理上與工廠的資產和產品無關，工人就不能以其所有的精力和智慧投入工作的過程，而造成工人和資本主義的財產制度疏遠。現代的經濟制度和技術制度，剝削雇員對其工作的眞正感情，又以機器爲主，工人爲副的體制下，工人很容易失去意志、自由、主動和創造力等心理力量。專業化和工作簡化對工廠具有極大的貢獻，但對雇員的能力和精神也予以簡化和貶值，使雇員不能有意義地參與一個工作的社區，雇員不能與生產組織合而爲一，雇員又經驗與工廠組織的疏遠。所以，如何使工廠能付與員工更多的責任，更大的分享感，更有意義的參與，更能認同於工廠的目標，都是行爲的問題。

㈡技術產品與行為的關係

行為科學家也研究不同的技術和不同的產品，對工業人的影響，其中以三種工業為典型的例子來說明：第一為手藝技術為主的現代印刷業；第二為裝配工作線為主的汽車工業；第三以繼續處理的化學工業。這三種不同的技術和生產組織，如何影響工業中的行為。印刷工業大半是基於手藝技術，其產品有高度的主觀藝術化，容許個體的思想、觀念和創造納入其中。又其產品並不標準化，其工作的過程中有許多傳統的作風，支配工作的過程。印刷工人的工作熟練，且有變化而提高興趣。印刷的手藝工人不受技術制度的支配，他們控制工作的進度，產品的品質和數量，在其工作過程中不斷地要應付問題，解決問題。印刷工人所遭受的壓力，比其他工廠的工人為輕，而較能保持個體的獨立。印刷工人的工作並未細分，其工作亦頗有意義，其產品也不斷地排在工人面前，指出其能力的高低。他們的工作場所規模小，又沒有大量生產的壓力，產品與個體容易建立關係，不像大工廠中的工人，不知道他們部份的品物與整個產品的直接關係。

汽車工業基於裝配工作線，即在輸送皮帶移動的時候，裝配線上必須配上的零件。裝配線工作的特徵是極端的細密分工，嚴格訂定的固定工作方法，工作的速度要受皮帶輸送的速度所控制。這些工作特性造成特殊的工作氣氛。一般裝配員的工作只有一兩個動作，只需少許的工作訓練就可擔當。工作是重複的，不可能有創意，時間速度是訂定的，所以技術員有高度的束縛感和被支配感。因為工程所做的時作研究，已經安排每位工作的定量，這使工人對其社會技術環境，沒有機會控制，或表達其意見的機會。工作開始就不能離開其工作崗位，又其工作都是雙手的操作，其他身體的部分不能相配合，而容易造成疲勞感。從上述的工作性質來看，工人在裝配線上不能將自己的構想和意見，放在操作的過程中，更不能隨自己的判斷控制生產過程。他們就容易對工作產生厭煩感，並認為做無意義的工作。裝配廠也會增加工人孤立感的氣氛。由於工作時間受機器轉動所控制，成員沒有機會有正式或非正式的社會接觸，所以也缺乏團體感。裝配線工作方式是相當技術化的工作，使雇員附屬於機器的轉動。偶然轉動的機器發生故障，對管理人員是一種打擊；但對操作員來說是一種福音。由此可見，管理和技術間存著不同的心態。

化學工業是一種繼續流動的工作體系，這是現代石油和化學工業的技術特性，使其產品在導管和反應器網狀組織中，自動流動。這種產品即在每一單位內，進行一種特定的處理或反應。工人並不像工藝工人和裝配工人，直接處理產品，而只作調節控制板、查看儀錶、調整汽門，藉此控制看不見的油類或化學品的反應，只有保養人員修理自動設備的損害時，才用傳統的手藝。每組人員負責一部分化學處理的昂貴設備，他們並不感覺到被機器所支配，或附屬於機器的轉動。他們感覺到自己在控制儀器。這種生產雖屬自動的調節，但他們卻控制了自己查看的儀錶，並有運動的自由，也不感有工作的壓力和緊張。在生產中斷或故障時，他們和裝配工作員的心態完全不同，他們會緊張。在工作順利進行之際，他們會感到居於主宰的地位。所以繼續取理的工作，沒有細密的分工，每一位操作員的責任，直接涉及全部的生產過程，管理和技術也對操作員相當尊重。繼續取理的工作，各階段的工作人員有平均分佈的現象，這造成每一位員工有平均升遷的機會。所以這種工作環境，工人最容易經驗到滿足。

四行為科學對經濟行為的貢獻

行為科學在經濟活動方面和工廠方面，也將行為科學的原則應用到經濟活動之中，以解決由經濟活動所產生的諸問題；尤以生產和管理的問題。雖然，經濟和工業不盡相同，但工業活動與經濟活動息息相關。行為科學研究人類行為對生產工作、生產組織、生產壓力、生產效率、生產環境等貢獻甚大，其中最顯著的貢獻，乃是員工的遴選和派職、工作分析、訓練、考核、動機、士氣、督導、報酬等，有關於提高工作效率、開發人力資源、增進社會福利為目的。

一九二七年美國芝加哥的西方電子公司的霍桑廠（Hawthorn）研究工人如何受工作環境和單調疲勞所影響，發現決定生產效率的重大因素不在物質環境和設備，而在於工人的心理態度和團體關係。霍桑的研究，開始將行為科學帶進工業方面。五十多年來，工業方面對行為科學的重視，其中最明顯的是用測驗來甄選員工和派職，使性向最適合的人，從事於最適合的工作，以求工作中的穩定和發展。再加上工業方面對團體理論的認識，對監督和領導的重要性，對於意見溝通和參與的影響，以及工作態度和工作士氣對生產的影響等等，員工的因素和工廠生產效率的關係。後來也特別重視管理人員的管理方法，而加之人群關係的訓練，併於企業管理運作之中。最近，行爲科學對工業方面的影響，有關於組織的理論、組織結構、組織發展、組織變遷等組織行爲的知識，輸入工廠的運作中，對生產的業務貢獻至巨。又工業中「系統」的觀念和實務，也由行爲科學家介紹到整個生產運作的過程。系統卽包括互動關係，亦卽人與機器的互動、人與人的互動、過程與個程的互動、單位與單位間的互動、組織與組織間的互動等等。目前，行爲科學在工業中已經扮演研究功能、諮詢功能和計劃功能。研究方面卽著重於人類行爲的知識，以便解決實際的問題。諮詢方面卽提供有關人力因素的資料。計劃方面卽爲人力規劃和發展計劃。

(1)人員甄選方面

人員甄選方面，行爲科學對工業的貢獻最大。甄選人員的知識是根據個別差異心理學以及性向測驗，以謀求人與事的密切配合，以達人適其職，職得其人的理想。行爲科學對甄選員工的工作，乃協助個人選擇合乎自己興趣與能力的工作，使自己的才能和智慧得以充分運用,並個體在工作環境中，人格得以健全發展。同時，一種工作能找到合適的人才擔任，人力資源得到充分的利用。因此，人事選用程序，是依據工作條件及從應徵者個人資料中，加以評鑑，選擇適當的人員雇用。

人事選用的程序有單選和重選兩種。單選就是有一個或性質相同的工作數個，在許多應徵者中甄選一個或若干人。重選卽為錄取多種不同性質的工作所需要的人。單選的步驟為：第一、分析工作特性：包括該工作所要求的智力、才能、經驗、體力及其他條件。第二、決定用何種方法測量應徵者的必備條件；此為測量的效度問題，亦卽利用測驗、會談、何種測驗等考慮。第三、依考試成績擇優錄取，派定職務。第四、追踪搜集有關工作表現的資料和成績。第五、由工作表現的資料和成績，訂定選用標準。重選是依工作性質分別照上述的標準進行甄選。當應徵者應徵某項工作時，他要交齊個人資料，包括報名表、推薦信、體檢表以及進行甄選時之會談記錄、測驗及考評。

會談有一定的表格，供會談者記錄備註意見，及對求職者每一特性加以評等。

第一、經歷：包括責任、愛好、成就、憎惡、未能做好的事、工作條件、薪資、轉業原因、工作滿意因素、希望的工作、工作績效等。

第二、學歷：包括學科、等級、努力、課外活動、學業成就等。

第三、早期家庭背景：父親職業、父母性情、兄弟姊妹人數、教養情形、早期經濟狀況，對早期家庭生活的感受等等。

第四現在社會適應：包括興趣、嗜好、婚姻狀況、配偶的興趣和人格、經濟狀況、健康情形等等。

第五心理性質：成熟程度、情緒穩定、合群、機智、適應能力、自律、主動、自信、善良、誠實等等。

會談者要對前述五項加以尺度性的評等，給予等級。

測驗方面以性向測驗、成就測驗和人格興趣測驗爲主。性向測驗包括若干心理特性或能力，預測一個人從事某項工作，是否具有潛能和才能，及學習工作的技能。性向測驗可應用在沒有工作經驗的應徵者，以選擇潛能較佳的人，加以訓練而遴用。依據沙士頓（ Thurstone ）的看法，性向測驗所針對的心理能力爲：口述綜合能力、字彙流暢能力、記憶、推理、數系能力、知覺速度和方位觀察。目前，工商界普遍採用的測驗爲：俄提斯自我心理能力測驗（ Otis Self-Administering Test of Mental Ability ），溫特立人事測驗（ Wonderlic personnel test ），調適測驗（ The Adaptability Test ），普渡非語文測驗（ The Purdue Non-Language Personnel Test ），SAR 主要心理能力測驗（ SRA Primary Mental Abilities Tests 。比較特殊的性向測驗有機械能力性向測驗（ Mechanical Aptitude Test ），心理運動能力性向測驗（ Psychomotor

Aptitude Test）、視覺測驗（ Visual Skills Tests ）及其他特殊性向測驗（ other specialized aptitude tests ）。

成就測驗為考選有經驗和有專長的新進員工，以派定其職務，或考核現職人員之工作績效，作為升遷或調職的依據。成就測驗的內容有工作實例測驗（ job sample tests ）、口試或筆試。工作實例測驗乃利用現場或模擬器具測量之。測驗記分的重點為操作的程序，產品的品質和數量，如文書、打字及速記人員的測驗。對高級人員的測驗，即在待辦的公文中，測驗其才能，分別要求被試者以電話、書信、命令、會議、備忘錄等方法解決問題。此種方法用以考試高級管理人員甚有卓效。口試或筆試就測驗的問題，以口頭或筆寫為之。

人格興趣測驗為測驗人格和能力的差異；人格測驗即測量行為適應的多種特質及其獨特的個性。人格測驗包括個體的氣質、能力、動機、興趣、價值、情緒和社會態度等。人格測量表有米里蘇達多面人格量表（ Minnesota Multiphasic Personality Inventory ）、愛德華個人興趣量表（ Edwards Personal Preference Schedule ）、庫特興趣測驗（ Kudre Preference Record ）。行為科學家調查應用人格測驗做為輔導就業的效度，發現對書記員、售貨員、養護人員、經銷商等頗有成效。

(2)員工訓練方面

行爲科學對員工訓練發揮很大的效能。一個企業組織爲充實現在、準備未來，必須有整套的人員培養計劃，作爲發展現在工作和未來更重要工作的基礎。訓練計劃爲人事發展計劃中最重要的一環，藉此協助員工學習正確的工作方法，改進工作績效，增進員工能擔任更重要工作的能力。訓練的目的不外於增進工作知識和技能，瞭解組織內的信息，修正員工的工作態度等等。

訓練的類型有職前訓練（ orientation training ）、在職訓練（ on the job training ）、職外訓練（ off the job training ）及其他訓練計劃。在未實施訓練之前，必先決定訓練的需要，訓練的方法和訓練的評估。訓練應是永無止境的例行過程，訓練的需要不外於拓展現在計劃，包括推行現在計劃必須具備的知識、技能、態度和觀念。還有爲員工的發展，即先探求員工擔任現職的缺點，培養員工擔任未來工作等項目，先予分析。譬如，服務方法的偏差，產品遭遇退貨、原料的遲延、工具的零亂、工作動作的不集中等等，根據這些分析出來的問題，編排標準方法，再通過各種方法實施進行。

訓練的方法有講演法、表演法、觀摩法、影片及電視法、計劃教學法、模擬及訓練工具法、會議法、敏感訓練法、個案研究法、角色扮演法、管理遊戲法等等。

訓練的評價要有系統的作業，亦即從訓練的適當性、明確性和可靠性開始檢討。其中要檢討訓練前和訓練後的差異或改變，同時也要比較使用不同方法的效果。其他還有以控制實驗法作爲評價的工具，卽應用兩組員工，一組爲實驗組，一組爲控制組，比較這兩組在施加訓練變數後之差異。

行爲科學對經濟或工業行爲方面的協助、有關於工作動機、團體行爲、人群關係、領導行爲、成員參與、組織溝通及組織變遷等等，旨在協助工商團體的健全發展，人力得以適當的發揮，業績得以提高。

(3)銷售行爲方面

商業上瞭解顧客行爲，也必須從人類一般的行爲來著手。因爲顧客行爲會影響企業上的生產政策和銷售計劃。研究顧客行爲的目的，乃是依消費者的社會層次爲依據，而測知其需要和慾望的不滿足之處，或尋求顧客的不獲得需要（ unmeet needs ），而計劃某種產品來滿足顧客的需要。在一個富裕和工業化的社會裏，市場的機會並不只是供應足夠的日常產品，滿足顧客的日常需要。因爲在高度的社會變遷裡，英格兒、傅拉威和柯拉特（ Engel, Blackwell and Kollat,1978 ）的研究指出：地理的流動、社會的流動和心理的流動，產生極大的市場機會。地理流動方面，顧客漸漸遷離市區中心至郊區的趨向，使郊區新建超級市場和拓展各種遊樂設施的企業機會增加。社會流動方面，顧客變得更理智、更高的社會地位和更富足的經濟資源，也是新市場機會的產生。社會地位的變化，社會興趣和社會互動也跟著變化，並對休閒意義開始重視，新的產品和服務也會跟著變化而提高。地理的流動和社會的流動，自然會產生心理的流動，亦即增高顧客好奇和嘗試新的品物，以滿足人類的好奇和求新的心態。

顧客的心理是一種文化心態、習慣行爲和求新作爲。在保守文化裡，傳下來的節儉美德，將是拓展市場的一個障礙。在一個保守的社會或安定的社會裡，社會情境的刺激變項單純，顧客心理自然也是在這種環境中反應，自然對新的產品不會有強烈的渴望。惟有社會的各種流動，削弱以往的規範和習慣，始能使心理上出現求新求變的心態。這些心理上的變化，亦即信念、態度和慾望的變化。社會心理學者所研究的態度，不僅對政治和社會有影響，對經濟也有同樣的作用。因爲態度是一種預備反應的心態，將成爲行爲方向和動力的指數。又態度的內涵有認識因素、情感因素和行爲預向等。費修賓（Fisbbein,1967）指出信念與態度中的認識因素幾乎有同樣的意義。他列舉四個因素的相互關係：評價標準、信念、態度和意圖。評價標準即指從數種可選擇的產品中，認定一種最符合自我需要的規範，使所選擇出來的產品乃能符合於自我信念。爲何選擇某種特殊的產品，即屬於以往經驗的偏向，亦即是態度的作用。意圖是個體主觀的可能性，能夠加強信念和態度。

對顧客的推銷，即屬一種溝通行爲。在溝通理論中有：訴諸驚惶、幽默溝通、強調結論、昏亂、含糊強調等方法。甲尼斯和費修巴（Janis and Feshback,1953）的研究指出，訴諸驚惶的溝通，有反效果的現象。當訴諸的資料有深度的驚惶含義時，效果更加惡劣。此後陸續研究訴諸驚惶的溝通效果，卻發現並不是所有的訴諸驚惶的溝通都沒有效果；假如溝通者或訴諸驚惶的資料，具有高度的權威性時，是相當有效的。還有驚惶的性質也有相當的影響；尤以與生理有關或社會不贊許的事件，以訴諸於驚惶的做法是有效果的。歐基畢（Ogilvy,1956～1960）研究幽默的溝通時認爲幽默溝通，對銷售行爲有些幫助。他研究美國電視廣告，百分之十五的時間以幽默的方式出現，似有良好的效果。他認爲以幽默方式廣告，必須在前幾秒鐘內，能使顧客瞭解其商標，否則幽默廣告是沒有效果的。同時所使用的幽默必須與商標有關連。歐基畢也研究強調結論的溝通方式，發現結論是由廣告者提出，而非顧客的結論，效果不彰。不過，對有高度理智和動機的人，這種溝通方法是有效的。愛林和費斯丁嘉（Allyn and Festinger,1961）研究在溝通中插入一段令人昏亂（distraction）的情況，與溝通問題無甚關連的聲音，也是有效果的。但許多行爲科學家的研究，卻指出相反的效果，認爲插入無關昏亂的題目，將會分散注意，而失效果。歐斯達和費斯丁嘉（Walster and Festinger,1962）研究含糊強調的溝通，或過量溝通時指出，重複出現的溝通有相當效果。重複溝通可以使接受者更能正確瞭解所溝通的內涵，在記憶上的存量增加，而形成對某商標的態度、信念。美國各電視台對重複廣告的調查報告指出，重複廣告的效果，均能增加記憶的百分之二十左右。沙烏亞（Sawyer,1972

）研究重複時指出，重複會增加接受者良好的印象。

購買行爲的研究指出，顧客到那一間市場購買有幾個重要因素：第一、市場的位置。第二、顧客對市場的意像（store's image）。第三、決定市場意像的因素等等。當顧客意欲購買時，他已經有了對某市場的意像，那一家的日用品最好，那一家的服飾方面好，那一家的工具最好等等。顧客先要認定他要做什麼樣的採購後，決定場所，進入選擇等一連串動作。這就是說以往形成的習慣行爲，佔相當重要的因素。至於顧客購買的動機，不外於個人動機和社會動機。個人動機與個體所扮演的角色有密切的關係。角色乃指母親、丈夫、妻子、學生、工匠等等。個體進入市場，往往帶著遊樂觀賞的心理，觀看有什麼新的貨品，或比較各貨品的價格，藉以滿足感官系統的需要。個體進入市場可以學習經濟市場的新趨向和新知識，並在觀賞中可以有輕微的運動。社會動機方面，市場也是一種社會活動場所的型態，市場中的各種商品販賣人，具備有對該產品的特殊知識，與顧客交談，並在這種交談中，顧客處於被尊敬和被尊重的地位，而滿足其社會需要，顧客進入市場即有主人的感覺，他可以要求市場服務員拿出各種產品，任他選擇，而滿足地位和威權的需要，這種需要猶如主人與僕人的關係。市場中顧客與銷售員間的討價還價，對顧客來說也是一種樂趣，當討價成功，顧客會有一種社會滿足感。

市場意像爲顧客購買的評價標準，同時也具有對市場認知的特性。市場意像包括：市場地理位置、市場種類，該市場價格、廣告印象、市場人員、市場服務等因素。這些因素構成市場意像，影響購買心理和行爲。

三、政治行爲

政治制度是使用正式的方法，治理人民生活有關的問題。所謂正式方法乃通過法律規章而進行社會控制。人類由新石器時代，技術和經濟的發展，發現由非正式控制的方法，來維持社會秩序，已漸次損失其影響力。社會控制的非正式方法，諸如社會裡的風俗、習慣、傳統、社會規範、批評、排斥、輿論等等，亦卽建立在人情爲基礎的社會控制。隨著工商的進展，人類彼此間面對面的關係，已經不能維持，這種關係僅能在親戚和近鄰才可以辦到。當人類的關係單純、生活的方式簡單、活動的範圍狹窄時，靠著非正式的社會控制，仍能維持社會或社區的安定；當人類的關係複雜、生活方式進步、活動範圍廣曠之時，非正式的控制已不能產生作用，必須以社會發明的人爲規範，來維持這種社會，正式控制由此而生，阻止偏差行爲的發生，而危害社會關係和安全。正式控制的開始，也是政治制度的萌芽時期。人類學家研究史前舊世界的尼羅河、幼發拉底河、印度河等肥沃的流域，當地數千的居民，爲了他們的生計，共同依靠一個灌漑和飲水泉源。爲公平維持和管制水的分配和執行，便產生一個人爲的控制團體，爲政府的開始，後便成爲帝國。所以，非正式的社會控制，在社會發展的過程中，被有組織的武力或權力替代，而以維持社會秩序的一種方法，就是政治制度的出現。政府的組織結構和各種社會控制機構，其形態間的差異，政府是比較正式，而非個人的。政府控制的工具是經由法律、警察、法庭等等；其他各種社會制度是經由社團規範、風俗習慣、輿論、年長者或具有經驗的人來控制。家庭的控制，父母依據風俗習慣再加以解釋；政府的控制必須由正式機構來執行。我們從社會學和人類學的觀點來看，人類團體演至政府組織，其出現、擴展和演進的程序，乃是先有社會而後有政府和國家。所以，政府的憲法和其他運作的工具，僅能從既存的社會秩序中產生。所謂的社會秩序包括共同的生存、共同的忠誠、共同的習慣、共同的規範、共同的風俗，這樣才能使政府和社會間發生密切的「我群感」的支持，否則就會產生「殖民感」的反抗。

現代社會的一個特徵，乃政府的功能與日俱增，影響工業和都市社會。現代人是都市人、經濟人，也是政治人。現代社會的各種團體，集體行為、人口流動、社會變遷、社會層次、工業社會等等因素，直接影響政府的各種政策和措施；間接影響政府的結構和組織。現代民主政府的權力分配的特性中，由選舉的結果，或出現新的壓力團體，或人民思想觀念的改變，對政府的功能產生莫大的壓力。政治上的治理方式和決策方式，常常受社會因素所影響，政治社會學乃研究政治秩序的社會基礎，政治行為的社會基礎，以及政治過程的社會基礎。關於政治秩序的社會基礎，即政治秩序的主要問題爲調節權力的問題；政治社會學重視基本的法治問題，以及關心支持政治制度的社會因素。政治行爲爲個體參與政治時之態度和抉擇，亦卽如何選舉、爲何投票、如何發表政治抱負、如何支持政治團體等等。政治過程爲政治團體中有組織的團體之互動關係，亦卽利害關係團體或政黨，如何改變或穩定政治秩序。

㈠自由和民主的社會基礎

自由民主的政府，其穩定和發展，在於它的自由和民主具有根深蒂固的社會基礎。自由卽指約束政府的權力和保障個體不受迫害；民主卽是人民參與的普遍性、合理性和有效性。自由和民主的社會基礎爲：在法治下的權力，對多元的自由和容忍程度，以及高度又實質的政治參與。法治係指公認的價值，而使用正當的權力，使之制度化。政治上各種措施的推行，在公認的合法基礎上來推行時，會得到被統治者的同意及默契，而容易推行此合法性的政策。毛斯卡（Mosca，1939）在其所著「統治階段」一書中指出，統治階級並不只在實際上擁有權力而辯護其權力的人群，而爲其所擁有權力尋求一種道德和法律的根據，並肯定其權力是普遍被接受和承認。甚至許多具有宗教色彩的國家，其政治權威的行使，直接假借神權的名義，或以受命於天的意志。民主國家如美國，它之立法者、執行者、地方官及政府官吏的權力，直接或間接源於選民的決定，認爲表決是代表全美國人的意志。

鞏固民主政治的基礎，在於強化基層社會的各種團體，使權力普遍分散在互相制衡的團體之中，沒有一個團體或聯合數個團體，足以掌握有效的社會控制。假如一個或數個團體掌握控制社會的大權，這種社會的自由和民主基礎必然薄弱，當然會危害自由和民主的社會基礎。因此，鞏固基層的社團，使之平衡發展，才能由基層中推行民主和自由的社會。因爲這些強大的團體互相制衡，維持社會秩序，組織社會主要活動，這樣自由和民主會得到最佳的保障。這一種社會型態，是集社會多元思想和多元觀念的多元社會。

多元社會是現代化和工業化必然的趨勢。多元社會的特徵是會走上合理的途徑，並以社會合理的觀念和做法，使各團體的權力受到限制。譬如新聞團體、學術團體、宗教團體、勞工團體、婦女團體、農民團體等等，當他們的發展健全而強大後，會產生互相的制衡，抵制任何一個團體霸道橫行。有組織的勞工團體的力量制衡了企業利益所施的壓力。中世紀以後，基督教思想殊異發展，襲斷西方社會的精神價值，該時宗教團體便支配思想，支配出版的自由，支配自由的學術等等，而使社會更走入宗教化社會。多元社會有其高度的容忍性，這種社會在經濟上，容許各種經濟組織的形式及運作；這種社會裏有公司體制、獨營體制、工人合作社、政府的集體農場等等。所以社會多元論自然會發生一種社會制衡制度，限制各種團體的權力，鼓勵各團體的競爭，阻止權力的壟斷。多元社會能增加對政府可運用資源，使社會的進步趨於平衡和大衆化。這是多元社會的民主和自由的基礎。

雷斯曼（Riesman,1950）研究政治參與政治影響時指出，政治能力和政治影響小的人，對政治自然是冷漠的。對他們來說政治是一小群大頭病的人的事。在美國有一段時間婦女和下層社會的人，對政治普遍的冷漠，但他們卻佔選民的大多數。現代民主政治不太成熟的國家，仍然有這種現象。這是雷斯曼所說的第一種反應政治方式的人。第二種反應方式爲：政治情緒勝過政治能力的人，往往以憤慨的態度來對付政治。這種政治憤慨者，最容易接受不同意識型態的政治運動的呼籲，而顯出極端的行爲。第三種反應方式爲：政治能力強，政治情緒弱的人，往往以一種操縱的態度表現自己。他們認爲政治是操縱人民和事物的一種機會，而非一種方式藉以支持有價值的理念和團體。這種人對民主制度不會提供一種穩定的基礎。

許多人認爲獨裁政治會忽視輿論和非正式社會控制的方法，其實不然。獨裁者相當注意輿論，以便測度民衆對他的命令產生何種反應，他們傾向於依靠秘密警察，分析當地新聞機關的信件，而取得信息。獨裁者非常重視非正式社會控制的方法及認定其重要性。政治上的民主是文化上的一個發明，最能接近於解決這個自古以來人類難於應付的正式社會控制的問題。民主是社會控制的一種工具，定期更換統治人員，而無需訴之於革命。政治的民主乃少用強迫的手段，而多用勸導和獎勵，換句話說，這是一種將舊程序再引入新體制的辦法。

㈡政治行爲

政治行爲包括政治思想、政治言論、政治行動、政治運動及政治活動等等。其中詳細的情形爲組織政治團體，如政黨的組織和活動、支持壓力團體、溝通政治意見、討論政治問題、評論政治得失、參與政治集會、行使政治權力、辦理政治業務、謀取政治權力。所以政治行爲是人類在政治情境中的行爲，亦即政治行爲是人類行爲的一種。同是人類行爲，自有其共通的性質；作爲政治行爲，有其獨特的性質。

⑴政治行爲是政治化行爲：政治是衆人的事的強制管理，其中包括管理衆人的事的人和被管理的衆人。前者通稱爲統治者；後者稱爲被統治者。統治和被統治關係是權力的關係。在這兩者間所發生的互動行爲，無論是命令或服從，強制或被強制，都是政治行爲。現代民主社會都容許政治行爲的合法化途徑，爭取政權。譬如，由組黨開始，發展黨務，爭取群衆的認同和支持，爭取選票，運作政權，服務人群，由人群的支持，繼續執政等等一連串的政治行爲的活動。

⑵政治行爲是制度化行爲：政治制度主要的內容有政治機構和政治規範。機構包括政府的組織，員額、職權、政黨、政團、民意機構等等。規範包括法令規章、慣例、傳統、道德、信仰等等。政治機構是行政行爲的架構；政治規範是政治行爲的準則。在政治活動中，治者和被治者各自扮演角色行爲；角色行爲是一種互動行爲，其成功與否不在一方所扮演的角色，而在於一方扮

演後，他方所產生的反應。政治行爲最明顯的規範是法律，亦卽政治行爲必依法行使或活動。

⑶政治行爲是目的行爲：政治行爲有其目的；從團體目的來說不外於維持秩序、確保安全、增進福利、保障自由、維護正義、發展文化等等。個人的目的，在表面上雖依附在團體目的，但實際上仍在滿足其個體的生理、心理和社會需要。往往在許多政治目的中，以團體或個體的名義，標榜出來的，並不一定是眞正的目的。像這種行爲要從自我防禦的心理機能，來瞭解這種政治行爲。

⑷政治行爲是習慣行爲：政治行爲是習得行爲。習得的行爲經久反覆就變爲習慣行爲。因而，政治行爲的改變，需要相當久的時間

⑸政治行爲是複雜行爲：在人類的各種行爲中，政治行爲算是複雜的一種，因政治本涉及重大的利益和能獲得自我高度的滿足，亦卽具有自我實現的特質。又政治過程本身相當實際，政治運作又是一種行爲的藝術，諸如領導群衆，協調人群關係，增進行政效能等等，往往沒有固定的公式，以資遵循。反之要靠個體的應變能力及巧妙的策略。政治行爲也可以納入華特遜（Watson）的刺激和反應的關係：刺激是自變項，反應是因變項，自變項與因變項間有中介變項。政治刺激情況是自變項，民衆的心態、動機、需要、態度是中介變項，而產生反應。所以，政

治行爲的複雜性卽可以從這三者的關係中看出。政治行爲是個體對政治環境的刺激所產生的複雜反應。政治行爲也是個體對政治環境的一種適應的方式。

㈢政治行爲的內容

⑴權力行爲：政治權力是政治學的一個主題。因爲它是推動政治行爲的泉源。政治運作中有控制、支配、命令、影響、強迫等動作，而取得、執有、維持、行使等之力量。政治權力乃由政治關係而產生，所以，政治關係就是權力關係。權力的運作是一種行爲，行爲背後有其動機，所以政治權力的動機是政治行爲的眞正原因。權力動機是社會動機或次要動機之一，權力動機有個別的差異；有人以滿足權力之運作而獲得名利；有人以達到種種目的之手段；有人的動機是強烈的；有人卽爲冷淡。

形成政治權力動機的因素複雜，一般而言有幾種趨勢使個體產生權力動機：⑴由個體價值取向所影響而產生權力動機。個體的價值取向是取得的價值，而對政治活動方向的影響。我們在政治活動中，很容易看出父子相傳的政治興趣，其主要原因，乃是在家庭中習得的動機。還有個體有某種理想或意識型態，會成爲一種價值體系，而產生爭取權力的慾望。⑵在政治制度的允許下產生權力動機。不論在民主或獨裁的體制下，都有可能產生權力動機的慾望。在獨裁體制下，獨裁本身是一種令人注目的特權，足以吸引有可能取得權力的人士，用各種手段或方法，取得較大的權力。民主體制下，政治權力動機因政制而異。行內閣制者，有政治抱負的人，便由議員而閣員，像英國、日本、加拿大等等。行總統制者，由於行政和立法的分立，議員和行政官員各有各的進身之階，於是各按所好，分頭努力。還有政黨的體制也是影響政治權力動機的原因；一黨制下的人民較少有選擇政黨及選投候選人的機會；兩黨制和多黨制下，爭取權力會趨於激烈和公平。⑶社會情境的刺激會激發政治權力動機。社會情境包括社會、潮流、別人、時尚等等，會對個體產生一種刺激，而激發權力動機。社會情境是個體行爲的刺激原因和參考資料，誘導個體努力的方向和目標。

政治權力和自我的實現或自我的擴展有很大的關係。因爲在獲得權力下，有高度的社會性和心理性報償，諸如權力所暗示的特權、享受、尊敬、榮譽等等，都是自我健全的重要因素。自我可以靠著權力而延伸和影響別人。總之，政治權力動機的發生，是因爲它是次要或習得的動機，所以社會因素爲刺激原因是顯然的事實。

㈣政治態度

社會心理學家認爲態度是個體對刺激所產生可能反應的一種心理預向。態度必須有對象或客體（ object ）。它是一種內在的價值體系，使外界的刺激通過此體系而反映出其主觀的意義，並附帶有不同程度的情緒因素。態度是行爲的預備階段，它是準備某種行爲的出現，支持某種行爲的延續，預測某種行爲的預向。態度是一組的心理定向，當某種刺激體的出現，就有可能預測出的反應或活動。

社會心理學家歐爾波特（Allport）認爲政治態度和日常各種態度一樣，政治態度是一種心理和神經系統的準備狀態，是藉著經驗而組織起來，它對個體有關之政治事物和情境，會發生反應，且這種反應已受心理體系中的指示性或動力性所影響。所以，態度是一種假設結構；政治態度也是對於政治情境的一種假設結構。英國民意研究所（Britist Institute of Public Opinion）研究政治態度和投票的關係時指出，政治態度爲保守主義或激進主義者，均根據其假設而投票；保守態度的人將趨於投保守黨的票；而表現激進態度的人將會投工黨的票。投票結果的誤差只有百分之一．四。

政治態度是態度的一種，是具有政治性質或政治意味的態度。政治態度是個體對政治刺激可能反應的一種心理預向或政治行爲。所以，政治態度和政治行爲通常有一致或對應性，亦即個體對政治情境抱取什麼態度，便採取相應的政治行爲。政治態度的形成，與一般態度的形成相同，是從個體在社會化過程中的直接經驗和間接經驗而習得。家庭、學校、工作場所、大衆傳播、主觀的經驗等等，都是形成態度的主要原因。政治態度的形成，是依附在一般態度中形成的，往往它的形成有相當久的時間，所以政治態度也像一般的態度，不容易改變。

(1)政治態度的類型

積極或冷漠的態度：態度是沒有中立的，它的強弱程度，可以顯出在一種尺度上的不同。尺度上的中間點爲中立，即無態度可言，兩向各代表正負兩極端的態度；正者爲喜好或贊成的態度；負者爲反對或不贊成的態度。社會中各個體對政治的關心程度不一；促成其關心的原因衆多，其積極或冷漠的態度，都由背景因素所促成。

急進或保守的態度：急進的態度是對現存的政治制度、政治秩序表示不滿和憎惡，主張以急激的手段來改變現狀，而另行創建理想的社會。急進的政治態度很容易與人道主義、自由主義結合，主張以急激的手段改變現況，使新的秩序和新的制度不是從舊的秩序和制度蛻變，而是破壞舊的秩序和制度而建立新的制度和秩序。急進態度對各種政治問題，容易採取兩極端的看法。保守的態度是主張維持現狀，凡是破壞現有的標準、習俗、信念、制度和秩序都在反對之列；革命和暴動是最大的敵人。凡能導致不安和混亂的可能措施都須摒棄。保守態度者並不反對和平而緩慢的轉變，而反對劇烈又過份的改革。就行爲科學的研究結果看，有權位的人比無權位的人保守；對現況滿足的人，較不滿足、不安定的人保守；年輕的人較年長的人急進；女人較男人保守；窮苦的人較富裕的人容易左傾；人道主義者反對嚴厲處置犯人，不贊成死刑和戰爭；民族主義者傾於保守，尊重法律，支持檢查制度。

贊成和反對的態度：贊成態度者會轉變爲支持和擁護政府的各種措施，並對政策都會從善的一面解釋。反對態度者易於抨擊或不擁護政府的各種措施，並對政府的各種措施，從惡的一面解釋，且其解釋往往是根據執政者權力和執政的慾望和動機，予以解釋。

喜歡和厭惡的態度：亦卽對喜歡的客體予以支持和接近；厭惡的客體予以遠離和不支持。

政治態度裡包括認識因素（ cognitive components ）、情感因素（ affective components ）及行動預向（ action tendencies ）。這三者不是分開的，而是一致的。

⑵政治成見

政治態度中有政治成見（ political prejudice ）的因素。政治成見往往與其所參加的團體有關。社會學上對小型團體的研究時指出，他群（ they-group ）或外群（ out-group ），以及我群（ we-group ）及內群（ in-group ），是個體用來判斷其所屬團體以外的任何集團，以及這個集團所屬的人的特質。政治成見是主觀的、非科學的，而有相當堅定的價值和信念因素爲其基礎，而給予政治秩序、政治活動、政治體制的一種判斷，同時對這個判斷信守爲眞。政治成見是指不懷好意的一面，亦卽有藐視、討厭、嫌棄等感情所支配，而出之以反對的言詞，歧視的態度、或攻擊等方式出現。政治成見卽對有關政治的他人，他群或策略方案，以不充分理由和過份概推的頑強態度和行動，表現出敵意。

產生政治成見的原因和種類有：(1)源自種族因素或地域因素的政治成見。(2)源自既存的不正確觀念或價値體系，過分概推，以偏概全的常套態度和認知所影響。(3)報章雜誌和經驗是形成政治成見的原因。凡出於報章雜誌有異於衆的，很會引起接受及信以爲眞的。政治成見會伴隨著情緒因素。

政治行爲是行爲的一種；政治行爲出現的歷程，至行爲的結果，完全建立在行爲和原則上，尤以行爲的自我防禦機能的運作，可供爲瞭解政治行爲中各種問題。

四、宗教行爲

宗教像其他的制度一樣，是人類用以適應其環境的一種工具。宗教上所謂環境爲自然環境、社會環境和超自然環境。宗教之所以複雜，是因爲人類除面對自然和社會環境外，還有面對超自然環境。這三種環境本就變化多端，錯綜複雜，所以，宗教出之以形形色色。宗教表現自身的方式，變異太多，想要找一個通用的定義是非常困難的。但大多數人類學家和社會學家都認爲宗教是對超自然或神秘力量的一種信仰。此種信仰匯集了某種信心和敬畏、恐懼和虔誠，使宗教在表現於應付超自然和神秘的力量，而設計儀式活動，以宗教情緒來抵制其他激發情緒的原因。至今對於宗教的定義相當繁多，諸如，宗教代表對人生榮枯的一個有效的保證，而人生榮枯是無法解釋的，乃委諸於超自然或神秘的力量。宗教是對超越人類力量的一種信仰，並相信人類生活的過程都在這一股超人力量的指導和控制。也有學者認爲宗教是社區內全體成員對一種勢力所發生的聯繫，此種勢力關懷社區的利益，保護社區的法律和道德秩序。社會學家涂爾幹認爲宗教是社會創造物，依照社會的形像而造成的，亦卽是社會本身理想化的型式。雷林（Radin）視宗教的起源在於社會所遭遇到的種種恐懼氣氛，這種氣氛包括出生、疾病、死亡、自然環境、社會環境等等所帶來的恐懼。

宗教與其他制度之間的聯繫，因社會而異，有些比較密切，有些比較鬆懈，在生活方面，何者置於宗教的管轄下，何者不帶有宗教性，各社會的選擇也大異其趣。以婚姻而言，或視爲宗教的，或視爲世俗的，因時因地而異。宗教各有其特殊的主旨，而主旨的決定在於人民的生活利益，特別是經濟利益。如農人所建立的宗教，常與耕種有關。獵人卽以狩獵爲中心。

㈠宗教的功能與變遷

宗教與倫理道德有密切的關係。倫理是社會演化的產物，倫理價值是人類得之於生活的過程，而被宗教所採用，併入宗教之中，於是造成爲宗教所創的錯覺。但宗教對倫理道德價值的促進有很大的功勞，使倫理與道德在宗教的活動中，付與其精神上的意義。所以，倫理和道德經宗教的精煉以後，其特性和影響增高，如舊約聖經的十誡，就比它更早的摩拉比古代文件中已出現的倫理爲高，但經宗教的精煉後，使此民德，再加上對神的信仰，其約束力和影響力增加。同時宗教將神的名義來宣傳，更能助於這倫理的發揚和加強。所以，人類群居中所產生的美德，在宗教信仰再度的提煉下，加上超自然的宗教因素，更能加強團體的現有道德的踐行，鞏固社團的人際關係和人倫關係。社會學家認爲宗教有社會控制的功能，宗教在以往的社會中，與其他各種社團不同之處，是以精神爲基礎，而提倡倫理道德和人類福利的一種制度。原來宗教的功能頗廣，它在中世紀對政治、學術、醫學、社會福利的貢獻，是非常清楚的。但自工業革命以後，各行各業趨於專業化的發展，使宗教活動的範圍萎縮。社會學家認爲宗教在科學世紀中趨於冷落，一般人對宗教的態度日趨冷漠，甚至心懷敵對，在這種情況下，宗教若能減少其獨斷和主觀的態度，以其高度的希望和熱情，集中精神以提倡倫理道德的價值，對社會當然有更大的貢獻。社會學家也不太歡迎宗教中的超自然論，因爲他們認爲超自然的宗教，不適合現代文明，且會阻礙社會的進步。假如宗教能向倫理道德的體制這個方向進展，以理性、邏輯、科學知識和心理學爲基礎，並以利他主義和服務型態出現，即會對個體和社會的發展有極大的幫助。

宗教的起源、性質和目的，學說雜陳，各執一詞。社會科學者同意宗教要像其他的社會制度一樣，立基於某些需要，或對個體的需要，或對社會大衆的需要，都會使這個制度繼續生存，並得發揚。宗教要得以建立和保存，似要以哲學爲態度，加以闡釋，並使宗教與人類生活情境中，種種的變遷相適應，才能使這個制度在現代社會得以生存和發揚。

近代在西方世界，宗教發展的趨勢由教條移向社會價值，諸如克服憂懼方面，宗教即有抵制作用。宗教也在探求終極意義。在宗教行爲中，以尋求超越自然的能力，使人生的痛苦，化爲有意義的內涵。尤以人類在恐懼和痛苦的狀態中，宗教予以精神力量，克服恐懼和痛苦，並在恐懼和痛苦上，建立人生觀。宗教不斷地支持社會價值和規範，使它在宗教中，加以精煉，而成爲安定社會的一股力量。

宗教最普遍而主要的功能，就是給人某一種切望的心靈寧靜。在人類歷史的過程中，不論任何一個時代，都充滿變化、危機和不愉快的情緒。人類生存在這種情境，極爲需要慰藉和安靜。在人類各發展階段和各種文化中，用各不相同的方法，來達到心靈的安靜。大多數的人的興趣、需要和願望，而從其周圍的社會和文化環境得到滿足。宗教的人們能忍受最大的不幸和災難，並以其信仰力量所發生的堅毅和鎮定，無疑是宗教信仰和實行上的一種力量表現。

(二)宗教行爲的動力

宗教中的神聖觀念，是宗教一股強有力的影響行爲的因素。當宗教與生活的某方面發生神聖的關係，即會影響該行爲。天主教認爲婚姻是神聖的，天主教徒的離婚率就比同文化中的各團體成員的離婚率低，又天主教就強烈反對墮胎和藥物的生育控制。所謂神聖即賦予某種特殊的意義和價值，對它產生敬畏心理。新教聖餐中的麵包與酒，就與一般的麵包和酒有相反的意義，因爲賦與某物或某行動有神聖意義時，則對它的看法與日常世界有所不同。雖然在儀式中使用這種東西，但它本身是一種超然的意義，而存敬畏之心。神聖可以賦與在一本書、一首歌、一個人、一件聖袍、一塊石頭等等。承認或創造神聖，是形成信仰與道德行爲的基礎。宗教賦與某種東西的神聖後，就對那東西產生尊敬和服從。政治制度的許多方面，也會像宗教創造神聖的象徵一樣，諸如，旗幟及某種型態的政治創造人，給予神聖的觀念，尊奉爲神聖不可侵略的。社會也會製造神的觀念，諸如母親節、文化節等，使某種文化因素加之以宗教性質，而影響社會中的行爲。

(1)宗教儀式

所有的宗教都有儀式，儀式會使人產生宗教感情，而以情緒爲激發動機的因素，鼓動某種宗教行爲。宗教儀式可能是一種崇拜，或祈求一位全能的神，也可能是向鬼靈贖罪，否則會危害到他的安全和生命。宗教儀式隆重莊嚴，包括詩歌、舞蹈、崇拜等動作，而這些動作中，由自我的暗示，產生強烈的情緒，由情緒再度加強儀式的情緒行爲。當某種宗教信仰，受社會性或政治性的迫害，其教徒往往通過儀式而增強其宗教感情，以宗教感情支持其勇敢犧牲的精神，至死以不屈不撓的態度，來對付各種壓迫。這是宗教行爲的一個特質。

(2)宗教感情

宗教儀式會引起感情，諸如愛國的儀式也會產生忠眞的意識一樣。謙卑和敬畏是普通的宗教感情。感情會支持行動的持續性。在宗教行爲中，凡與宗教規範相違背的行爲，視之爲邪惡，而極端排拒之。宗教感情也會支持倫理和道德行爲，並在宗教中視爲正義的，會以勇敢的精神來維護它；不正義的就攻擊它，甚至犧牲生命都以爲光榮。

(3)宗教組織

宗教活動是形成宗教團體的基礎。宗教爲維持其信徒的信仰和傳統，舉行各種儀式，加強信仰和情感的聚會。任何宗教都由儀式、情感、信仰和組織而得維持。宗教組織與社會中其他制度一樣，在宗教的目標下，吸收心靈上需要該宗教主旨的人，結合成爲宗教團體。它的組織往往是以信仰爲經，神職人員爲緯而編成的。教友在宗教團體中，通過高度的情緒滿足，亦即由儀式而表達的宗教感情，而獲得滿足。因此，教友們在其團體中，都有高度的參與感。由於時代的變化、宗教信仰和制度正在進行著根本的改變；幾世紀前宗教會出現各種大規模的社會運動，改革不合時宜或不具有倫理道德含義的社會變遷，這種宗教活動的趨勢，以及這種宗教行爲的做法，已經轉移到政治方面。今日政治的許多意識型態的運動，有取代宗教行爲的趨勢；諸如共產主義、資本主義、法西斯主義、國際主義、國家主義、國家福利主義等，均建立在某種意識型態之上，而以宗教運動的方式推廣，其本質是宗教性質的運動。形成各種主義與宗教形成的過程一樣，推動主義的心態也和宗教的運動如出一轍，推動時的熱情，也和宗教感情一樣，使主義成爲思想和生活的重心。

(4) 英雄崇拜的行爲

各種宗教制度和信仰，對人類行爲有很大的影響。人類對英雄的信仰，主要的便是他相信已逝的英雄或女傑，其忠魂繼續發生影響力，尤以其理想、品德和能力，成爲信徒們的楷模，而滿足其追隨者在精神上的需要，以及可以將自我投射在這位英雄中。

英雄崇拜的例證在現代和古時都可以看到。英雄的崇拜原爲宗教儀式活動之中，但現代政治也學習英雄崇拜的方式，藉以鞏固某種政治思想和政治基礎。

(5) 人文宗教行爲

在宗教的定義下，人文宗教的出現，是現代社會的一個特色。人文宗教是以人生哲學爲代表，這些哲學通常不認爲是宗教，因爲這種哲學的分類，從行爲類型及功能，可以看成爲一種宗教。這些哲學體系無疑是代表人生最高的理想，它也含有組織、儀式及專門化的人所領導，以崇高的行爲規範爲他們的信仰中心。它們也喚起個人對這個制度和哲理的自我犧牲的情緒，達成人們對其哲理的忠心和熱誠。

人文學者強調生活的目的，就是在發展人類較高尚和完美的人格，人類必須用他自己的知識，來創造一個更理想的社會。人文學者棄用有關上帝、天國、地獄、永生等宗教名詞，認爲這種名詞的使用是宗教發展的最初階段。人文學者認爲上帝僅是一個最超然的價值，天國是一個理想的社會，地獄是戰爭、疾病、無知、不公正、自私等不合社會善良或理想的規範。人文學者大部份是建立在基督教倫理和理性之上，渴求更高尚人格和更理想社會。

人類已經使用各種宗教感情和宗教方法，提供各種活動、理想和學說，使個體滿足，來取代以往的宗教模式。因此，傳統的信仰和態度，開始變化，傳統上的精神象徵，亦即人類的思維、幻想、想像、希望、崇拜等等，漸次損失其超自然的解釋，給予理性和邏輯的意義，這使傳統的宗教行爲，轉變到以合理爲基礎的宗教行爲。

五、家庭行爲

家庭是人類最原始的制度；它的功能是在繁殖和維持種族，社會中許多制度都是肇始於家庭生活，也卽經濟活動、社會控制、教育、宗教、娛樂和其他各種專門化的社會行爲，都是先在家庭中發展。早期的家庭是一個完整的社會，包含衆多的社會功能，但由於家庭的進化，使這小而自足的社會單位，演變到漸漸擴大的社會中一個專門功能的單位。

㈠家庭在蛻變社會中的意義

在過去半個世紀中，家庭業已經歷各種變遷，而且現今尚在變遷的過程中。古老的父權家庭逐漸消失，使其解體的因素極爲複雜，涉及到經濟和社會生活的重大改變，使它趨向於民主平權的家庭推進，且民主平權的家庭現今正在形成之中。

一直到近代爲止。世界極大多數的人民，均從事於農業，生活在盛行家庭經濟的農村社會。農村社會助長父權家庭制。農村家庭是一種經濟組織，由男人攬其大權。農村家庭不僅是經濟活動中心，而且幾乎是一切活動的中心；包括教育、宗教、娛樂等等，其結果產生極大的家庭聚力。由於都市化和工業化的開始，家庭發生根本的演變。工廠取代了家庭作爲生產單位，教育也被專業化的學校取代，家庭的娛樂也因爲社會的進步而被各種娛樂設施所取代。家庭功能的種類和範圍削弱，男性的領導權也趨於衰落。許多家庭雖有丈夫負擔賺錢養家之責；可是他的權威大爲削弱。婦女從過去的許多束縛中解放出來，差不多已與男人處於平等地位，使家庭走上民主的或平等的目標。在另一方面，父親常不在家，全神貫注於事業，母親成爲家庭的眞正首領，實際上掌握一切家庭的功能。這種家庭稱爲母親核心家庭。

由於社會和經濟狀況的改變，個人自由的各種觀念，以及醫學上節育知識的增加，使家庭人口數縮減。社會學者認爲家庭趨向於縮小的原因有：個人極力追求其願望和需要以及避孕知識的普及。現代家庭的許多功能，都轉向家庭以外的專業機構。過去賴以團聚家人關係的各種因素更爲削弱。結果現代家庭主要的功能只限在人格方面的關係和發展。夫妻間的愛情和子女人格的發展，係爲現代家庭的要務。可是，一旦夫妻間的感情開始淡薄或消失，關係開始解體，而將導致分居或離婚的嚴重後果。

圓滿的婚姻關係與人格特質有密切的關係：凡婚姻美滿者都有下列幾個因素：父母婚姻的美滿、童年的幸福、有健全的性觀念、結婚年齡較適當、維持有同性或異性的朋友、參與若干社團等等。心理學家均認爲有協調和平衡的人格者，婚姻常常是美滿的。雙方人格的失調、夫妻間的爭執、怨言、勃谿，很容易導致婚姻的破裂，但這些原因卻不是眞正的原因。夫妻間人格的不能調適是基本原因。此外，夫妻間性生活的不和諧，幾乎常見於婚姻問題之中，這種問題源自心理因素和文化因素，而非生理因素。

人類的家庭在基本上都是一樣，但在不同的社會和不同的時代，有其不同的形式和發揮不同的功能。家庭制度所採取的形式和所表現的功能，乃會受當時生活的種種條件和環境所影響。家庭的型式和功能在轉變期間，最容易發生家庭問題。家庭制度中的型式和功能的變化是因變數；社會和文化環境的變化才是自變數。因此家庭的變化也不過是設法與業已變遷的情況相適應。許多研究家庭的專家，看到離婚率的增加和家庭普遍衝突的發生，於是斷言解組是現代家庭的特徵；這種說法不十分正確，眞正的原因是正在變遷中的家庭組織，而非趨於沒落或消滅的解體。

家庭不會因爲時代的衝擊而消滅。反之，時代的衝擊會使人類更依賴家庭、需要家庭，以家庭作爲滿足精神上、肉體上及愛情上的需要。現代社會眞實的情感，可能只有在家庭中才能獲得。所以，我們在蛻變的社會中，要對家庭採取一種積極的新觀念，瞭解家庭在新舊價值、新舊功能和新舊方式的轉變中，始能承受社會各方的壓力和順利地扮演情境中的適應任務。

(二)家庭與文化型態的關係

人類幼年期延長，依賴性也因而增加，在這漫長的歲月中，兒童要接受保護和教養，所以家庭組織成爲絕對必要的制度。在高等動物的世界裡，像狒狒和大猩猩都是「多妻制的」；一個強壯的公狒狒能照牠獨佔的能力，行使統治許多母狒狒。長臂猿和紅猩猩生活在「一夫一妻制的」家庭中，這個家庭有一個強壯的公猿或猩猩，與母猿或母猩猩和牠們的子女生活。公獸除和母獸同棲，保護母獸和幼獸外，很少負擔職責。幼獸所需要的訓練，都由母獸負責，公獸和幼獸之間的關係是漠不相關或容忍的關係。高等動物若有家庭關係的話，主要的是決定於公獸兇猛的統治和由於長期親密相處所獲得的習慣，爲共同生活的基礎。但是在高等動物的人類，母子間的結合是親密的，這種關係受到生理上的懷孕、哺乳、舐犢情深的接觸感情，以及養飼幼兒的飢餓等等，支持家庭成員的關係。公獸很少參與家庭事務的活動，除了牠不斷地對母獸的興趣而維持家庭的和合外，沒有什麼直接的家庭功能。人類家庭關係的型態，母子的關係非常親密，父親與子女的關係，是由培養和血緣認同而成的。還有風俗和文化傳統將丈夫和父親合而爲一，並在風俗和傳統的規範下，普遍地使一個男子分享妻子的職務和義務，構成家庭鞏固的關係。父親參與家庭活動並不是由於生理上的需要，社會和文化因素超過了天性和遺傳因素。大部份的社會，對男女結合的儀式非常重視的原因，也指出家庭的社會和文化因素的重要性。並且在各種不同的文化下，形成家庭特殊的型態。

㈢現代家庭的功能

家庭的功能與社會文化的關係甚爲密切。就美國的家庭來說，已經受長期的工業社會的發展所影響，而使家庭的組織、功能和體積產生變化。美國家庭很少注重傳統和親族，再加上家庭住所的變化，而形成核心家庭。核心家庭的生育率減低，兒女一旦結婚，就要離開父母，獨立生活。婚姻的目的在於滿足個人的需要、性的滿足、伴侶和情愛的關係，而不在於團體的目的。至於傳統家庭的重大功能，如福利和醫護、殘廢疾障的保護、宗教的傳承、經濟生產的合作、娛樂和青少年教育等事務，由其他機關和制度來擔任。所以，當家庭的功能比較不受文化控制的時候，兩性的吸引力和親睦的關係，便有極大的重要性。這也就是羅曼蒂克情愛的含義，相當地影響核心家庭的運作；其浪漫的親子關係，兒女獨立的教養，親族關係的薄弱，自然加重了夫妻間情愛和親密的因素。父母和已婚子女間的互依關係減少，再加上社會的變動性和文化的變遷，促進了核心家庭的獨立性和自主性。同時核心家庭已經不再具有經濟單位、政治單位、宗教單位、教育單位和娛樂單位等等功能，素由大家庭所具備的條件，已經轉移到其他社會制度中，使核心家庭起了變化。可是核心家庭仍然要依附在上述各種單位而活動，因而在時間的分配上、就會減少與親族的交互關係。又美國的兒童所受的訓練，與其父母的關係，表現出一種自由、平等和獨立的精神，而不甚守紀律，不太尊敬長者，而呈現出一種進取和獨斷的態度。總之，美國文化最重視個體的獨立和核心家庭，從而疏遠親族關係，強調婚姻關係中的情感。

(1)生理的需要

家庭是社會制度之一；家庭是滿足社會生活中某些需要所不可缺少的一個制度。如沒有生育、兒童不加保護、成人沒有居住定所，則社會亦不能存在。因爲家庭能普遍化的存在，主要是靠家庭中各成員間有親密的關係和互動，而達成直接的慾望滿足；家庭也不僅管制著生育、互動和社會化的各種措施，同時對它的構成份子，供給某些有高度價值的直接服務和滿足慾望；諸如生活需要品、保護、情愛、性的滿足和群居的滿足等等。

家庭是一種集團或組織；婚姻是一種關係，婚姻是爲生育和撫養子女而訂立的一種契約。

以純生物性而言，家庭的功能是綿延種族，但人類家庭尚有他種功能，其重要性不亞於基本的繁殖功能。所謂其他功能乃是經濟的、教育的、保護的、宗教的、娛樂的等等。這些功能的被重視程度，則依據特殊社會和時代而異。家庭主要功能，首先是使家庭各成員社會化和延續團體的文化累積。家庭自古以來是一種基本制度，它雖受外界情況而改變某種功能，但仍維持許多重要的功能。

⑵情感的發展

家庭是主要團體，在家庭中各個體較能表現出內外一致的行爲，亦卽動機和情緒可以直接表現，而無須受自我防禦行爲的支配，而影響個體的行爲。這種內外在行爲的直接關聯和直接表現，對人格常態的發展有極大的幫助。家庭中成員的親情關係是親密的、和諧的，這種關係的建立，可以延伸到良好的人際關係。人類有許多基本的特質，需要在家庭中薰陶，尤以人性的養成乃自家庭開始；個體自幼受父母的愛護和養育，在有充分人情的環境下，養成豐富的情感。這種情感的獲得和累積，將對其他的人形成一種積極的態度，並能充分發揮對別人的關心和愛心、友善和和諧、合作和協助的關係。因此，父母對其子女充分的愛護、關心和照顧，將是他學習成人職責，使其成爲有人性的社會成員。

⑶適應能力的發展

家庭生活中，子女可以模擬父母各別的行爲，學習與其性別相稱的角色，並從父母適應社會和情況的態度和經驗，增進其適應能力。父母也不斷地將他們的理想和規範，施加壓力於子女身上，他們對父母的壓力，從小就要學習適應，尤以人際關係的交互關係。在家庭社會化過程中，所習得的能力和技術，預備他們能進一步地參與更廣大社會的活動。父母對社會的態度和責任感，會使兒女們在有意或無意中，接受其價觀念和社會態度。所以，社會所需要的人格特質是從家庭生活和關係開始。

(4)兒童的社會化

兒童的人格型態與父母間的互動有密切的關係。家庭對兒童的社會化所施加的壓力，兒童在情緒上會產生反應。兒童情緒的反應對其行爲的形成有重要的關係。成人對兒童的認可或不認可的反應，旨在鼓勵兒童的自制。父母認爲他是什麼樣的人，也希望孩子成爲什麼樣的人，所以，家庭社會化含著文化和個人的概念。父母以他們自己的心理需要、理想、階級意識、地位、期待等等爲架構，對孩子反應。

幼兒最早的反應是對自己所感覺舒適的生理反應。首先在他哭的時候，他並不知道哭啼是爲了引起別人的注意。當母親每次在他哭啼的時候出現，他就把哭啼與受到注意，及得到滿足連貫起來。後來他就用哭啼以刺激別人的反應，進入人與人之間的溝通。在這種交互的關係中，自我就在社會化的過程發展。當個體接受社會的價值，即在其自我體系中發生某種變化。社會化是創造一種自我形象和創造理想的自我，使個體能在自制和獨立的規範下，指導自己的行爲。自我的發展是在社會情況中與他人互動，並在互動中所產生的情緒因素，對人格的核心有持久的影響。

社會中許多團體與制度都在個體社會化當中，扮演重要角色。各種社會化媒體可以相互補助和支援，有時候會教授衝突的價值。社會化有兩種模式：一者稱爲約束社會化；另者稱爲合作社會化。前者強調服從，尊重權威以及外在的控制；後者強調參與。約束社會化強調懲罰錯誤行爲；合作社會化獎勵良好行爲，以意見溝通的方式，尊重兒童內在感情或情緒，並希望孩子說出他自己的需要和慾望，及對成人的反應。合作社會化係以孩子爲中心，而非以父母爲中心；成人所負的責任是領悟孩子的需要，而非希望孩子領悟父母的希望。

總之，家庭是一個有機體的組織，是包括生物、心理、經濟、文化等因素所組成的基本團體。這些因素的交互，造成個體的自我觀念和角色能力，尤以家庭中的成員有不同的角色和權力，而不斷地進行互動。父母給予子女的愛情和物質，給予的方式要適當，避免不公平的現象，否則子女間很容易形成競爭和妒忌的心理，而影響其性格特質。父母給予子女過份的失望、挫折或不安的情緒經驗，容易造成對別人的敵對或反抗。父母也應接受子女們對他們的喜愛和敵對的感情。當子女們表現出適當的行為時，得父母的獎勵，這會培養他們的自信心和自我的生長。對子女不適當的行為，應受父母的諒解和輔助，使他們的人格能順利發展。

父母間感情的和諧與否，對子女的影響甚大。父母間良好的關係，會對子女培養一種友善、樂觀、親切的心態和行為。相反地，父母間的感情不和睦，容易使子女產生疑惑、畏懼、不信任、暴躁等個性。

參考資料

Allyn J. and L. Festinger, The effectiveness of uncanticipated persuasive communication, Journal of Abnormal and Social Psychology, Vol. 62, 1961

Aronson, E. and R. Helmreich, Social Psychology, New York: D. Van Nostrand Company, 1971

Asch, S. E. Effects of Group Pressure upon the modification and distortion of judgment, Ed. by E. E. MacCoby, Readings in Social Psychology, 1958

Atanassiades, J. The distortion of upward communication in hierarchical organization. Academy of Management Journal, 1973, 16, 207-226

Baller, W. R. and D. C. Charles, The Psychology of Human Growth and Development, New York: Holt, Rinehart and Winston, Inc. 1968

Berelson, B. The Behavior Sciences Today, New York: Basic Books, Inc., Publishers, 1964

Berelson, B. and G. A. Steiner, Human Behavior, Taiwan copy,

1964
Biddle, B. J. and E. J. Thomas (eds.) Role Theory — Concepts and Research, New York: John wiley, 1966
Bloom, B. S. et at : Taxonomy of Educational Objectives, Handbook I: Cognitive Domain, New York: David Mckay Co. 1956
Brown, R. G. S. The Administrative Process in Britain, London: Methuen & Co. Ltd. 1971
Brown, R. and R. J. Herrnstein, Psychology, Boston: Little. Brown and Company, 1975
Burns, T., and G.M. Stalker, The Management of Innovation. London: Tavistock Publisher, 1961
Carver, F. D. and T. J. Sergiovanni, Organizations and Human Behavior: Focus on Schools, New York: McGraw–Hill Book Company 1969
Cohen, D.Psychologists on Psychology, New York: Taplinger Publishing Company, 1977
Connor, P. E. Dimensions in Modern Management, Boston: Houghton

Mifflin Company, 1977
Craig, R. L. and L. R. Bittle (eds.) Training and Development, Taiwan copy, 1969
Davis, K. Human Behavior at Work, New York: McGraw-Hill Co. 1977
Davis, K. Read ability chages in employee handbooks of identical companies during a fifteen-year period, Personnel Psychology, 1968, 21, 413-420
Davis, K. Sucess of chain-of-command oral communication in manifacturing management group, Academy of Management Journal, 1968, 11, 379-387
Engel, J. F., R. D. Blackwell and D. T. Kollat, Consumer Behavior, Hinsdale, Illinois: The Dryden Press, 1978
Fishbein, M. Attitude Theory and Measurement, New York: Wiley, 1967
Freeman, J. L., T. M. Carlsmith, and D. O. Sears, Social Psychology, Reprinted in Taiwan, 1974

Galbraith, J. Designing Complex Organizations, Menls Park, California: Addison Wesley, 1973

Grusky, O. and G. A. Miller, The sociology of Organizations, New York: The Free Press, 1970

Haimann, T., W. G. Scott Management in The Modern Organization, Boston: Houghton Mifflin Company, 1970

Hampton, D. R. Behavioral Concepts in Management, Belmont, California: Dickenson Publishing Company, Inc. 1968

Haney, W. V. Communication and Organizational Behavior, Homewood: Illinois: Richard D. Irwin, Inc. 1967

Hayden, N. Energy: The Dynamic Approach to Vitality and Glowing Health, New York: A Kangaroo Book, 1976

Hersey, P. and K. H. Blanchard, Management of Organizational Behavior, Englewood Cliffs, New Jersey: Prentice-Hall, Inc. 1969

Janis, I. L. and S. Feshback, Effects of Fear-arousing communication, Journal of Abnormal and Social,Psychology, Vol. 48, 1953

Karlins, M. Ed. Psychology in the Service of Man: A Book of Readings, New York: John Wiley and Sons. Inc. 1973

Kibler, R. J. et. al. Behavior Objectives and Instructions, Boston: Allym and Bacon, 1970

Kolasa, B. J. Introduction to Behavioral Science for Business, Taiwan Copy, 1970

Krathwoth, D. R. (ed.), Taxonomy of Education and Objectives, Handbook II: Affective Domain, New York: David Mckay Co. 1964

Kuhlen, R. G. and G. G. Thompson, Psychological Studies of Human Development, New York: Appleton–Century–Crofts, 1963

Lawrence, P. R. ecs. Organizational Behavior and Administration, Harvard University, 1965

Leavitt, H. J. Managerial Psychology: An Introduction to Individuals, Groups and Industrial Organizations in Terms of Modern Psychology, University of Chicago Press, 1964

Likert, R New Pattern of Management, New York: McGraw–Hill, 1961

Lindgren, H. C. and D. Byrne, Psychology: An Introduction to A Behavioral Science, Taiwan: Central Book Company

Lindsmith, A. R., A. L. Strauss, and N. K. Denzin, Social Psychology, Hinsdale, Illinios : The Dryden Press, 1975

Longenercker, J. G. Principles of Management and Organizational Behavior, Columbus, Ohio: Charles E. Merrill Publishing Company 1977

Mankin D., R. E. Ames and M. A. Grodsky (eds) Classics of Industrial and Organizational Psychology, Oak Park, Illinois: Moore Publishing Co. Inc. 1980

McGuigan, F. J. Biological Basis of Behavior, Englewood Cliffs: New Jersey: Prentice–Hall, Inc. 1964

Ogilvy, D. Raise Your Sights, 197 Tips for Copywriters, Ogilvy and Mather Inc. 1950–1960

Polatin, P. and E. C. Philtine, How to Develop a Well–Adjusted Personality, New York: An Essandess Special Edition, 1968

Ralph, E.

Anderson R. E. and I. E. Carter, Human Behavior in Social Environment, Chicago: Aldine Publishing Co. 1974

Reitz, H. J. Behavior in Organizations, Homewood, Illinois: Richard D. Irwin, Inc. 1977

Sawyer, A. G. The Effects of Repetition: Conclusion and Suggestions about Experimental Laboratory Research, University of Chicago, 1972

Shaw, M. E. Group Dynsmics: The Psychology of Small Group Behavior, New York: McGraw-Hill Book Company, 1971

Strongman, K. T. The Psychology of Emotion, New York: John Wiley & Sons, 1978

Tausky, C. Work Organizations: Major Theoretical Perspectives, Itasca, Illinois: F. E. Peacock Publishing, Inc. 1970

Tedeschi, J. T. and S. Lindskold, Social Psychology: Interdependence, Interaction and Influence, Taiwan copy, 1976

Tiffin, J. and E. J. McCormick, Industrial Psychology, Taiwan Copy, 1965

Tolman, E. C. Behavior and Psychological Man, University of California Press, 1961

Vogel, A. Why don't employees speak up? Personnel Administration, 1967, 30 (May–June), 20–22

Walster, E. and L. Festinger, The effectiveness of overheard persuasive communications, Journal of Abnormal and Social Psychology, Vol. 65, 1962

Wexley, K. N. and G. A. Yukl, Organizational Behavior and Personnel Psychology, Homewood, Illinois: Richard D. Irwin, Inc. 1977

Wrightsman, L. S. Social psychology, Monterey, California: Brooks / Cole Publishing Company, 1978

王克先　發展心理學新論　正中書局　民國六十一年
白秀雄等　現代社會學　巨流圖書公司　民國六十七年
田世英譯　社會學　教育部出版　正中書局印　民國五十九年
朱　樓譯　社會學　協志工業叢書　民國五十一年
李永久譯　社會學　帕米爾書店　民國六十一年
李長貴　社會心理學　台灣中華書局　民國六十五年
李長貴　組織社會心理學　台灣中華書局　民國六十四年
李長貴　心理指導與心理治療　幼獅書店　民國六十七年
李長貴　心理學與教育學之統計法　國立編譯館出版　正中書局印　民國六十年
馬肇麗譯　政治心理學　黎明文化事業公司
馬起華　政治行爲　正中書局　民國五十六年
許昱祥譯　行爲科學與管理　中華企業管理發展中心　民國六十二年
路君約等　心理學　中國行爲科學社　民國六十一年
張春興、楊國樞　心理學　三民書局　民國六十二年
廖榮利　行爲發展與心理衞生　民國六十六年

中華社會科學叢書
行為科學

1912

作　　者／李長貴　著
主　　編／劉郁君
美術編輯／鍾　玟

出 版 者／中華書局
發 行 人／張敏君
副總經理／陳又齊
行銷經理／王新君
地　　址／11494 臺北市內湖區舊宗路二段181巷8號5樓
客服專線／02-8797-8396　　　傳　　真／02-8797-8909
網　　址／www.chunghwabook.com.tw
匯款帳號／兆豐國際商業銀行　東內湖分行
　　　　　067-09-036932　中華書局股份有限公司

法律顧問／安侯法律事務所
製版印刷／維中科技有限公司　海瑞印刷品有限公司
出版日期／2017年7月再版
版本備註／據1983年9月初版復刻重製
定　　價／NTD 450

國家圖書館出版品預行編目（CIP）資料

行為科學 / 李長貴著.— 再版. -- 臺北市 : 中華書局, 2017.07
面 ; 公分. —（中華社會科學叢書）
ISBN 978-986-94907-4-0(平裝)

1.行為科學

508　　　106008338

版權所有 • 侵權必究
ALL RIGHTS RESERVED
NO.F3002
ISBN 978-986-94907-4-0（平裝）
本書如有缺頁、破損、裝訂錯誤請寄回本公司更換。